4·16구술증언록 단원고 2학년 5반 제5권

그날을 말하다

준영 엄마 임영애

이 도서의 국립중앙도서관 출판예정도서목록(CIP)은 서지정보유통지원시스템 홈페이지(http://seoji.nl.go.kr)와
국가자료공동목록시스템(http://www.nl.go.kr/kolisnet)에서 이용하실 수 있습니다.
CIP제어번호: CIP2019009621

4·16구술증언록 단원고 2학년 5반 제5권

그날을 말하다

준영 엄마 임영애

4·16기억저장소 기획 편집
(사) 4·16세월호참사가족협의회 지원 협조

일러두기

1. 음절로 식별 가능한 소리를 들리는 대로 전사하는 것을 원칙으로 한다.

2. 의미를 파악하기 위해 추가 설명이 필요할 경우 [ ]로 표시한다.

3. 몸짓, 어조 등 비언어적 행위는 ( )로 표시한다.

4. 구술자가 말을 잇지 못해 말줄임표를 사용하는 경우 ……, …로 길고 짧음을 표시한다.

5. 비공개 영역은 〈비공개〉로 표시한다.

6. 비공개해야 하는 희생자 형제자매의 이름은 ○○, △△ 등의 도형기호로, 생존자의 이름은 A, B, C 등 알파
   벳 대문자로 표시한다.

7. 비공개해야 하는 제3자는 직분이나 소속, 성만 공개하고, 이름은 ××로 표시한다. 비공개해야 하는 숫자는
   자릿수에 상관없이 □로 표시하며, 지명은 □□로 표시한다.

4·16기억저장소에서는 세월호 참사 5주기를 맞아 구술증언 수집 사업의 결과물 일부를 100권의 책으로 발간하게 되었습니다. 이 사업은 2015년 6월부터 다양한 학문 분야 구술 연구자들의 자발적인 참여로 진행되어 왔으며, 세월호 참사를 좀 더 정확하고 다각적으로 기록하고 기억하고자 하는 노력의 일환으로 수행되었습니다.

2014년 참사 발생 이후, 참사 피해자들의 목격담과 경험은 안타깝게도 공식적인 국가기관과 언론의 기록 속에서 철저히 소외되거나 왜곡되었습니다. 그것은 세월호 참사가 우리에게 안긴 죽음과 고통의 충격만큼이나 우리 사회의 끔찍한 비극이었습니다. 따라서 사업을 진행하면서 세월호 참사 희생자 가족, 생존자, 생존자 가족, 어민, 잠수사, 활동가, 기자 등등, 참사의 초기 과정을 직접 경험한 분들의 증언을 우선적으로 수집했습니다. 구술자는 이 사업의 취지와 방식에 개인적으로 동의한 분 중에서 선정했으며, 참여 과정에 어떠한 금전적 보상이나 이익이 제공되지 않았습니다. 또한 구술증언 수집 사업을 진행하는 동안, 면담자는 연구자이자 참사를 겪은 공동체 시민으로서 최대한 윤리적이고자 노력했습니다.

구술자마다 매회 약 2시간씩 3회를 원칙으로 음성 녹취와 영상 촬영을 하는 방식으로 진행되었고, 증언의 일관성을 확보하기 위해 면담자는 큰 틀에서 공통 질문지를 사용했습니다. 공통 질문지의 내용은 참사와 구술자 간의 관계성에 따라 차이가 있지만, 유가족 구술의 경우 1회차 '참사 이전의 삶, 팽목항과 진도에서의 경험, 자녀에 대한 기억'을, 2회차 '참사 이후 투쟁과 공동체 활동 경험'을, 3회차 '참사 이후 개인 및 가족이 경험한 삶의 변화와 깨달음, 자녀의 현재적 의미'를 중심으로 했습니다. 이처럼 증언 내용은 참사 이전에서 시작해 참사 발생 당시의 경험과 이후의 변화 과정까지 폭넓게 수집했고, 면담자는 구술 채록 과정에서 구술자의 발화를 최대한 존중하고자 했으며, 무엇보다 각자의 특수한 경험과 다른 시각을 충실히 반영하고자 했습니다.

이 구술증언록의 발간을 위해, 채록된 음성 자료는 문서로 변환해 구술자와 함께 검토했고, 현재 시점에서 공개할 수 있는 영역과 할 수 없는 영역으로 구별했습니다. 따라서 책에 실린 내용은 모두 구술자로부터 공개를 허락받은 부분입니다. 비공개 영역은 추후 구술자의 동의를 받아 적절한 절차를 거쳐 추가로 공개될 수 있으리라 생각합니다.

이 구술증언록 100권에는 그동안 우리 사회에 왜곡되어 알려지거나 잘 알려지지 않았던, 참사 발생 직후 팽목항과 진도 혹은 바다에서의 초기 상황에 관한 중요한 증언이 포함되어 있습니다. 또한, 자녀를 잃는 잔인하고 애통한 상황을 겪으면서도 그 누구보다 강인한 정치적 주체로 성장할 수밖에 없었던 유가족의 마음과 경험을 구체적으로, 그리고 여러 각도에서 살펴볼 수 있습니다. 그 외에도, 이 구술증언록은 2014년을 전후한 한국 사회의 여러 측면을 드러내는 귀중한 자료가 되리라고 생각합니다. 무엇보다 국내외의 많은 분이 이 책을 읽어, 장차 세월호 참사의 진상 규명과 역사 서술에 기여할 수 있기를 바랍니다.

구술증언 수집 사업이 진행되고, 책으로 출간되기까지 많은 분의 도움과 지지가 있었습니다. 이 지면을 빌려 부족하나마 감사의 말씀을 전하고자 합니다.

먼저 (사)4·16세월호참사가족협의회와 4·16기억저장소에 감사를 드립니다. 이분들의 신뢰와 적극적인 협조가 없었다면, 이 사업은 처음부터 시작할 수조차 없었을 것입니다. 또한 어려운 정치 환경 속에서도 사업의 취지에 공감해 재정 지원을 결정해 준 아름다운가게와 역사문제연구소에 감사드립니다. 두 단체 덕분에, 이 사업을 4년 동안 계속해 올 수 있었습니다. 그리고 구술증언록 100권의 발간에 동의하고, 바쁜 일정에도 출판 실무를 기꺼이 맡아주신 한울엠플러스(주)에도 감사를 드립니다. 이 외에도 많은 개인과 단체가 직간접적으로 많은 도움을 주시고 격려해 주셨습니다. 여기에 모두 밝히지 못하는 것을 죄송하게 생각합니다.

　말할 필요도 없이, 가장 크고 또 가슴 아픈 감사는 구술자 한 분 한 분께 드리고자 합니다. 이 책이 발간될 수 있었던 것은, 무엇보다 용기를 내어 아픔과 고통의 기억을 다시 떠올리고 장시간 진심으로 이야기를 해주신 구술자가 있었기 때문입니다. 오랜 시간 이야기를 나누며 함께 공감하기도 했지만, 그 아픔과 고통을 어떻게 가늠할 수 있을까 싶습니다. 더 큰 도움이 되지 못함을 안타까워하며, 이 구술증언록 100권의 발간이 피해자분들에게 조금이라도 위로가 될 수 있기를 기원합니다.

2019년 4월

4·16기억저장소 구술팀 책임자
서울대학교 인류학과 교수 이현정

차례

■ 1회차 ■

■ 2회차 ■

준영 엄마 **임영애**

구술자 임영애는 단원고 2학년 5반 고 오준영의 엄마다. 동생은 방송국 피디, 자신은 야구 잘하는 공무원이 되자고 동생과 함께 다짐했던 준영이는 엄마의 이상형이었다. 엄마는 준영이 친구들과 후배들이 더 안전하게 살 수 있는 사회를 만들 수 있도록 전국 어디든지 '세월호 참사'를 알리기 위해 달려간다.

임영애의 구술 면담은 2016년 1월 13일, 22일, 27일, 3회에 걸쳐 총 8시간 40분 동안 진행되었다. 면담자는 장미현, 촬영자는 김세림이었다.

구술자 본인의 프라이버시나 제3자의 프라이버시를 보호해야 할 부분을 제외하고는 구술자의 발화를 있는 그대로 전사했다.

1회차

2016년 1월 13일

시작 인사말

면담자   본 구술증언은 4·16 사건에 대한 참여자들의 경험과 기억을 기록으로 남김으로써 이후 진상 규명 및 역사 기술에 기여하고자 합니다. 지금부터 임영애 씨의 구술증언을 시작하겠습니다. 오늘은 2016년 1월 13일이며, 장소는 안산시 단원구 글로벌다문화센터입니다. 면담자는 장미현이며, 촬영자는 김세림입니다.

단원고 교실 존치에 대한 생각

면담자   어머님, 반갑습니다.

준영 엄마   네, 반갑습니다.

면담자   지난해 11월 경기도교육청에서 부모님들 중심으로 1인 시위 하고 계실 때 어머님을 뵈었는데요, 그사이 해가 바뀌어 1월이 되었습니다. 먼저 근래 많이 회자되는 교실 존치 문제부터 이야기해 보겠습니다. 사실 교실 존치 문제가 작년 하반기에 급부상했고, '교실 존치를 위한 시민모임' 등도 생겼는데요, 교실 존치가 어머니께는 어떤 의미인지, 그리고 사람들한테는 어떤 얘기를 하고 싶으신지요?

　　　저한테 교실 존치는 어, 지금 제일 중요한 관점은 그거 같아요. 지금 일이 거꾸로 돌아가고 있다는 생각을 많이 하는데, 제일 먼저 해야 될 것이 인양이거든요. 우리 아이들이, 선생님이, 가족들이 아직도 배 안에 있는데, 특히 우리 아이들이 돌아오지도 않았잖아요. 어제도 [생존 학생들의] 졸업식이 있었지만, [아이들이 다] 돌아오지도 않았는데 교실을 존치하느냐 마느냐에 대해서 얘기한다는 게 너무 섣부른… 빠른 거고. 지금 일을 거꾸로 하고 있다, 저는 그렇게 생각을 해요.

제가 토요일 날 팽목항을 갔다 왔어요, 일요일까지 1박 2일로 다가. 미수습자 빨리 돌아오라는 염원을 담아가지고 공연도 하고 피케팅도 거기서 했었거든요. 저희가 그걸 어떻게 하려고 했었냐면, 1월 1일 날 처음 2016년을 여는 걸로 해서 저희는 "제일 중요한 것이 인양이다" 그렇기 때문에 저희가 팽목항에서 아이들이 돌아오라는 피케팅을 그 빨간 등대 앞에서 하기로 했었는데, 그게 다른 행사로 미루어졌어요. 팽목항에서도 1월 1일 날 동거차도 다원중계로 해갖고 행사가 있었잖아요? 그래서 미뤄지다 보니까 저희가 이번에 했어요.

그거와 같이 저희가 제일 중요한 게 세월호 인양이거든요. 그런 다음에 진실 규명이 있는 것이고, 그런 다음에 안전한 나라가 있는 거예요. 거기에 교실 존치가 있어야 되는 거거든요. 아, 제 생각은 그래요. 제일 중요한 게 그거, 인양이고.

그리고 교실 존치는 저희한테 너무 아픈… 전 교실이 너무 아파서 학교를 저는 잘 안 가는 편이에요. 제 마음에는, 준영이가 1년 두 달을 채 못 채운 학교잖아요. 그런 제일 아픈 곳이거든요, 사실은. 그 보존한다는 게 저희한텐 되게 아픈 건데, 인양을 아직 못 한 부모님들한테는 교실이 얼마나 중요한 존재겠어요. 저도 마찬가지지만 그분들한테는 정말 중요한 장소거든요. 영인이 엄마 같은 경우는 지금 분향소가 팽목항에도 있고 안산에도 있는데, '우리 아들이 숨 쉬었던 곳이 학교'라고, 학교에 매일 가서 우세요, 미수습자 어머니께서는. 〈비공개〉

저 입장도, 우리 준영이도 아마 그렇게 바랄 거예요. 우리 친구들 다 돌아와서 졸업하고 싶다고 했을 거예요. 그래서 저희가 졸업식도 이번에 참석을 안 한 거고. 졸업을 하는 아이들은 정말 저희 준영이 친구잖아요. 준영이 친한 친구도 이번에 졸업을 했거든요. 엄마로서 정말, 친구 엄마로서 가서 졸업을 축하해 주고 싶죠. 〈비공개〉 [희생 학생 부모들이] 교육청과 단원고에 불만이 있다고 비쳐지는데, 저희는 그것이 아니라 준영이 친구들이 올라오지 않았고 선생님이 올라오지 않았기 때문에 졸업을 할 수가 없다는 거예요. 저희 아이들은 아마 그걸 바랄 거예요. "친구들이 같이 떠난 수학여행, 같이 가고 싶어요", 그렇게 했을 거예요. 그렇기 때문에 저희 같은 경우는…. 영인이도 1학년 때 우리 준영이랑 같은 반이었어요.

우리 준영이나 모든 우리 250명 아이들이 같이 올라와서 졸업하는 걸 원했기 때문에 안 했던 거거든요. 근데 자꾸 그게 교실문제로 부각이 돼서 우리가 어거지 쓰는 것처럼 그렇게 보이고 그러

는데… 저도 어제 학교를 안 가다 어제 갔어요, 졸업식이라. ○○
이는 준영이가 정말 좋아했던, 사랑했던 동생이거든요. 그만큼 받
은 게 많아서 그런지 우리 ○○이도 아직도… 너무 아파하고 있어
요. 〈비공개〉 그 아이에게 교실은… "우리 오빠가 마지막으로 숨 쉬
었던 곳"이고. 우린 이사도 못 가게 하거든요, ○○이가. 집을 내
놓은 상태였었어요, 3월 달에. 근데 준영이 그렇게 되고, 제가 팽목
항에서 올라오자마자 취소를 했거든요.

면담자   2015년 3월이요?

준영 엄마   아뇨. 2014년 3월에 우리 준영이가 "아파트를 가고
싶다, 아파트에서 살고 싶다"는 거예요. 저희가 다세대인데, 우리
○○이, 준영이는 좀 깔끔한 걸 좋아해 가지고 자기는 좀 깔끔한
아파트에서… 친구네 집에 가봤더니 그렇다 그래서. 저도 아파트
가 좋아서 그럼 가자고 저희가 3월 초에 내놨어요.

면담자   이사할 계획을 하고 집을 내놓으셨던 거네요.

준영 엄마   내놨는데 저희가 팽목항에 갔다 와서 취소를 했죠.
우리 준영이가 숨 쉰 곳은 저희가……. 준영이 어렸을 때, 2학년 때
이사를 왔던 곳이라서. 그리고 준영이가 자기 방, 집, 그런 데 애착
이 많은 애예요, 되게 살가운 애라서 그래서 이사를 못 가겠더라고
요. 근데 교실도 그런 거예요, 저희한테는. 남기고 싶은 거, 뭐라도
하고 싶은 거. 근데 집은 그냥 내가 좋자고 남기는 건데 학교는 그
거예요, 반면교사죠. '교훈적으로 남겨서 두 번 다시는 그런 게 일

어나지 않았으면 좋겠다', 그런 생각을 하고 있어요. 저는 처음에 1, 2학년 재학생들도 그렇고 선생님들이 하신 말씀이 "단원고가 슬픔의 학교가 되지 않았으면 좋겠다. 아픔의 학교가 아닌 비운의 학교가 아닌 더 안전한 학교로". 근데 그 교실 존치를 안 한다고 해서 안전한 학교가 되는 건 아니잖아요.

면담자   그렇죠.

준영 엄마   예. 그래서 저는 교훈적으로 남겼으면 좋겠다고 생각하는 사람 중에 하나인데. 처음에는 그랬거든요, 교실 존치 안 했으면 좋겠다, 안 하고 그 아이들이 그걸 개조해서 쓴다고 해도 [상관없다]. 다른 사람들은 그렇게 표현을 하더라구요, '무덤 같다'. 그리고 거기서 하다가 다치면 "우리 아이들의 혼 때문에 다쳤다"라는 얘기를 엄마로서 듣기가 싫었던 거예요. 그래서 엄마의 마음에서 '교실 존치 안 했으면 좋겠다, 그냥 추모비나 하나 세웠으면 좋겠다, 아이들 합동분향소나 했으면 좋겠다', 지금 저 임시로 되어 있는 거 말고.

그 생각만 했었는데, 제가 문득 생각난 게 고등학교 때 친구가 교통사고로 죽었어요, 학교 앞이 되게 큰 도로였었는데. 근데 [교실에 있던] 국화꽃하고 아이가 쓰던 가방 같은 거는 부모님이 가져가셨는데요. 저희는 쓰레기봉투가 옛날에 있었어요, 고3 때. 그거하고 [그 친구가] 쓰던 거를 그냥 그대로 놔둔 상태로 선생님이 안 치우는 거예요. 그래서 저희가 너무 친구 생각이 나니까 "아프니까 저것 좀 치워달라"고…. [그런데] 국화꽃을 맨날 하나씩 계속 교대로 놔두시는 거예요, 1년 내내 졸업할 때까지.

면담자   선생님께서요?

준영 엄마   선생님께서. 그래서 저희가 제안을 했어요. 그리고 부모님들이, 저희는 시골학교라 그렇게 부모님들이 막 강요하지는 않으셨는데, 몇몇 부모님들이 "그걸 치워라. 내 딸이 싫다 한다" 그랬었거든요. 거기 여학교라서 여자들만 있으니까 감수성도 예민하잖아요. 고3이면 공부도 해야 되고, 인문계 학곤데…. 그랬는데 선생님께서 그러시더라구요. "경각심을 줘야 된다". 거기가 사고 되게 많았던 곳이에요. 그러면서 저희가 처음에는 싫었는데 선생님의 뜻을 이제는 알게 됐어요. 졸업하고 나서 생활하면서 저는 그거를 더욱 절실히 '아, 그 선생님이 이런 뜻이었구나'. 근데 그 선생님이 바라던 대로 이루어졌어요. 교통사고가 별로 안 났어요.

면담자   그다음에요?

준영 엄마   에, 그다음에. 그래서 1년 동안은 정말… 그 전에는 아이가 죽는 경우도 있었고, 다치는 경우도 많았고. 기부스[깁스] 거진 하고 다닐 정도로, 저도 경미하게 사고 날 정도였고. 거기가 되게 위험한 곳이라서 선생님이 그 경각심을 주기 위해서 교훈적으로 남긴 거예요. "너희들 늦어도 좋으니까 뛰지 말아라" 말로 백날 해도 안 됐는데 그렇게 선생님께서 하시더라구요. 그래서 날마다 더, 나중에는 우리가 오히려 국화꽃을 우리가 갈죠, 갈아줄 정도로… 싫다고 했었는데. 근데 지금 생각해 보니까 그 선생님께서 욕도 많이 먹으셨고, 다른 선생님들한테도 그렇게 안 좋은 소리를 들으셨거든요. "그거 안 좋다. 그거 치웠으면 좋겠다" 그런 말을 많이 들으면서 끝까지 졸업하고 나서까지도 하셨거든요. 그래서 저는 그거, 그 마음으로 지금은 교실 존치를 바라고 있어요.

면담자　　　졸업식은 미수습자 친구들이 돌아오면 같이 하는 거지만, 교실 존치는 그와는 다른 별개의 문제잖아요?

준영 엄마　　　그렇죠.

면담자　　　부모님들의 입장은 이 교실을 어쨌든 교육의 현장이자 참사의 현장으로서 유지하는 방향으로 생각을 모으신 건가요?

준영 엄마　　　근데 부모님들 마음이 그러니까 몇몇은 존치 안 했으면 좋겠다….

면담자　　　그러면 대신 다른 장소에 이렇게?

준영 엄마　　　예, 다른 장소에. 그러니까 교육청이 말하는 다른 장소로 옮기는 것이 좋다는 부모님도 있고. 다 의견이 있으신 게, 학교는 학교대로 그냥 놔두고 단원고가 다른 데로 옮겨 갔으면 좋겠다고 하시는 분도 있고, 교육청에서 말씀하시는 건 그 교실, 그 2학년 교실만 새로 다른데다가 저기 했으면 좋겠다, 전시관을 만들었으면 좋겠다, 이렇게 얘기를 하시고. 근데 저희는 '[교실을] 그대로 놓고 아이들의 그 단원고는 계속 이어졌으면 좋겠다. 후배들이, 우리 준영이 후배들이, 우리 친구들이 계속 있었으면 좋겠다'라고 생각하는 세 가지 방법… 다 말이 나오고 있어요.

예, 그러니까 뭐 누가 틀리고 다르고 그런 게 아니라 그 부모님들 입장에서는 그런 거죠. 아… 저 같은 경우는 그 학교에서 후배들이 계속 나오고, 우리 아이 그 교실을 거길[재학생 교실로부터] 차단해서 거기는 안 가게 하고, 대신 다른 구름다리를 만들어서 [통행이 쉽게] 하고, 그 교실이 부족한 거는 부지를 만들어서 하겠다, 처음에 그게 [안이] 나왔던 거였거든요. 저는 그렇게 생각하는 사람이고, 어떤 사람은 교육청에서 말하는 대로 그 "열 반 교실을 다른 데다 만들자", 그리고 또 어떤 분은 "그 교실은 그대로 놔두고 단원고를 다른 학교, 다른 곳에다 만들자".

면담자   아, 학교 자체를요?

준영 엄마   예. 학교 자체를 단원고를 [다른 곳에] 새로 만들고, 그 교실은 그대로 그냥 놔둬서 교훈을 삼자고 그렇게 하시는 분도 있는데, 뭐가 틀리다고 할 수는 없어요, 지금. 정답도 없는 거고. (면담자 : 그렇죠) 예. 근데 저희들은 부모잖아요. 저희 죽은 자식만 생각할 수 있는 문제는 아니에요. 지금 재학생들도 생각해야 되는 거고, 그리고 준영이 동생 ○○이 같은 경우는 처음에 뭐라고 말했냐면 교실 존치를 계속 말했어요. "나는 오빠가, 오빠네 교실이 있었으면 좋겠다. 다른 데 가는 게 아니고 있었으면 좋겠다" 이렇게 생각을 한다고. 그렇게 말을 하다가 어느 날 그러더라구요. "그게 엄마, 우리의 욕심일까?" 우리 ○○이가 "그게 나는 오빠를 너무 사랑해서 그런다지만 그게 우리 욕심일까?" 자기도 그렇게 생각을 하더라구요. 근데 우리가 지금 마음이 여러 가지예요, 예.

면담자　　　그럴 거 같아요.

준영 엄마　　　예. 여러 가지예요. 근데 처음부터 저희가 외쳤던 건 진실 규명이었어요. 저희가 그건 놓친 거예요. 인양을 먼저 외쳤어야 되는 건데. 인양이 이렇게까지 2년 넘도록 안 될 거라고는 생각을 못 했어요. 저희가 7월 달, 7월 14일로 기억을 하고 있는데, 광화문에서 단식에 들어가고, 그리고 국회에 들어가서 특별법 제정을 [요구]할 때에는 이렇게 인양이 안 될 거라고는 정말 생각을 못했어요. 특별법이 어려울 거라는 생각은 했어요. 근데 특별법을 제일 먼저 말씀해 주신 거는 대통령이세요, 예. 그렇기 때문에 저희는 수사권, 기소권, 조사권은 [전부는] 아니더라도 어느 정도는 될줄 알았는데, 이렇게 방해가 많을 줄은 몰랐었거든요. '인양은 될거다' 그렇게 생각을 했었지, 이렇게 될지 몰라서 저희가 처음에 외친 것이 진상 규명이었는데. 저희는 미수습자 부모님들한테 항상 미안하게 생각하는 것이 인양이었었는데. 내 새끼 억울한 것만, 준영이 억울한 것만 처음에 생각을 했어요.

그리고 저도 많이 놓친 게 뭐냐면, 간담회를 가면 내 새끼 잃는 슬픔밖에 말을 안 했던 것 같아요. 내 새끼가 어떤 새낀데 왜 하필 나한테, 나 억울해서 못 살겠다고 간담회를 했지, 한 번도 우리 인양에 대해서 그리고 진실 규명해서 안전한 나라 만들겠다라는 생각은 전혀 못 했어요, 솔직히 엄마의 입장에서. 근데 제가 한 300일 때 어떤 거를 느꼈냐면, 300일에도 집에 있으면 숨을 못 쉴 거 같아서 거진 간담회를 다녔었거든요. 간담회를 다니면서 느낀 게 '아, 내가 정말 자식을 잃은 엄마로[서] 이기적이었구나'. 내 새끼를 통해서, 내 새끼가 바라는 건 내 새끼는 죽었지만 '내가 바랄 수 있는 건 안전한 나라였구나', 제가 그거를 그때 깨달았었거든요.

그걸 깨달으면서 저도 교실 존치에 대해서 다시 생각하게 됐거든요. 저희는 그래요. 아, 억울하고 너무 아픈 게 너무 많지만 지금 바라는 건 이제 남은 우리 준영이 동생, 그리고 남은 아이들, 그리고 모든 미래의 아이들. 저희가 간담회를 처음에는 고등학교하고 대학생 못 갔어요, 준영이 또래고 그러니까. 너무 아파서 못 갔는데 요즘은 고등학교를 많이 가거든요? 중학교도 많이 갔고, 간디학교나 대안학교를 많이 가는데, 거기서 제일 많이 깨달은 게 '내 새끼만 볼 게 아니었구나'. 정말 이 참사가 일어나지 않았어야, 다시는 일어나지 않아야 한다는 걸 저는 그냥 상투적으로 얘기를 했어요, 예. 사람들을, 솔직히 말씀을 드리면 "우리 손 잡아주세요" 하는 상투적인 말로 제가 했던 거 같아요. 근데 지금은 절실히, '아, 정말 참사가 일어나지 않도록 해야겠구나'. 그 생각을 하면서 제일 많이 느꼈던 게 성수대교[성수대교 붕괴 사건] 일어났을 때가 제가 26살이었거든요. 내가 그때 서명이라도 하고 같이 활동을… [그때도] 부모님들이 안 한 건 아니셨어요.

준영 엄마 임영애

면담자   아, 예.

준영 엄마   예. 해병대[태안 해병대 캠프 사고], 그것도 부모님들이 활동을 하고 계세요, 너무 소수로 하시기 때문에 드러나지 않는 거지. 그때 내가 손을 잡았다면…. 그때는 그냥 '아우, 어떻게 살지? 아프시겠다'라고만 생각했지 내가 그분들의 손을 잡고 '나도 한 번 힘을 보태야지'라는 생각을 못 했거든요. 내가 그랬다면 세월호 참사가 일어났을까? 지금도 막 돌고래[돌고래호 전복 사고]하고도 사고가 났었고, 자질구레한 사고가 많이 나잖아요. 그랬을 때 우리가 조금만 더 움직였다면, 내가 움직였다면, 내가 그랬다면… '그냥 아프겠다'라고만 생각하는 게 아니라 '내가 그분들의 힘을 덜어줬다면, 손을 잡아줬다면 내가 내 새끼를 잃었을까?'라는 생각을 하거든요. 그런 면에서 저는 작게나 크게나 활동을 계속할 것이고, 그래서 [교실] 존치 문제도 저는 해야 된다는 생각을 하고 있어요.

면담자   어머니, 교실 존치 문제에 대해 생각이 중간에 바뀌셨다고 했잖아요? 가장 직접적인 계기는 동생 ○○이의 얘기 때문이었나요?

준영 엄마   생각이 바뀐 건 간담회를 다니면서 아이들을 만나면서 그랬어요. 제가 처음에는 간담회를 가가지고 그냥 아이를 잃은 엄마로서만 생각을 했어요. 그 애가 왜 죽어야 되는지, 왜 해경은 우리 아이들을 구하지 않았는지, 그리고 왜 전원 구조라고 했는지만 따지고 들었거든요. 저는 그렇게만 해야 될 것 같았고 진실 규명만 외치면 될 것 같았어요. 그러면, 내 새끼 억울한 것만 알면 저도 어떻게… 어떻게 해야 되는 줄 알 줄 알았었어요, 저는. 그런데 그렇게 되지 않았잖아요.

간담회를 다니면서 제일, 준영이 동생보다도 더 이렇게 제 마음이 바뀌게 만든 거는 그 고등학생들이었죠, 예. 미래의 학생이죠. 그 학생들이 저한테 물어봤던 게 "준영이 (울먹이며) 꿈이 뭐였어요?" 제가 준영이 꿈을 얘기를 해줬더니 그 아이가 막판에 뭐라고 말했냐면, □□고등학교 남학생인데(울음) "저는 그냥 공부하면서 이렇게 노란 리본만 달고 도움을 못 줘서 죄송한데, 어머니는 너무 힘드시겠지만 포기하지 말아주세요. 꿈이 있었던 학생들 250명을 생각해 주세요". 그렇게 그 학생이 저한테 그렇게 말하면서(울음) "저희를 지켜주세요" 이렇게 얘기를 하더라구요, 그 아이가. 거기서 제일 많이 바뀌었어요, 마음이. 그 학생이 아직도 어른거리는 게 그 학생을 비롯해서 모든 학생들이… 그러면서 제가 항상 그렇게 말하거든요. "자식을 못 지킨 엄마지만 저는 어른의 몫으로다가 여러분을 꼭 지키고 싶습니다". 그랬더니 어떤 학생이 그거를, 그 학생이 일어나서 "어머니 그 말에 저도 힘을 받았다"고 하면서 "저희 꼭 지켜주시고 그 마음 변하지 않았으면 좋겠다"고, 끝까지 하겠다고, 잊지 않겠다고 말했을 때 그때 제가 제일 많이…. '아, 그렇구나. 안전한 나라구나. 교실 존치는 반면교사로, 교육적으로 너희들을 위해서 남겨줘야 되는구나. 나는 엄마라고 생각해서, 재학생을 생각해서 그냥 그 아이들 정서적으로 힘들까 봐 없애

준영 엄마 임영애

야 된다고 생각은 했는데, 아니구나. 그들을, 그 아이들을, 너희들을 위해서 그 학교는 놔둬야겠구나'. 그때 생각을 많이 바꿨어요. 그때가 한 300일 정도 됐을 때.

3
세월호 미수습자 유가족과 선체 인양

면담자   아까 미수습자 친구들 얘기를 하셨잖아요? 어머니는 여러 유가족 중에서도 미수습자 부모님의 얘기가 가장 중요하다, 그분들을 우선적으로 배려해야 된다고 생각하시는 거죠?

준영 엄마   예, 저는 그렇게 생각을 해요. 저 같은 경우는 다윤이 어머님이랑 은화 어머님이랑 친한 편이에요. 그래서 같이 피케팅을 다니고 있었고, 홍대나 청운동에서. 그래서 이번 기회에도 두 어머님하고 팽목항을 갔다 온 거거든요. 세월호 피케팅, 인양 피케팅이 있으면 좀 많이 가는 편이에요. 저 같은 경우는 제일 힘을 내는 것이 아이들의 안전도 있지만 우리 준영이의 마지막 모습이거든요. 생일날 올라온 그 마지막 모습에 더 많이 울고 더 많이 아프고 힘들 수도 있는데, 내가 그렇게 아프게 간 내 새끼 마지막을 못 지켰잖아요. 그러니까 힘들 때마다, 청문회 자리에 있을 때마다 막 스트레스로 두드러기가 몸에 나는 게 있어요, 제가. 그럴 때마다, 힘들 때마다 생각하는 게 '네 마지막 모습을 애미로서 봤는데 내가 포기할 수 없다'라는 생각을 많이 하거든요. 아프면서도 힘을 주는 게 우리 아들의 마지막 모습이에요. 근데 그 마지막 모습도 못 본 엄마들의 심정은 어떻겠어요? 얼마나 무너지겠어요? 저는 그걸로 힘을 버티고 있거든요.

저는 처음부터 다윤이 엄마… 저하고 동갑이고 은화 어머님은 저보다 1살 많은데 그냥 그냥 친구처럼, 또래처럼 하면서 친해졌어요. 근데 거기에 내포된 건… 마음을 이해하니까, 예. 다윤이 어머님도 '준영이 잃어서 저 어머님도 아플 텐데 활동을 하면서 나와 함께 있어주는 게 고맙다' 하고. 은화 어머님도 지금 되게 많이… 은화 어머님 몸이 안 좋은 상태세요. 〈비공개〉 근데 지금 전국적으로 다니면서 간담회를 하고 계시고, 다윤이 어머님 같은 경우는 피케팅을 시민들하고 하고 계시구요. 다른 어머님들도 하고는 싶으신데 지금 여건상 안 되서서 그렇게 못 하고 계시거든요. 다윤이 아버님도 되게 열심히 활동하셨는데 허리가 아파서 지금 병원에서 재활 중이시고.

그 부모님들의 심정은… 저는 아픔의 강도는 있다고 생각을 해요. 저도 아프지만, 자식을 잃은 아픔이지만 내 새끼가 죽은 걸 아는데, 그 시신을 못 봤다라는 건 상상할 수조차 없는 아픔이거든요. 나는 마지막 모습을 보고도 이 졸업하기, 졸업식 날… 제일 많이 아팠던 게 뭐냐면 (울먹이며) 졸업식 하기 전에는 내 새끼가 학교에 있을 거라는 생각을 하게 돼요. 아닌 걸 알면서도 그렇게 하고 싶어요. 그리고 100일 때는 어떻게 했냐면 수학여행 갔는데 아직 안 왔다고 생각하고 내 마음을 다스렸거든요. 그리고 그때 지나면서 우리 애기가 학교에 갔다고 생각을 하곤 했었거든요. 그리고 '스무 살이 되면 내가 어떻게 우리 아기를 상상을 해야 되지? 내가 우리 아기를 어떻게 그려야 되지?' 이런 생각이 어제 너무 많이 들더라구요. 학교에서 공부한다는 생각으로 내 마음을 다스렸는데, 우리 아기가 대학생활을 어떻게 할 것인지가 머리가 안 잡히는 거예요. 저도 대학생활을 안 해봤거든요. 내가 만약에 대학생활을 했다면 '아마 지금은 이런 준비를 하고 있을 거야', 막 이렇게 생각을 할 텐데 그게 그려지지 않는, 그게 끝이라는 생각에 졸업식이 아픈 거였거든요. 근데 [미수습자] 어머님은 (울먹이며) 그런 상상도 할 수 없잖아요.

저는 [아이의] 마지막을 못 보면 아직도 살았다고 생각을 할 거 같아요. 그래서 지금 저희 부모님들이 다 그렇겠지만, 그리움이 병이 된 거거든요, 지금. 근데 그리워할 수 있는 저는 하늘공원[아이들을 안치한 추모공원]이라도 있고, 효원이라도 있고, 서호, 서호도 있고 그렇잖아요. 근데 [미수습자] 어머님은 형체도 안 보이는 그 바닷물밖에 없어, 그 원수 같은 바닷물. 그러기 때문에 저는 지금은 세월호에서 제일 중요한 것은 인양이고, 그분들의 마음을 다스려야 된다는 거죠. 다스린다라는 표현이 그런데, 배려? 이렇게 '같이 함께 해야 된다'라는 생각을 해요.

면담자   가장 우선적으로….

준영 엄마　우선적으로, 예. 중시돼야 된다는 생각을 하고 그다음에 저는 진상 규명이죠. 저희가 그렇잖아요. 이 사건이 났을 때 내 새끼 왜 죽었는지가 궁금하지 배 안에 있는 남의 새끼는 생각을 못 했던 건 저희가 놓친 거라고 저는 말할 수 있어요. 그렇게 말하고 싶고, 그게 저는 당연하다고 생각을 해요. 그래서 제일 미안해서 제가 중요시 여기는 것이 미수습자 부모님이고, 그거부터 해결을 한 다음에 진상 규명 꼭 해야죠, 예. 그때는 꼭 해야죠. 그렇게 한 다음에 이제 안전한 나라라고 생각하거든요, 저는. 그래서 저는 처음에 생각했던 게 복수심으로 했어요. 그냥 지금 한다는 말이 복수심인데, 지금은 복수심에서만 이러는 게 아니에요. 내 새끼들이 인간 취급을 못 받았다라는 거에서 이제 인권 쪽, 거창하게 인권까지는 안 가더라도… 내 새끼는 사람이었잖아요. 이 나라 대한민국 국민이었잖아요. 주민등록증도 나왔거든요. 우리 애긴 생일이 빨라서 나온 상태였었어요. 그런 아이가 버림받았다는 생각을 부모가 한다는 것은 우리 애기가 인간이 아니, 아니라는 취급을 받은 거잖아요. 그 팽목, 그 4·16, 그 팽목항…(한숨) 저는 그게 너무 억울했었거든요. 근데 지금은 그래요. '그래, 이걸 본보기로 해서 두 번 다시는 사람 취급을 받지 않는 사람이 없었으면 좋겠다'. 저는 그런 마음으로 지금 하고 있거든요.

면담자　유가족 부모님들은 미수습자 부모님들과 차이가 있을 수밖에 없는데 그 부분을 이야기해 주셔서 감사합니다.

준영 엄마　　　지금 입장은 그거예요. 어, 솔직히 얘기를 드리면 생존자 부모님들이, 생존자가 힘들지 않다라는 건 아닌 거예요. 인터뷰를 하실 때 "우리 아이들은 트라우마가 너무 많아서 화장실에서 샤워를 할 수 없어 문을 열어놓고 샤워를 한다. 그리고 머리를 다 쥐어뜯는다. 그리고 너무 아프다". 인터뷰를 보면 그 마음 알죠. 친구가 바닷물로 빠지고 그 소용돌이 속에서 애가 휘말리는 걸 다 보고, 잡고 나오다 손 다치, 손을 놓쳐서 그 아이는 살고 친구는 죽었다고 했을 때 그 트라우마는 말도 못 하는 거죠. 그런데 저희는 어떤 생각을 하냐면, '살아서 그나마 다행이지 않느냐, 아픔을 보는 부모도 아프겠지만 나는, 그리움에 병이 생긴 나로서는 니가 부럽다' 하는 게 입장 차이잖아요. 미수습자도 마찬가지예요. 나는 우리 애 마지막 모습을 봤는데 뭐 피도 있고, 그리고 막 이렇게 다쳐서 나오고, 어떤 애는 머리에 구멍이 나 있고. "우리 준영이는 까치발을, 살려고 까치발을 떴는지 발가락이 휘어져 있고. 손하고 발에 상처가 있어" 이렇게 말하면, 미수습자 부모는 "너는 그거라도 봤지, 나는 내 새끼 형체도 모르잖아" 이런 입장 차이가 다 있거든요. 그런데 저는 '생존자는 살았다, 나는 마지막을 봤다, 이도저도 못 본 미수습자는 어떻겠느냐' 예, 그거죠. 〈비공개〉

　　저는 항상 그 생각을 해요. 은화 어머니가 말할 때 '우리 준영이가 저 배 안에 있다면 난 저보다 더 미쳐버렸을 거라고. 나는 심신이 약한 사람이라 아마 미쳤을 거야. 나는 죽었을 거야'라는 생각을 해요. 그리고 '안 죽었으면 입에 욕을 달고 살았을 거야. 나는 은화

엄마보다 더 했을 거야'라는 생각을 하거든요. 전 그게 정상이라고 생각해요. 〈비공개〉

면담자   그게 참으로 어려운 문제네요, 진짜로 어떻게 할 수 가 없는….

준영 엄마   그죠? 어려운 문제예요, 그 입장 차이가 있었고. 그 리고 제가 이 말을… 우리의 흠이에요, 사실. 지금 다 나뉘어져 있 잖아요. 죽은 자, 산 자, 미수습자 나눠져 있는데 그거를 치부라고 생각을 해요, 사실은. 왜 이 얘기를 하냐면 지금 바깥에서는 분열 이라고 생각을 하시잖아요. 광주 같은 경우도 보면 5·18 어머님들 이, '오월회' 어머님들이 저희만 보면 "분열하지 말아라, 그걸 정부 가 바라는 거다" 얘기를 하는데 분열은 누구나 다 있을 수 있어요. 근데 저희는 또 나뉘어져 있잖아요. 산 자, 죽은 자, 이렇게 다 나 눠져 있으니까 더 분열이 일어날 수밖에 없어요. 왜냐면 그게 인성 이 나빠서가 아니라 입장 차이 때문에.

근데 제가 이렇게 말하는 건 그래도 저희는 가족이에요. 준영 이나 이런 친구들이 다 맺어준 가족이기 때문에 '끝까지 간다'라는 걸 말씀드리기 위해서 제가 이 얘기를 하는 거지 "우리가 뭐 이렇 게 하고 있어요"라고 그거를 고발하듯이 얘기하는 게 아니에요. 저 희는 그래도 같이 간다 이거죠, 끝까지. 저는 은화 어머님을 이해 하고, 저만 그런 게 아니라 다른 어머님들도 이해를 하고 같이 가 는 부모님들이 많다는 걸 말씀드리고 싶은 거예요. 그리고 제일 중요한 건 인양이라는 거를 말하고 있죠. 그래서 지금 교실 존치는 너무 섣불리 나온 거고. 지금 아이가 올라오면 7월이면 된다고 얘기하니까… 저는 정부를 다 믿지는 않지만 인양은 자기네들도 빨리 할 거예요. 저는 그거는 생각을 해요. 그래서 7월에 돌아오면 제일 아픈 게 저희는 교실 존치보다도 그 안에 아홉 명이 있을까, (울먹이며) 그게 제일 아픈 거예요. 그게 제일 두려운 거예요, 사실. 지금 교실 존치는… 그것도 중요하니까 교육청에서 어머님들이 그렇게 하시지만, 제일 중요한 건…(울음).

면담자 준영이 핸드폰이 아직 안 왔지요?

준영 엄마 예, 그렇죠. 근데 한 번도 핸드폰 안 오고, 가방 안 오고, 우리 애기만 올라온 것에 대해서… 말을… 미수습자가 있기 때문에(울먹임). 저도 우리 아이 거 빨리 만지고 싶지요. 저, 준영이 같은 경우는 되게 깔끔한 성격이라서 아마 옷을, 교복을 벗어서 다 차곡차곡 개서 캐리어에 다 넣었을 거예요. 떠다니는 교복이나 이런 거는 제 아이 거 아니라고 생각할 정도로. 이번에 얘네 아빠가 진도 갔는데, 아마 준영이 건 그렇게 떠돌아다니지 않을 것이라고, 너무 오래돼서 낡아서 가방이 터지기 전에는. 내 새끼는 그렇게 할 애가 아니거든요.

4월 15일 날도 준영이가 전화가 왔어요. 얘는 4월 16일 날 전화가 안 됐어요. 그래서 제가 왜 이렇게 전화가 안 되는지 모르겠다고 그랬더니 그 생존자가, A라는 학생이 있는데 그 학생이 "준영이는 기울어질 때 엄마하고, 구조가 되면 엄마랑 전화한다고 통화한다고 핸드폰 밧데리[배터리] 나갈까 봐 비닐에 넣어서 캐리어에다가 차곡차곡 밑에다 넣는 걸 봤다"는 거예요. 그러니까 우리는 4월 16일 날 전화 통화를 못했어요. 제가 제일 죄책감으로 남는 게 '[시간을] 돌릴 수 있다면, 4월 15일로 돌릴 수 있다면, 제가 우리 아이를 데리러 갈 것이다'라고 그렇게 말을 많이 하는데. 4월 15일 날 6시에 전화가 왔어요.

면담자   저녁 6시죠?

준영 엄마   4월 15일 날 저녁에 "어… 엄마, 안개가 껴서 못 갈 거 같다"고 그렇게 얘기를, 걱정스럽게 전화를 하더라고요. 그래서 저는 "아니 그 배가, 그렇게 큰 배가 안개 꼈다고 못 가냐고. 그 어른들은 뭐라고 하시냐?" 그때는 이제 어른들이라고 선생님하고 선장을 말한 거였죠. 그랬더니 "좀 기다려보자고 한다"고 그래서 "그럼 어른들 하는 대로 기다리고 있어라". 그리고 걔가 중3 때 일본 여행을 갔다 왔어요, 일주일 동안. 그보다 더 큰 배거든요, 세월호가. 근데 그때는 저희가 세월호로 안 알고 있었고 오하마나호[당시 세월호와 같은 인천-제주항로 여객선]로 알고 있었어요. 팽목항에서 세월호인지 알았어요. 자꾸 세월호, 세월호 해서 "세월호는 뭐냐?"고 했더니 아이들 배가 바뀐 거예요. [당시에] 그 배를 제가 쳐봤거든요, 인터넷에. "어우 그렇게 큰 밴데 걱정하지 마라"고 제가 그렇게 말을 했어요, 우리 아들한테. 그랬더니 알았다고 그랬고, 그러고서는 8시쯤에, 그때는 문자로 보냈어요. "엄마, 저 간다고, 떠난다고, 나 없는 동안 울지 말고 잘 기다리고 있으라고, 사랑한다"고. 그래서 저도 "나도 사랑해". 그때 가면은 이게 늦춰졌잖아요. 6시 출발하기로 한 건데 8시, 9시에 출발한 걸로 제가 지금 알고 있거든요. 그래 가지고 10시에 타자마자 불꽃놀이를 한대요. 걔가 그것 때문에 배 타고 간다고 찬성을 했었거든요, 저희 아이들이. 그래서 저희가 "이젠 전화 안 할게. 방해되니까 전화 안 할게" 그랬더니 "우리 엄마 센스 짱" 하고선 그게 끝이에요, 저희는.

4월 15일 날 그게, 그게 끝이었는데 '아, 그때, 무서워할 때 제가 데리러 갔었으면…'이라는 그 죄책감에 저는 그때 제일 힘들어서 활동을 한 달을 못 했어요. 왜냐면 '나는 박근혜보다도, 이준석보다도 못한 엄마다. 아주 짐승 같은 엄마다. 아이가 그렇게 무섭다고 했을 때 데리러 갔어야 됐는데'(울음). 내가 죽인 거 같은 죄책감에 제가 한 달을 집에서… 이제 비도 와가지고… 섭식장애가 있었어요. 그게 그 죄책감으로 제가 그랬던 거예요. 밥을 아예 안 먹었어요. '난 그냥 죽어야겠다. 내가 내 새끼를 죽인 거다. 그 정부보다도, 이준석보다도 애를 버린 이준석보다, 내가 나쁜 년이다' 이랬었거든요.

그러다가 이제 마음을 고쳐 잡은 게(기침) ○○이가 "엄마, 엄마 마음 이해하는데 그거 오빠가 원할까? 오빠 왜 죽었는지는 알고 죽어야 될 거 아니야" 이 얘기를 좀 짜증 섞인 말로 우리 ○○이가 하더라구요. 근데 그 당시에 우리 ○○이도 보이지 않았었고 준영이 아빠도 보이지 않았었고, 저는 준영이만 보였었거든요. 근데 그때 그걸 일깨워 줬죠. 그때 뭐 ○○이에 대한 미안함 그런 거보다는 '아, 준영이한테 미안한 거구나. 내가 살리지 못했으면, 지켜주지 못했으면 왜 죽었는지는 알고 죽어야겠다' 하면서 그, 한 달 하고[지나고] 제가 인제 지역부터 [간담회] 하러 다녔었어요, 네. 그렇게 했었거든요. 그때도 저는 그냥 왜 죽었는지만 밝히려고 그것만 했었던 거죠. 그래서 지금도 '그걸 놓쳤다, 인양을 놓쳤다'라는 거를, 그래서 계속 맘먹고 있는 거예요.

면담자   어머님이 인양 얘기를 많이 하셨는데, 사회적으로는 관심이나 여론화가 많이 안 되고 있는 것 같은데요. 한편에서는 '언젠가 되겠지', 다른 쪽에서는 '그 배를 꼭 끌고 나와야 되냐' 의견도 갈리고.

준영 엄마   그렇죠.

면담자   미수습자 친구들과 누구보다 마음 아프실 미수습자 가족분들에 대한 관심도 그런 것 같고요.

준영 엄마   상처죠. 버렸, 버림받았다라는 거죠. 자기는 '4월 16일에 버림을 받았고, 나는 또 받았다, 유가족으로 인해서 또 받았다'라고 생각을 할 수밖에 없는 거예요. 근데 어, 그거 아시죠? 배상 신청을 하신 걸로.

면담자   예, 예.

준영 엄마   근데 그걸 갖고 비난을 하고 시민분들도 많이 떨어져 나갔어요, 사실은. 그 배상 신청을 했다라는 이유 하나로…. 근데 그거는 어쩔 수 없었던 게 뭐냐면, 그 해수부 문제… 해수부 간의 문제였어요. 자세히는 저도 모르지만은 뭐였냐면은 7월까지 해주기로 했었고, 이게 11월이면 끝나기로 했었어요, 인양 저기가, 작업이. 근데 배상 신청을 미끼로 해수부에서 하게 된, 계속하게 됐어요.

면담자   배상을 받는다는 조건으로 이제….

준영 엄마   배상 신청을 하면 그 수습을, 수색 작업을 계속해 준다라고 얘기를 [해서] 수색 작업을 7월, 12월 달까지 1월 달까지 하고 있잖아요. 그거에 대한 건데, 저 같은 경우도 준영이가 그렇게 있다면 배상[신청을 했을 텐데], 돈을 받자고 하는 게 아니에요.

면담자   수색 작업을 계속하기 위해서라도 배상 신청을 할 수밖에 없었다는 말씀이신 거죠?

준영 엄마   계속해서 작업을 하루라도 해야죠. 그래야지 빨리 7월에 올라오든지, 그 안에 올라오든지 하죠. 지금 유실 저기 작업도 언제 시작을 했냐면 10월, 11월에 그때 시작을 했단 말이에요. 1년 다 지나가지고 500일 다가오는데, 그때 수색 저기 그거를 했단 말이에요.

면담자   2015년 10월에 가서야 유실방지망 설치 작업을 했던 거네요.

준영 엄마   유실방지 작업을 했는데, 처음에는 어떻게 해놨냐면 수중탐사에서 나온 영상에는 그거를 빨래줄 두 개로다 이렇게 해놨어요. 그게 유실방지 작업이 아니잖아요. 망으로 해놨어야 되는 거고, 그게 되지가 않았어요. 그러면은 미수습자 부모님들이 생각하기에는 '내 아이가 저 배 안에 있을까?'. 그리고 유리창이 밑에는 다 깨[져] 있어요, 밑에는. 아이들이 깼다라는 것도 있고, 해경들이 깼다라는 게 있는데…. 그러면은 어떤 부모가 그걸 보고 '내 새끼 저 배 안에 있겠구나'라고 100프로 확신할 수 있겠어요? 반신반의죠. '있었으면 좋겠다'라는 마음은 가지면서도 '내 아이가 없어졌을 수도 있겠다'라는 생각을 갖는단 말이에요. 그러면 어떻게 내가 배상 신청을 안 하겠어요. 해수부고 어디고 간에 누가 내려와서라도 내가 "이거 빨리 [수색] 지연 안 시키고, 중지 안 하고 계속 인양할게, 인양 작업 해줄게. 배상 신청 도장 찍어라". 저는 찍어요.

면담자   그러니까 인양을 해수부가 걸고 넘어졌다는 거예요?

준영 엄마   예, 걸고 넘어졌죠.

면담자   배상 신청을 하면 수색 작업을 계속 진행하고, 배도 올리겠다?

준영 엄마   예, 그 작업을 중지 안 하고 계속해 주겠다…. "수색도 계속하겠다. 빠르게 해주겠다. 확실히 해주겠다"라는 조건으로 그렇게 했기 때문에. 부모가… 내가 돈 받자고 배상을 신청을 한 거는 아니에요. 근데 그것도 유가족들을 오해를 하고… 시민들은 더 오해가 되죠. 그거에 대한 보도는 없었잖아요.

그렇다고 미수습자 한두 명이서 '난 아니다, 아니다'라고 말할 수 있는 것도 아니었어요. 아픈 거죠. 그것도 유가족에 대해서, 유가족들도 그거에 대해서 모르는 분들도 되게 많아요. 그래서 그거는 은화 어머님이 하시는 말씀이 "난 그런 거 오해를 해도, 나를 나쁜 년이라고 돌을 던져도 좋다. 나는 은화만 나오면 된다". 그 마음으로 지금 다니고 계시거든요. 그걸 옆에서 보는 저희로서는 인양이 중요하다는 말을 계속할 수밖에 없는 거죠. 그거부터 하고 교실 존치도 해야 되고, 진실 규명도 해야 되고. 저도 유가족으로서 놓친 부분이에요. 준영이 진실 규명이 중요했지 은화의 인양이 중요하진 않았어요, 솔직히 말씀을 드리면. 근데 그걸 놓쳤다, 그게 미안하다, 그게 죄 짓는 마음이었던 거예요.

면담자   그 이야기를 다른 유가족분들이나 간담회에 가서도 하세요?

준영 엄마   저는 해요. 오늘은 이렇게 옷을 입고 왔지만 우리 은화 어머님께서 만드신, 디자인하신 옷이 있어요. 검은색 후드집업인데 "보고 싶습니다. 만지고 싶습니다"라는 글귀가 되어 있어요. 그 디자인을 은화 어머님이 하셨어요, 다윤이 어머님이랑. 저는 그 옷을 꼭 입고 간담회에 가요. 〈나쁜 나라〉 영화 상영을 해도 저는 꼭 가서 인양을 얘기를 해요. 그 엄마의 마음을 알고, 그리고 우리 준영이도 친구들이 빨리 올라와서 졸업하기를 바랐었을 거 같으니까. 저는 빠른 시일 내에 우리 애기 졸업시키고, 진상 규명도 이게 기다려주는 게 아니잖아요. 저는 이번에 1차 청문회를 다른 유가족들은 너무 서툰, 준비도 안 한 상태에서 섣불리 1차 청문회를 했다 하는데, 저는 2015년을 그나마 청문회를 해서 마무리를 했다고 [생각해요], 제 개인적인 입장으로는. 정말 왜 안 구했는지 [사람들이] 알았는데 왜… '정말 안 구했다'라는 걸 남들한테 조금이라도 저는 알렸다고 생각을 해요. 지금 잊혀지는 거잖아요.

면담자   네.

준영 엄마   제일 두려운 게 잊혀지는 거거든요, 아무것도 이뤄 놓지 않았는데 잊혀지는 거. 청문회로 다시 한번 시발점이 됐다고 저는 생각을 하거든요. 그래서 뭐라도 해야 되는… 저기에서 지금 인양은 계속하고 있고, 저희도 포기하지 않고 인양 피켓을 계속 들고 인양을 계속 외치고 있기 때문에 어… 뭐든지 지금 해야 되고…. 유가족들이 다 인양에 매달릴 수는 없잖아요.

면담자   없지만….

준영 엄마   예, 시간이 없어요. 사실 저희는 힘도 없지만 시간도 없어요. 저희를 연대하시는 분들도, 제가 이런 말을 하면 안 되겠지만, 전 연대가 되게 중요하다고 생각해서 연대활동 많이 다니지만 힘이 없는 분들끼리 모인 게 연대잖아요? 저희는 그렇잖아요.

준영 엄마 임영애

그렇다고 해서 그분들을 무시하는 건 아니에요. 그분들이 있어서 저희는 힘을 더 받기는 하지만 정말 저희를 도울 수 있는 힘이 있는 거는 아니잖아요. 그러기 때문에 저희는 힘도 없고 시간도 없는데, 그냥 인양에만 매달릴 수 없기 때문에… 진실 규명도 하긴 하는데 중점은 인양을 두고 하자는 그런 얘기예요. 그래서 저는 그래요. 저희 준영이 아빠는 지금 인양보다는….

면담자   그렇죠. 아버님 활동과는 좀 다르신 것 같아요.

준영 엄마   진상 쪽으로 가고 있거든요, 아빠가. 저는 그걸 모라고 하지는 않아요. 그래서 활동이 달라졌어요.

면담자   아, 조금. 예예.

준영 엄마   예. 저희는 같이 다녔었거든요. 제가 되게 병적인 길치예요. 그래서 꼭 데려다줘야지 가고 그러는 저기였는데, 그게 엄마의 힘이라는 게 그런 거 같아요. 이제는 헤매도 혼자 다닐 수 있어요, 있게 됐어요. 그래서 만약에 약속 시간이 10시면, 이렇게 안산 말고 부산이나 그런 데면 7시부터 가거든요. 3시간을 헤맬 생각을 하고 가거든요. 그게 만약에 자식이 아니면 그렇게 못 하잖아요. 근데 그런 식으로 이제는 활동을 다르게 하고 다니고 있어요.

4
둘째 아이를 생각하라는 이들에게

면담자　　사고를 겪으면서 성격도, 아니 인생 자체가 많이 바뀌셨겠어요.

준영 엄마　　저는 많이 바뀌었어요. 저 같은 경우는 생활을 할 때, 뭘 행동을 할 때 준영이와 ○○이를 먼저 생각했어요. 왜냐면 부모님이 거울이라는 거, 자식한테 거울이라는 생각을 좌우명처럼 갖고 있었거든요. 왜냐면 저 같은 경우는 아버지 성격을 많이 닮고 엄마를 안 닮았는데, 엄마는 조금 여장부 스타일이에요.

면담자　　아, 그게 좀 안 맞으셨어요?

준영 엄마　　예. 난 그게 너무 싫었어요. 여자는 좀 여자다워야 하는데 엄마는 너무 강해서 싫었는데, 아버지는 또 너무 여성스러우셨었어요. 그래서 그런 아버지가 불쌍한 마음도… 사실 어린 마음에 있었던 것 같아요. 그래서 '난 엄마처럼은 안 돼야지' 그렇게 생각을 했는데, 근데 생활할 때 엄마를 닮아가더라고요. 그런 면이 있어서 제가 좀 자제를 했다 그럴까. 그래서 우리 아이들이 너무 강하게 저렇게 하는 게 난 싫은 거예요. 엄마 모습이 쟤 욕하면서 닮았다고, 우리 아이도 그렇게 될까 봐 제가 되게 조신하게 이렇게 했었거든요. 그리고 모든 말을 강하게 안 하고 그랬었는데, 지금은 [저희] 엄마가 된 거 같아요. 저 친정 엄마처럼 자식을 위해서라면…

44
.
준영 엄마 임영애

저희 어머님은 신앙심도 되게 강하셨던 것 같은데, 아 자식이 어떻게 되면, 쟤가 모 어떻게 됐다 그러면 완전 여전사가….

면담자   물불 안 가리고.

준영 엄마   예. 그러셨는데 제가 그렇게 되는 거 같아요.

면담자   그러면 4·16 이전에는 다정다감한 어머니가 되려고 애쓰셨겠네요.

준영 엄마   그렇죠. 그리고 어머님들 다 자식 먼저 챙기고 자기 나중에 챙기며 사시는데, 저는 같이 챙겼던 거 같아요. 저도 챙기고… 왜냐면 제가 좀 당당해야지 내 새끼도 당당할 거라는 생각을 했었거든요. 그래서 "너 티 하나 사면 나도 티 하나 사고" 저는 이렇게 했던 것 같아요. 아이한테만 막 이렇게 하는 게 아니라 나도 당당해야지 내 새끼도 당당하다고 생각하고 그렇게… 전 좀 자존심도 강한 편이었어요. 근데 준영이 그렇게 되고부턴 내가 강해져야 된다, 제 스스로 컨트롤을 되게 많이 해요. 아침에 준영이 사진을 제가 크게 이렇게 현관문에 갖다 논 이유도… 나가면서 다짐을 해요, '난 이제 임영애가 아닌 준영 엄마로… 세월호 엄마니까'. 그리고 간담회 가면 인사할 때 "준영이 엄마"라고 인사 안 하고 전 "세월호 엄마"라고 인사하거든요. 그래야지, 그래야지 제 마음이 다잡아져요. 저 어떤 때는 엄마 감정이 너무 강해 가지고 사실, 이런 말은 좀 저기 한데, 포기하고 싶을 때도 사실 많아요.

면담자　　　　그렇죠.

준영 엄마　　　예, 왜냐면 저는 ○○이가 있잖아요. 준영이만 있으
면은 제가 저기 하는데 어떤 때는 ○○이가 그런 말을 해요. "이렇
게 뭔가 허전한 덜컹덜컹거리는 걸 살아가는 거 같아. 일상을 4·16
이전의 일상생활은 [다시] 할 수 없지만, 그때는 정말 가정이 화목
하고 정말 가족이라는 생각을 했는데 이제 덜컹덜컹거리는 거 같
은 느낌을 받는다"는 거예요. 그 말이 되게 아팠거든요. 근데 사실
서운한 면도 있었어요. '자기 오빠가 그렇게 됐는데 제가 활동을 하
러 다니면서 자기를 못 돌보니까 그런 마음을 갖나 보다'라고 생각
하면서 '조금만 이해를 해주지. 아직… 다른 사람들은 2년, 벌써 2년
이라는데 저는 아직도 2년밖에 안 됐는데…'. 이런 맘에 좀 서운하면
서도 '그래, 내 새끼가 얼마나 저렇게 아프면 저런 말을 하겠나'. 그
런 생각을 하면서 '내가 조금 활동 접고 ○○이를 위할까?' 이런 마
음을 먹을 때도 있어요. 근데 그렇게 못 하는 게 저는 또 준영이 엄
마니까, 예. 그런 마음, 이런 마음…. 사실 나가서는 "저희 잊지 말
아주십시오. 저희 끝까지 포기하지 않겠습니다". 그게 맞는 말인데
나름대로 저도 사람이라 예, 되게 힘들 때가 많고….

면담자　　　　어떨 때는 싹 잊고 진짜 그냥 살고 싶기도 하고.

준영 엄마　　　예, 그런 생각 많이 들죠.

면담자　　　　준영이 엄마이기도 하고, ○○이도 걸리고 그렇잖
아요.

준영 엄마   그런 게 많죠. 그게 좀 힘든 거 같아요. 그래서 다른 어머님 중에는 "자식을 어떻게 포기할 수 있냐?"고 그러는 분도 계신데, 지금 활동을 안 하시는 분들도 그런 거에 힘드신 거지 어떻게 자식을 포기하겠어요. 어느 부모나 자식을 포기할 수는 없어요. 근데 어… 저희가 농담으로 그런 말을 해요. "내가 세월호 마누라라면 난 안 했다". 이런 농담을 할 정도로 엄마니까 포기하지 않고 끝까지 가는 거지, 저희도 막 이렇게 너무 힘들 때는 그런 생각을 많이 하는데 제일 크게 다잡아 주는 게 준영이 마지막 모습이에요.

면담자   근데 주변에서 남은 자식들 생각하라고… 그런 얘기 많이 하시잖아요(울먹임).

준영 엄마   제가 지금 친정 언니들하고 다 끊어졌어요. 제가 끊은 거예요. 〈비공개〉 그래서 저한테는 엄마 같은, [언니한테는] 딸 같은 저긴데, [준영이가] 그렇게 됐으니까 우리 언니도 얼마나 아프겠어요. 그런 마음으로 [얘길] 하는 건데 저는 그런 소리가 듣기 싫은 거예요. 왜 모르겠어요, 알긴 아는데 내가 그만둘 수가 없으니까…. 저도 왜 힘들지 않겠어요, 근데 제가 엄만데 어떻게…… 그럴 수가 없죠.

면담자   어머니 친정 식구들, 형제자매가 어떻게 되세요?

준영 엄마   제가 언니 둘에 오빠 하나, 4남매. 저까지 4남매.

면담자   다 근처에 사세요?

준영 엄마   큰언니는 서울 사시고, 둘째 언니는 안성 사시고, 오빠는 여기 선부동에 사는데, 요즘 다 전화를 안 해요. 저희 오빠 같은 경우는 "○○이를 많이 생각하라"고, 그런 얘기를 많이 하시고 그래서. 음… 저희 오빠와는 5살 차이거든요, 저랑. 근데 다 그렇게 좀 얘기하죠. 〈비공개〉

면담자   둘째 언니도 나이 차이가 좀 있으시겠네요.

준영 엄마   예예. 저희 엄마가 저를 마흔여섯에, 제 나이에 저를 낳으셨어요. 그러니까 나이 차이가 되게 많아요. 아버지는 쉰다섯일 때, 엄마하고도 또 차이가 있으셔서. 그러니까 언니하고도 좀 차이가 있거든요. 그러니 얼마나 아프겠어요, [저를] 볼 때 딸 같고…. 근데 〈비공개〉 배상[신청]을 안 하고 소송을 하고, 소송비도 막 500, 몇천씩 들여가면서 저러고 다니니까 속상하시겠지요, 언니 입장에서는. 그래서 전화 걸 때마다 제가 듣기 안 좋은 소리를 좀 많이 하시는 편이에요. 그래서 제가 지금 그렇게 하고…. 그리고 저도 친구들 좋아해서 친구들이 좀 많았고, 근데 다 일절 전화를 안 받아요. 같이 [일한] 동료들도, 제가 □□에서 10년을 일했거든요. 거기도 친구가 많은데 그 사람들하고도…….

면담자   그럼 지금 다 연락을 잘 안 하세요?

준영 엄마   아, 처음에는 그분들이 이제 위로하는 문자 하고 막 전화를 하는데 제가 응대를 안 하니까…. 거기에 대한 감정이 있어서가 아니라 아직은, 아직은 아니라는 생각. 그분들은 이제 걱정을 해주고 다 그렇게 하는데 제가 그게 걱정으로 안 들리고… 사실 어떤 부류는 행복한 걸 보여주는 느낌이 들 때가 좀 있어요. 그게 고까워서가 아니라 아직은 힘들어요, 받아들이기가 힘들고. 그냥 그분은 아무 생각 없이 한 말인데, "준영이만 그런 거 아니잖아. 다들 같이 갔는데 왜 너만 슬픈 것처럼 그러냐" 이렇게 말을 하는 것들이, 감정을 표현하는 건 다 틀린 거예요.

그리고 활동 안 하는 사람이 오히려 더 현명한 것처럼 얘기할 때는 제가 그걸 받아들이고 설명하기조차 싫어요. 제가 설명을 할 수도 있어요. 근데 그럴 여력이 지금 없어요, 여력이 없어요. 지금도 활동 안 하는 사람들… 두 부부가 있는데, [제가] 둘째 생각 안 한다고 못마땅하게 얘기를 하시는 분들이, 친지들도 많고 제 지인들도 많아서 아직은 그거를 설명해 주고 싶지 않아요.

면담자　　　나중에는 설명하실 생각도 있으세요?

준영 엄마　　　저는 그 설명이 진실 규명이라고 생각을 해요. 지금 제가 제 입으로 "나 이래서 하는 거야, 이래서 하는 거야" 이렇게보다는 정말 인양되고 진실 규명 돼서 이제는 세월호 같은 참사가 다시 안 일어나면 그들은 알 거 같아요. 쟤가 왜 저렇게 했는지를, ○○이도 사랑하는 딸인데 쟤가 왜 저러고 다녔는지는, 이게 몇십 년이 걸리더라도 제가 [일부러] 설명 안 해도 될 거라고. 그게 빨리 될 거라는 생각은 한 번도 한 적은 없어요. 그게 오래 걸리더라도, 내가 죽어서 밝혀지더라도 그들이 언젠가는 알게 되겠죠.

5

이상형이었던 아들

면담자　　어머니 고향은 어디세요?

준영 엄마　　충북 진천, 충청북도 청주 옆에 진천이라고 있어요. 진천을 모르시는 분이 많아서 청주라고는 하는데, 진천이에요.

면담자　　그러면 스무 살 되기 전까지 계속 진천에 사셨어요?

준영 엄마　　그렇죠. 거기서 학교 다니고, 졸업을 하면서 큰언니네 집이 잠실이었는데, 잠실로 와가지고 다니기는 신사동으로다가. 직장이 신사동 한의원에 있었어요, 거기 오래 다니다가….

면담자　　결혼하셨던 거세요?

준영 엄마　　아니, 거기서 있다가 다시 둘째 언니네 [사는] 안성으로 와가지고 이제….

면담자　　계속 언니분들과 사셨네요.

준영 엄마　　아, 그게 왜 그랬냐면 부모님이 연세가 많으시니까, 애를 혼자 자취를 못 시키는 거예요, 저기 성격상. "나가면 안 된다" 그래서 언니 쪽으로만 계속 이렇게 했던 거예요. 혼자 자취를 한다는 건 꿈에도 못 꾸신 거예요, 막내딸이고 이러다 보니까. 근데 저도 또 그랬던 거 같아요.

면담자　　언니들과 같이 지내는 게 좋으셨던 거죠?

준영 엄마　　　예. 언니들하고 같이 있는 게 편하고 그리고 경제적
으로도 좀 더 낫고. 저는 그런 걸 좀 생각을 했었어요, 그래 가지고
그렇게 했던 것 같아요. 안성에 있다가 다시 서울에 왔고. 저는 직
장을 많이 옮긴 편은 아닌데 지역을 좀 많이 옮긴 거 같아요.

면담자　　　그럼 한의원에서 계속?

준영 엄마　　　한의원에 있다가 여기 안성은 예식장인데, 서울에
와서도 예식장을 했어요. 왜냐면 그 드레스 쪽으로 많이 하려면 서
울 쪽으로 오는 게 좀 저기 해서. 제가 드레스 뭐 했냐면 야외촬영
스냅사진 찍는 거를 했었거든요. 예식장에 있었던 게 아니라 거기
드레스 관리를 제가 했어요. 그것 때문에 아현동으로 오다 보니까.
또 서울로 와가지고 그러다가 얘네 아빠를 만난 거예요. 저는 중매
로 결혼하게 됐어요. 거기 계신 분이 저희 형님의 언니였어요. 우
리 형님의 언니분하고 같이 일을 하다가, 그 언니가 이제 "우리 동
생 시동생이 있는데 한번 만나보자"고 해서, 그렇게 중매해서.

면담자　　　거의 사돈이 맺어주신 거네요?

준영 엄마　　　예예.

면담자　　　진천에서 지낼 때는 거의 외동딸처럼 크셨던 거 아
니세요?

준영 엄마　　　그렇죠.

면담자　　　오빠가 5살 위니까 중학교 때 오빠는 성인이셨을 거

아니에요.

준영 엄마　　그러니까 그때도 다른 애들 시골에서 다 자취할 때 저는 하숙을 시켰어요, 저희 아버지가.

면담자　　고등학교 다닐 때?

준영 엄마　　예, 고등학교 때. 저는… 중학교도 학교가 멀어 가지고 하숙을 했어요. 고등학교는 인문계를 갔었는데, 이제 대학을… 지금 같으면 왜 그랬는지 모르지만 별생각이 없어 가지고 막 있다가 그것도 가을에 누구 소개로다가 한의원에 가게 된 거죠, 고3 가을에. 졸업하기 전에 코스모스 졸업처럼 가을에 이렇게 가는 게 있었어요. 거기는 인문곈데 시골이다 보니까 그 실업계처럼 그냥.

면담자　　종합고등학교처럼.

준영 엄마　　예, 그런 식이었어요. 그래 가지고 제가 가을에 올라왔죠, 서울 언니집이 있으니까. 그때 와가지고 이제 진천은 간 적이 없죠.

면담자　　사실 하숙하면 돈이 꽤 드는데 막내딸이라고….

준영 엄마　　그게 걱정되니까. 밥을 안 해 먹을 거 같고, 그리고 제가 지금도 음식에 까다로워 가지고 잘 저기 하는데, 아버지가 그게 너무 걱정돼 가지고 하숙집도 웃돈 얹어줘 가지고 더 심하게 이제 "반찬 신경 써줘" 그렇게 했었어요, 저희 아버지가.

면담자　　그러면 경제활동은 주로 어머니가 하셨어요?

준영 엄마   어머니가 거의 하셨죠. 저희 엄마 같은 경우는 여장 부셨어요, 교회일도 되게. 천주교이고.

면담자   어머니도 성당을 다니셨네요?

준영 엄마   예. 천주교, 그것도 되게 독실한. 제가 모태신앙이에요, 지금은 안 다니고 있는데. 어… 저희 엄마는 교회일, 동네일, 집안일 혼자 다 하셨던 분이시거든요. 그러니까 부녀회장부터 학교의, 성당의 그걸 뭐라고 하는지 모르겠는데 거기에, 반장 뭐 이렇게 진짜 사제 밑이라 할 정도로 열심히 하셨어요. 그런 성격이셨어요. 엄청 여장부처럼 하셨고, 반면에 저희 아버지는 그냥 제 기억에 두루마기 입고 중절모자 쓴 기억밖에 없을 정도, 별로 말도 없으셨던 분이라서 저는 아버지가 불쌍하다는 생각밖에 안 들었었어요. 그렇다고 아버지를 구박한 건 아니었는데도, 엄마가 너무 강하니까 제가 그렇게 생각을 했던 거 같아요. 그게 어려서부터 강해서 저는 그냥, 남편을 좀 존경하고 아이들한테 그렇게 비쳐지는 엄마가 되고 싶었었는데.

면담자   아버지가 권위 좀 가지고 중심을 딱 잡는 그런….

준영 엄마   그런 생각을 많이 해서… 그래서 얘네 아빠랑 저랑 9살 차인데 그게 저한테는 문제가 되지 않았었어요. 친구들은 "노땅인데" 막 이렇게 얘기를 했는데, 전 그래야지 존경할 거 같단 생각이 들어서. 중매에 9살 차, 호적으로는 10살 차이인데도. 61년생, 71년생이거든요. 그런데도 그냥 그때는 전혀 문제가 안 됐어요.

면담자   집안에서는 반대하지 않으셨어요?

준영 엄마   나이가 너무 많으니까, 오빠보다도 나이가 많으니까 그랬었는데, 저는 어렸을 때 그런 환경이었으니까 남자가 나이가 많으면 존경할 수 있고… 그렇게 생각을 했던 거 같아요.

면담자   약간 이상형이 존경할 수 있는 남자이셨나 보네요?

준영 엄마   예. 그래서 아이들이 좀 안정적으로다가 살 수 있는 거. 저가 그렇다고 불안정하게 산 건 아닌데, 그래도 좀 이렇게 '바르게 살았으면 좋겠다'라는 생각을 너무 많이 했었어요. 그리고 제가 어린 나이에 결혼을 한 게 아니거든요. 스물여섯에 결혼을 했으니까 그런 생각을 하게 되죠. 결혼을 하는데 이상적인 것만 생각할 수가 없잖아요. 저는 그걸 생각했어요, 아빠는 아빠답고 엄마는 엄마답고. 그래서 가정을 안정적으로 해서 아이들이 정말 정서적으로 편하게…. 저는 신혼을 단칸방에서 시작했는데, 정리가 딱 된 집에서 아이를 키워야 아이가 바를 거 같아서 기저귀 하나도 흩트려 놓지 않고. 기저귀 하나도 바깥에다 널었지, 방에다 넌 적이 한 번도 없었어요. 그 정도로 되게 강박관념이 좀 심했던 거 같아요. 우리 엄마가 치우는 건 안 하셨거든요.

면담자   네, 막 상상이 되네요.

준영 엄마   예. 제가 그런 게 머릿속에 되게 많아서, 아이의 정서적인 면을 많이 생각하고 살아가지고 그랬는지 우리 준영이가

준영 엄마 임영애

여자아이처럼 정리를 딱딱딱 해놓고. 그것 때문에 준영이가 했던 말이 "나는 ○○이가 동생으로서 다 좋은데 쟤는 정리를 안 해" 그런 얘기를 좀 했었거든요. 친구들 데리고 오는 것도 싫어했어요. 왜냐면 정리가 안 되니까….

면담자　　　정말이요?

준영 엄마　　그런 것도 싫어했어요. 그리고 밥을 먹을 때도 숟갈과 젓가락이 정리가 돼야지 안 되면 밥을 어떻게 먹는지 자기가 정신이 없대요. ○○인 또 그런 성격이 아니에요. 완전히 외가 쪽이에요, 얘는. 우리 ○○이는 정신이 하나도 없어요. 남자 같은 성격이고.

면담자　　　약간 털털한 성격이고요?

준영 엄마　　털털하죠.

면담자　　　아들은 굉장히 꼼꼼하게 정리 정돈하는 스타일이고.

준영 엄마　　예, 그러니까 딱 달라요. 그래도 자기 동생 엄청 아꼈죠.

면담자　　　어머니의 그런 가족상에 대해서 아빠가 잘 맞춰주셨어요?

준영 엄마　　예. 맞춰줬어요. 뭐 다른 사람은 치약 짜는 거부터 양말 벗어놓는 것도 싸운다는데, 저희는 그런 건 없었던 거 같아요. 왜냐면 준영이 아빠 같은 경우는 세탁실 앞에서 양말을 벗어서 펴서 넣는 거예요, 처음부터. 저희 식구가 다 그래요. 근데 우리 ○○이만 던져놓는 성격인데, 그건 아직도 못 고쳤어요. 왜 그러는지 모르겠는데 걔 성격인 거 같아요. 우리 준영이는 거기서 나오는, 양말 벗으면 나오는 먼지도 창문에 털어서 세탁기에 넣는 성격이었어요, 예. 그래서 저희는 그런 건 없었던 것 같아요.

면담자   그게 진짜 어머니 영향일까요, 아니면 타고나기를 그렇게 태어난 거 같으세요?

준영 엄마   타고나기도 그렇게 타고났어요. 왜냐면 저한테 받았다고 할 수가 없는 게 ○○이는 안 그렇잖아요.

면담자   그렇죠.

준영 엄마   저는 그런 모습을 항상 보였었거든요? 준영이 아빠도 그런 성격 아니었는데, 그렇게 바뀐 거예요. 그런데 ○○이는 아직도 그게 안 되는 거 보면 우리 준영이는 타고난 거예요. 걔가 그걸 보여준 거고… 그런 면이 있었어요.

면담자   엄마가 진짜 바라는 그런… '다시 태어나면 이런 남자랑 결혼해서 살고 싶어'라는.

준영 엄마   그런 거죠. 왜 간담회 가면은 "준영이는 어떤 아이였냐?"고 그렇게 많이 물어보시잖아요. 사람들은 그거 있잖아요, 이상형 남편이 있고, 이상형 남자 친구가 있고. 저는 정말 아들이 이상형이었어요. 저희 아들이 저한테 딱 맞는 이상형이었어요. 이렇게 말하면 제가 뭐 조종한 것처럼 되는데 정말 준영이 같은 경우는 하나도 제 맘에 안 드는 점이 없었던 거 같아요. 그래서 "이쁘다, 이쁘다, 똥구멍도 이쁘다". 제가 이런 말을 준영이한테 많이 했었거든요. 그리고 '내 새끼'라는 말을 되게 많이 했어요. 걔는 욕을 싫어해 가지고 "새끼도 하지 말라"고 해서, 제가 그 새끼의 말을 해줬었거든요. "뱃속에서 있을 때부터, 나와서도 새끼처럼 영원하라고 내 새끼라고 하는 거라고". 그러니까 그 뒤론 새끼는 허용을 했었는데, 얜 욕도 싫어하고…. 제가 ○○이한테는 "이년", "저년" 해서, 지금도 그렇게 할 때가 있는데, 준영이는 정말 그런 걸 싫어했어요. 쟤는 모든 면이… 그래서 정말 제 이상형이었어요, 아들이.

6
4·16 이전 사랑으로 가득했던 가정

면담자   그러면 안산에는 결혼 후에 오신 거예요?

준영 엄마   준영이 5살 때 내려왔어요. 준영이 아빠가 젊은 날에 너무 화려하게 '운동'을 했어요. 그래 가지고 직장을 잡을 데가 없는 거예요, 그래서 노동판밖에 없는데. 저는 아이 문제도, 노동판이 안 좋다는 게 아니라 비 오는 날 못 하고, 뭐 하면 못 하고. 샷시를 하니까….

면담자   빠지는 날이 많아서….

준영 엄마　　　너무 빠지는 날이 많으니까 아이 키우기가 너무 힘
든 거예요, 경제적으로. 그래서 '나는 이거는 못 살겠다. 여기는 안
되겠다. 그래서 제가 안산에 공장이 있으니까, 반월공단 가면 못
살겠냐' 싶어서 내려온 게 우리 준영이 5살 때. 계속 다녔었던 거
죠, □□사에.

면담자　　　그러면 이직을 어머니께서 권하셨던 거세요?

준영 엄마　　　100프로 제가 권했었죠. 그리고 샷시는 안 된다 싶
었어요. 친정 오빠가 샷시를 하는데, 그 영향으로 샷시를 하게 됐
거든요. 그랬는데 안 되겠더라구요, 아이 키우기에는 너무 힘들고
그렇더라구요.

면담자　　　이게 못 나가는 날도 많고.

준영 엄마　　　예예. 겨울이면 뭐 얼어서 못 하고, 뭐 해서 못 하고.
그렇게 되면 아이를 키울 수가…. 저는 그때 다른 직장을 갖는다는
생각을 안 했어요. 다른 분들은 '남편이 샷시를 하면 내가 직장을,
내가 다녀서 보충을 한다'는 생각을 하는데 저는 애를 키워야 된다
는 생각밖에 안 했어요. 제가 나가면 애가… 안 되겠다라는 생각을
했기 때문에 보충을 못 해줄 것 같아서, 남편이 이직을 안 하면 경
제적으로 안 될 거라는 생각을 했어요. 그래 가지고 저는 그랬거든
요. "우리 준영이 초등학교 들어갈 때까지는 직장 안 다닌다"고,
예. 그래 갖고 정말 우리 준영이 초등학교 집어넣고, 2학년 때부터
다녔거든요, 직장을. 그 전에는 "굶어 죽어도 안 다닌다" 그랬어요

(웃음). 아이를 내가 형성을 시켜놔야 되니까. 그렇다고 해서 자아가 다 생기는 건 아니지만 어느 정도는… 애기 때 남의 손에 맡긴다는 건 생각을 못 했었어요. 그게 나쁘다는 건 아니에요. 저는 제 새끼는 그렇게 안 하고 싶다는 생각이 너무 강해 가지고 남편이 이직을 했으면 좋겠다는 생각을 했었어요.

면담자   아버님은 잘 맞춰주셨어요?

준영 엄마   그때는 맞추고 뭐고, 제가 너무 완강했어요.

면담자   강하게 말씀하신 거세요?

준영 엄마   예. 제가 혼자 와가지고 안산에 방을 얻고, 친척한테 말해서 직장을 알아본 것도 저였거든요. 그 ≪벼룩시장≫ 보고 한 것도 저였기 때문에, 저한테 맞추고 그런 게 없을 정도로 강압적이었어요.

면담자   어머님은 일하셨던 곳이 숍, 한의원 등이셨는데, 대개 사무직이잖아요.

준영 엄마   예예.

면담자   그래서 처음에 아버님 일하시고 할 때 약간 거부감이나 좀 다르다는 생각은 안 하셨어요?

준영 엄마   저는 샷시[새시]에 대해서 그렇게 거부감이 없었는데, 샷시에 대해서 잘 몰랐어요, 사실은. 제가 서비스 쪽만 있어서 몰랐는데 어, 딱 해보니까 돈이 들어올 때만 들어오고 안 들어올 때는 너무 안 들어오니까 그거에 대한 거부감이었지, 직업에 대한 거부감은 사실 몰라서 없었어요. 그랬는데 제가 그거[이직 권유]는 잘했던 것 같아요, 그래서 근데 그…. 제가 이런 말을 했었는데, 이 일이 있었을 때 "아니 데모도 어느 정도로 했으면, 서울에서 살았으면, 안산에 안 왔으면 내 새끼 안 잃었을 거 아니냐"고. 제가 그런 말을 화가 나서 해본 적은 있지만 직업에 대해서 그런 거는 없었어요. 그리고 충실했어요, 준영이 아빠가 되게 아이한테 충실했었고. 그… 아빠, 준영이 아빠 같은 경우는 10살 때 아버님을 잃으셨어요. 그리고 어머님이 조기 치매가 오셨어요. 중풍으로 인해서 치매가 이렇게 일찍 오셨는데, 반신불수 되시면서 그래서 아이를 돌볼 수가 없었기 때문에.

면담자   거의 혼자 자라신거네요.

준영 엄마   예. 아이를, 사랑 그런 걸 떠나서 아이를 지킬 수 있[어야 한다]는 그게 되게 강했어요, 준영이 아빠는. '내가 몸이 아프더라도 내 아이가 정말 이렇게 살 수 있게끔은 케어를 해줘야 되고 보조해 줘야겠다'라는 생각이 엄청 강한 사람이었기 때문에 되게 충실했어요, 아이한테. (면담자 : 아빠로서의 책임감) 강했어요. 그리고 일요일 날 야근하고 와도 한 번도 피곤해서 쉰다 이게 없고, 아이랑 야구하러 다니고, 아이 데리고 PC방도 가고 막 그렇게 할 정도로, 그리고 사우나도 같이 가. 그런 분야에 되게 저기… "피곤하다"는 말을 저한테는 했어도 아이한테는 정말 한 번도 하지 않았어요.

면담자   아빠로서는 정말 최선을 다하셨네요.

준영 엄마 .   최선을 다했다고 저는 생각을 해요. 아이들도 그렇게 느끼고…. 그리고 준영이가 5학년 때 아빠가 이제 [야근을] 하고 들어오니까 "아, 난 안산의 아침이 너무 아프다"고, "야근하고 들어오는 아빠가 너무 아파서 주간 하면 안 되겠냐?"고 이런 말을 5학년 때 했던 애였거든요. 이제 돈 문제가 있으니까, 그래서 그랬던 거죠. 저희는 목표가 뭐였냐면, 준영이는 대학을 경기대 가지고 공무원이 되는, 야구 잘하는 공무원이 꿈이었고, 우리 둘째는 피디가 꿈이었어요. 그래서 ○○이 같은 경우는 유학을 보내는 그런, 저희는 10년 계획을 해놓고 애를 키웠기 때문에 악착같이 살았던 것 같아요, 되게 악착같이.

저희 가훈이 "서로 사랑하자"였거든요. 그 가훈을 가진 것도 서로서로 가족끼리는 사랑하고 정말 용서하고 배려하고 감사하고, 그런 거는 저희가 되게 강조하면서 키웠던 것 같아요. "남는 게 가족이다"라고 키웠을 정도로, 가훈도 그렇게 할 정도로…. "서로 사랑하자" 그 가훈이 저희 아이 2학년 때 만든 거예요. 지금 만들었으면 더 거창하게 만들었을 텐데, 2학년 때 우리 아이 수준에 맞게 만들다 보니까 그게 가훈으로 아직도 있지만, 저희는 정말 사랑을 되게 강조했던 것 같아요, '가족 사랑'을. 그래서 준영이도 그랬던 거 같고. 준영이가 4월 23일이 생일이잖아요, 그날 올라왔는데…. 4월

15일 날 갈 때 생일 선물이 뭐 받고 싶냐니까 "저희 가족끼리 반지를 나눠 끼자"고 그래서 "그럼 생일날 이걸 하자" 그랬는데 약속을 못 지켜서… 그 뒤에 저희가 지킨 거거든요.

개는 인형이… 개 가고 나니까, 오늘 내가 오면서 세어보니까 25개예요, 곰 인형이. 그렇게 곰 인형을 좋아해서 별명이 '꿈들곰돌'인데, 그 이름을 지가 진 거예요. 아빠는 '지킨빠'고, 엄마는 '충전마'고, 그리고 아기는 우리 집 희망이라고 '희망아'고. 자기는 이름을 지어달래요. "뭐로 짓냐?" 그래서 내가 그럼 '우리 집 꿈동이 곰둥이'래니까 미련맞아 보인다고 지가 '꿈들곰들'로 바꾼 거예요. 그렇게 이름을 짓고 가족 사랑을 되게 많이 그렇게 했던….

지 동생이 수련회를 가면 짐이 무겁잖아요. 학년이 틀리니까 애는 수련회 가고 애는 안 가는데, 수련회 끝났다고 전화를 하면 그 학교까지 막 뛰어가서 그 짐을 갖고 와요, 동생 힘들까 봐. 그러다가 막 급한 마음에 가다가 돌부리에 해갖고 발톱이 막 빠질 정도로. 막 이렇게 하면서도 개는 동생을 되게 저기 했었고. 저는 이제 뉴코아에서 일을 하면 학교가 이렇게 중간에 있어요. 그럼 저도 10시에 끝나고, 야자도 10시에 끝나요. 그러면 세무서 중간에서 저는 역으로 내려오고 저는 막, 막 뛰어와 갖고 와서 여기서 만나서 101번 [버스를] 항상 타고 하거든요. 1학년 때 하고, 그러니까 4월 14일까지 얘는 야자를 했어요. 야자를 하는 것도 되게 힘들잖아요, 10시까지 하는 게. 다른 아이들은 야자 안 하는 날은 학원 가는데, 근데 그 돈 아끼라는 거예요, 우리 아들은. 저한테 뭐라고 그랬냐면, "엄마, 나는 학원보다는 방과후가 적성이 맞는 거 같애" 이렇게 얘기를 한 거예요. 그래서 저는 미련맞게 그게 진짠 줄 알고, 걔가 돈 아낄려고 그렇게 했다는 생각을 못 하고 '아, 그렇구나'. 그러니까 야자도 돈이 들어가긴 하는데 반밖에 안 들어가요, 학원비에 비하면. 저는 그렇게 생각을 했었는데, 준영이가 가고 나중에 주위에 친구들하고 카톡 보낸 걸 보니까 그 내용이 있는 거예요. "우리 엄마, 아빠 너무 힘들어서. 그래서 그냥 야자만". [친구가] "그럼 엄마가 뭐래?" 그랬더니 "우리 엄마한테 내가 그냥 적성이 이게 맞다고 그랬어". 이런 내용이 있더라구요. (울먹이며) 그래서 [저는] 우리 준영이 그런 걸 몰랐어요, 정말. '학원보다는 그게, [방과후] 선생님이 맞나 보다' 이렇게 생각을 해서 그렇게 보냈는데. 수학여행 갔다 오면 바로 시험이었어요, 우리 단원고가. 근데 우리 준영이가 (울먹이며) 이번에 자기도 너무 힘들다고 그러더라구요. "엄마, 저 이번에 수학여행 갔다 와서 시험 보고 나면 성적 보고 학원 한 군데만 보내주세요". 이렇게 말을 해서 제가 학원을 끊어놓은 상태였었어요. 아, 근데 제가 그런 생각은 안 하고 '2학년 되니까 그랬나 보다' 이렇게 생각했는데, 아이 책상을… 간 다음에 정리하다 보니까 초록색 쪽지에 '2등급 올리기'가 있더라구요. 그러니까 "2014년 목표, 2등급으로 올리기. 효도하기" 있는 거예요(울음). 지가 그거 써놨더라구, 우리 아이는 그런 아이였어요(울음).

결혼 과정

면담자   아버님을 처음 보셨을 때 인상은 어떠셨어요?

준영 엄마   저는… 준영이 아빠 초기 인상이 잘 생각이 안 나는 게 제가 생각했던 이상형은 아니었거든요. 제가 키가 작으니까 2세를 위해서 키가 큰 사람을 생각했는데 얘네 아빠는 그렇게 큰 키가 아니니까. 얼굴 갖고 그렇게 한 것도 아니고. 그리고 저는 그때 그 [결혼 관련] 일을 하고 있었어도 그거에 대해서 잘 모르니까….

면담자   과거에 그렇게 열심히 노동운동 하셨던 거는 모르는 상태에서 만나셨던 거세요?

준영 엄마   그렇죠. 그런 거를 몰랐죠. 12월 3일 날 만났어요, 처음에 그렇게 만났는데… 저는 그때 무슨 생각을 했냐면 '저도 뭐 적은 나이도 아니고 그 사람도 적은 나이 아니니까 결혼을 해야겠구나'. 근데 연애를 안 했던 건 아니에요, 저도 다른 사람하고 연애는 했지만. '아, 이 사람이랑 결혼해야겠구나' 이렇게 생각을 하고 별생각이 없었던 것 같아요. 저 사람의 첫인상이 어떻다 그런 건 없었고, 그냥 내가 '안정된 그런, 되게 편안한 그런 가정을 이뤄야겠다'라는 생각만 제 머릿속에 있었지 다른 생각은 없었던 것 같아요. 그래 가지고 결혼을 하는데 단칸방에서 시작을 하는 거예요. 그때부터 이제 이게(웃음) 생각을 하게 되고 막 그랬었는데… 처음

12월 달에 만났는데 1월 달에 어딜 데리고 갔냐면 연세대학교 데모하는 데를 데리고 간 거예요. 그때는 되게 막연했던 거죠, 결혼한다고 말했으니까. 지금 생각했으면 다시 생각을 해볼 수도 있는 문젠데 내가 결혼한다고 마음을 먹었었고 '이 사람이 막말로 도박하는 것도 아니고 아, 나라를 바꾼다는데 그냥, 그냥(웃음) 하자' 이렇게 생각을 했었던 거예요. 결혼해 가지고 그때부터 이제 생각이 좀 달라지는 거죠. '직장도 왜, 왜 막노동판만, 샷시를 하는지에 대한 것도 그때 알게 된 거예요. 왜 정상적인 저기를 못 다니지? 저 사람은 선린상고를 나왔으면 은행원을 할 수도 있었고. 은행에서 은행원을 견습도 받았었고, 그런 사람인데 왜 못 하지?' 그걸 나중에 알게 된 거예요. 결혼하기 전 지금처럼 조금 깨어 있었다면 "왜 그거를 못 하냐, 선린상고 나왔는데 왜 은행을 못 갔냐?" 이렇게 물어봤을 텐데 결혼해야겠다 생각을 한 뒤로는 물어보질 않았었던 거예요. 그래서 지금도 ○○이한테 하는 건 "다 따져보고 결혼하라"고. 지금도 농담으로 하는 얘기가 그런 거였거든요. 그때는 정말 그런 생각도 없이 그냥 결혼을 했는데 만삭 때 그 데모 판엘 또 데리고 간 거예요. 결혼해서 갔는데 그때도 무슨 생각을 했냐면, '나는 이렇게 살았다지만 우리 아이 태어날 때는, 태어나서는 그런 좋은 세상 만들겠다고 아빠가 이렇게 하는 거다' 해갖고 제가 주머니에 있는 거 다 통 털어서 신촌에서, 그 연대에서 통 털어서 거기 있는 그 사람들 전부 다 먹을 걸 사줬어요. 저는 당장 갈 버스비가 없고 막 그랬어도 그때는 되게 행복했단 생각을 했어요. 왜냐면…

면담자　　　　아빠가 가자고 해서만 가신 건 아니셨던 거예요?

준영 엄마　　　처음에는, 처음에는 이 사람이 가자고 그래서 갔는데 결혼해서는 제가 더, 더 갔던 거, 임신해서도 가고 막 이렇게 갔던 거예요. 왜냐하면 가보니까 이제 뭔가가 깨우쳐지더라구요. 제가 그냥 모르고… 전 세금 잘 내고 잘 살면 되고, 충실하고 남한테 피해만 안 주고 살면 되겠다 생각했는데 '어, 세상이 이런 거구나'를 그때 조금 알게 되니까 "가, 그 대신에 뒤에서 얼버무리지 말고 앞에 서서 기라도 들어" 이렇게 얘기를 하는 거예요, 저는. 그 노래도 따라 하고 막 그랬었어요. 님, 님 ['임을 위한 행진곡'] 그 노래도 하고 막 이렇게 했단 말이에요. 그 당시에는 정말 바뀌었으면 좋겠다는 생각을 많이 해서 제가 나중엔 갔죠, 같이…. 그거를 후회하지는 않아요, 예. '그렇게 살았는데 하나도 안 바뀌었고 내 새끼 뺏긴 거 아니냐' 이런 생각을 할 수도 있지만 아… 저는 그 살아온 거에 대해서 후회는 안 해요. 저는 새끼를 위해서 그렇게 했었던 거고, 그래서 후회는 없는데. '지금이라도 좀 완전한 나라로 바꼈으면 좋겠다' 이렇게 생각을 하는 거지. 얘네 아빠를 만난 거, 그렇게 살아온 거, 아이에 대해서 했던 거, 후회하지는 않아요.

준영 엄마 임영애

8
준영이의 양육 과정

면담자   안산에 오셔서 딱히 다른 건 안 하셨지요?

준영 엄마   5살에 왔으니까 계속 아이 저거[양육]만 했었지요. 그러다가 유치원에를 이제 보냈는데… 제가 우리 애 초등학교 갈 때까지는 전혀 안 한다고 생각을 했었잖아요. 그랬는데 너무 힘든 거예요. 우리 애 7살쯤 들어갔을 때, 우리 준영이 들어갔을 때 너무 경제적으로 힘들어 가지고 잠시 다닌다고 생각을 했어요. 근데 우리 ○○이 같은 경우는 "돈 많이 벌어 와, 까까 많이 사 와" 이러는데, 우리 준영이는 숨이 넘어가게 울어가지고 다닐 수가 없어서 하루 면접 보고 못 다녔어요. 막 전화가 오는 거예요, 그 면접 보고 견습처럼 일을 하려고 하는데 애가 기절을 한다는 거예요. 그래서 어떻게 해… 그냥 그날로, 첫 출근이 마지막 출근이 됐죠. 그러고 있다가 초등학교 들어가서부터 다시 다니기 시작했어요. 7살에 하려고 했는데 도저히 애가 안 되겠더라구요. 아침에 안 되는 거예요, 떼어놓고 오면은. 어떤 애들은 놓고 오면 그래도 거기에 적응하는데 우리 아들은 엄마 올 때까지 우는 거예요, 기절할 정도로. 그래서 못 다녔었어요.

면담자   준영이가 ○○이랑 4살 차이잖아요?

준영 엄마   2살.

면담자   아, 2살. 그러면은 ○○이도 서울에서 낳았네요.

준영 엄마   그렇죠. 5살, 3살 때 그렇게 갔죠. 만약에 ○○이가
첫째였으면 제가 직장을 다닐 생각을 빨리 했었을 텐데. 우리 준영
이 같은 경우는 제가 보고 있었어야 됐어요. 그래서 제가 거기 어
린이집 회장을 했었어요. 왜냐면 계속 그걸 보고 있어야 되니까.
유치원 선생님이, 그 원장님이 수녀님이셨어요. 대덕어린이집이라
고… 그랬는데 준영이는 학업에 이거를 못한다는 거예요, 왜냐면
엄마 있나 없나 그거[적응 기간 수업]를 해보기 때문에 그냥 엄마가
계속 지켜보고 있어야 한다고. 15일만 지켜보면 아이들은, 어느 아
이들이고 다 떨어진다는 거예요, 엄마하고. 그래서 제가 15일만 있
어보자 했던 게, 그게 1년이 된 거예요. 그러다 보니까 그냥 거기
어머니 회장을 했어요.

면담자   굉장히 어릴 때부터 엄마와 애착이 깊었네요.

준영 엄마   예. 엄마에 대한 게 깊었어요. 어느 정도냐면 걸어가
면 ○○이하고 아빠는 걸어가고 준영이는 손을 안 잡으면 못 갈
정도예요. 그리고 아빠는 거실에 침대가 있을 정도로 거실에서 자
고 저하고 준영이하고 같이 자는데, 14일 날 밤에 이 배를, 걔는 배
를 만지지 않으면 잠을 못 자는 애예요. 그래서 계속 배를 만지면
서, "나 수학여행 가면 어떻게 하지? 이 배 좀 떼어줘" 막 이렇게 말
할 정도로, 농담으로 할 정도로 우리 아들은 그랬었거든요. 걔는
젖을 먹지 않은 애기였기 때문에 이렇게 이런 데는 안 만졌는데 배

를 그렇게 만졌어요, 우리 준영이 같은 경우는. 그 정도로 애착이 되게 강해서 어디 걸어가면 저는 혼자 걸어가고 준영이는 여기, 준영이 아빠랑 ○○이는 같이 걸어가는 그게 그런 그림이었어요, 저희 집이. 준영이랑 저랑 걸어가고. 준영이는 아빠가 학교로 데리러 가면 "왜 엄마 안 왔냐?"고 이럴 정도였거든요. 대화를 하면 아빠하고 주로 ○○이만 해요, 저는 이렇게 낄 수가 없을 정도로. 그러다가 이제 준영이가 보고 심통이 나면, 둘이 얘기하고 있으면 제가 ○○이 머리 툭 치고 안방에 들어갈 정도로, 그런 게 있어요. 왜냐면 저는 준영이랑 많이 통했었고….

면담자　　　그러면 아버지가 약간 ○○이랑 얘기를 하는 식으로 역할 분담이 되셨네요?

준영 엄마　　　그렇게 됐었죠. 그리고 다른 아이들은 아빠가 어려우니까 엄마를 통해서 이렇게 얘기를, 요구를 하잖아요. 근데 ○○이 같은 경우는 아빠한테 다이렉트로 얘기를 할 정도로 아빠하고 더 많이 통했었고…. 저희 아들은 아빠가 엄하고 무서워서가 아니라, 그냥 엄마가 편하니까. 그래서 제 선에서 많이 해결을 했죠, 우리 아들은. 예를 들어 제 선에서 해결한 거는 그 야구 신발이 12만 원이에요. 근데 아빠는 준영이 가기 전까지 그게 친구 ×× 신발, 준영이 친구 ×× 신발인 줄 알은 거예요. '생각도 없이 12만 원짜리를 샀냐'고, 그런 소리 듣기 싫으니까 제가 거짓말을 한 거죠, ×× 한테 빌려온 거라고. 그러니까 ×× 신발인 줄 알고 계속 준영이보고 "왜 저거를 안 갖다주냐고" 막 그럴 정도로, 그런 식으로 저는 준영이의 요구를 들어줬던 게 많아요. 옷 같은 것도 야구용품은 좀 비싸요.

면담자   그쵸. 야구가 돈이 많이 드는 운동이더라고요.

준영 엄마   돈이 많이 들어서 걔가 그거를… 제가 제일 마음 아픈 건 뭐였냐면 준영이가 원래 실업계 고등학교를 가고 싶어 했어요, 야구할 수 있는 실업계 고등학교를. 근데 그렇게 강요를 한 거는 아니었는데 준영이 아빠가 "나는 그냥 니가 큰아들이고 하니까, 동생도 있고 하니까 인문계를 갔으면 좋겠다". 그러고 또 얘가 그렇게 야구를 하면서도 구상했던 건 뭐냐면, 경기대학 회계학과를 가서 거기서 공군을 가가지고 공부해서 공무원 시험을 보겠다는, 그런 계획을 세워놓으면서도 실업계를 가고 싶다고 거였어요. 그래서 아빠가 "만약 경기대를 갈려고 하면, 그것도 수원이 아니라 충정로에 있는 경기대를 가겠다고 생각을 했으면 단원고에서 2등급 초급은 받아야지 갈 수 있는 대학인데. 어떻게 니가 그렇게 하겠냐?" 이렇게 얘기했더니 지가 생각을 바꾸더라구요. 상담을 하고 바꾸면서 아빠하고 저한테 와서 하는 말이 "사실 ○○이처럼 둘째이고 자식이 하나 더 있으면 나 그냥 갈 거야. 실업계로 가서 야구하고 싶고 공무원 그 계획 안 세웠을 텐데, 큰아들이고 ○○이 오빠니까 내가 포기하고 인문계 간다"고. 그러면서 눈물을 흘리는 거예요, 우리 아들이. 그걸 포기한 거잖아요, 지 딴에는. 지 딴에는 포기를 한 건데.

면담자 　　그렇죠. 당장 고등학교 다닐 동안은 야구를 접어야 되니까.

준영 엄마 　　접어야 되니까…. 그때 마음이 되게 아픈데, 엄마라서 제 욕심을 채웠던 것 같아요. 지금 생각하면 "아니야, 그냥 아빠한테 말해서 실업계 가고 싶으면 니가 하고 싶은 거 해" 이렇게 말했을 텐데 "고마워" 그랬어요, 제가. 그게 지금도 마음이 아파요, 고마워. 근데 지금 생각하니까 의미를 부여하자면 어… 그때 제가 고마워했던 게 너무 죄책이 되는 거예요. 그렇게 해가지고 간 게 이제 단원고였었던 거죠, 예. 그래서 제일 아픈 게 4월 15일 날 못 데리고 온 거하고, 안개 껴서 못 간다는데 달래갖고 그렇게 했던 거 하고… 걔가 무섭단 말도 했었는데. "다른 배 다 출항 안 해, 엄마" 이 말까지 했었거든요, 저한테 4월 15일 날. 근데 애 달래서 "어른들 말 들어라"고 하고 보낸 거 하고 단원고를 그렇게… [보낸 거하고]. 꼭 단원고 가서 그랬다는 건 아닌데 또 상황이 그러니까.

　　다른 사람도 다 그렇겠지만 저는 진짜 가정 하나는 정말 남들이 부러워할 만한 그런, 사랑이 넘치는 가정을 꾸미고 싶어서 집에서 나름 되게 노력을 했었거든요. 네, 전 그렇게 생각을 해요, 지금도. '나는 정말 하려고 노력했는데 나한테 왜 그러지?' 〈비공개〉 '나한테 왜 그러지? 나는 정말 욕심 안 부리고 내 가정만 꾸민다고 생각을 하고 살았는데 나한테 왜 이러지?' 막 이런 생각을 하거든요. 근데 그게 내게 주어진 거라면 여기서 내가 '우리 아들한테는 진상 규명을 해줘야 되는 거고, 친구들 올라올 수 있는 인양을 해줘야

71
•
1회차

되는 거고, 우리 둘째 딸은 더 안전한 나라에서 살게 해주는 것이 이제 제가 생각했던 하나의 가정 아닌가'라는 생각을 먹고 있는 거죠, 마음먹고.

그리고 제가 많이 변했어요. 사실은 그랬어요, 시골에서 그냥 인문계 학교 나와가지고 스물여섯에 결혼하면서 생각했던 게 '나는 엄마처럼 나이도 많고 이런 엄마가 아니라 정말 친구 같은 엄마로서 그렇게 해서 살려고 했는데' 그게 깨진 거잖아요. 타의든 어떻게 됐던 간에. 그렇게 됐는데 전 여기서라도 내가 엄마니까 남은 자식이든, 간 자식이든 '엄마로서 할 거는 꼭 해야 된다'라는 생각을 갖고 있어요.

면담자   안산에 오셔서는 성당에 꾸준히 다니셨어요?

준영 엄마   아, 그때는 성당을 다녔어요. 왜냐면 지금 생각해 보면 모태신앙이라고 그래도 그렇게 열심히 다니는 성당은 아니었는데, 제가 결혼해서 성당을 더 열심히 다닌 건 뭔가를 믿고 있으면 아이한테 좋을 것 같더라구요.

면담자   우리 아이한테 뭔가 좋은 기운이 올 것 같은?

준영 엄마   예. 좋은 기운이 올 수 있고, 안 믿는 것보다는 뭔가를 믿으면 내 새끼한테 좋을 것 같다는 생각을 했어요, 저는. 아가씨 때는 모태신앙이라고 해도 일요일 날 놀러 가야 되고(웃음) 할 것도 많은데.

면담자   미사도 못 드리고 그러셨겠어요.

준영 엄마   예. 저희 성당 같은 경우는 젊은 사람이 없어서 무조건 주일학교 교사를 해야 되는 거예요. 근데 저는 그게 너무 싫은 거예요. 저 나름대로 할 것도 많았고, 배우고 싶은 것도 되게 많아서…. 그때는 토요일이 쉬는 날이 아니잖아요? 일요일 딱 하루 쉬는데, 그거를 거기서 다 써야 되는 거예요. 그래서 성당을 열심히 안 다녀서 엄마가 저보고 악마라고, 막 성수도 뒤에서 뿌리고 이랬었거든요, 성당 안 다닌다고…. 그러다 성당에서 결혼을 했어요, 얘네 아빠도 독실한 교인이었고. 이제 성당에서 결혼을 하면서 그때부터 생각을 했죠. 아이를 위해서 그 기를 받기 위해서, 그래도 성당을 다니면 제가 더 착하게 살 것 같은 생각도 들고 아이한테도 더 좋을 것 같고. 아이도 그런 걸 접하게 해주고 싶은 거예요, 응. 교육이잖아요, 그것도. 그래서 열심히 다녔어요.

우리 준영이도 여기 와동성당에, 와동성당 유치부인데 거기서 3학년 때 첫 영성체도 받았어요. 다 받고 그랬었는데, 준영이가 4학년 때 어느 날 성당을 안 간다는 거예요. 엄마가 말한 게 거짓말이었다는 거예요, 성당이. 그래서 내가 무슨 소리냐 그랬더니 "성당 사람들 술도 더 많이 먹고, 욕도 더 많이 하고, 형들도 누나들도 다 욕하고, 주일학교 거기 갔는데 거기서 다 욕하고, 앞에서는 주기도문을 외우고 뒤에서 욕했다"는 거예요. 욕 써서 안 간다는 거예요. 그래서 "아니다" 가라고. 근데 우리 ○○이는 칠레팔레 그런 생각 없이 막 다니고… 막 기도문 외우고 다니고. 저기 첫 영성체, 걔도

73
·
1회차

해야 되니까, 그러고 다니는데 준영이가 ○○이도 못 가게 하는 거예요. "내 동생 거기 가서 물든다"고. 거기 못 가게 하고 그러는 데 ○○이는….

면담자   동생은 가고 싶은데?

준영 엄마   아, ○○이는 가고 싶은 마음도 없어요. 그냥 엄마가 가니까 갔는데 오빠가 가지 말라니까 "그럼 안 가도 되냐"고 또 안 가고. 걔는 생각이 그렇게 그냥 되게 쉬운 애예요, 같은 B형인데. 그래 가지고 "어, 그럼 나 안 가" 이렇게 된 거예요, ○○이도. 저는 이제 준영이가 그때 그냥 '상처를 먹어서, 좀 크고 자기가 좀 더 생각이 깊어지면 가겠지' 했는데 아예 등을 지더라구요. 냉담한 거죠. 그래서 "고등학교 가서 갈래?" 그랬더니 "엄마, 나는 교회는 안 간다고, 내가 아는 사람들의 교회는 그렇다" 이렇게. 다 그런 건 아닌데…. 그렇다고 하더라구요. 그래서 제가 아니라고. "다 그런 건 아니고, 그리고 하느님을 믿어야지 사람을 믿는 건 아니다"라고 이렇게 설명을 해줬는데도 자기 친구가 교회 차에 치었는데, 거기서 되게 부당하게 했나 봐요. 교회 차에 치었는데 목사라는 사람이 애한테 되게 심한 말을 했었나 봐요, 친구한테. 그 아이가 계속 다리를 절고 다니는데 보상 하나 없고 그랬었나 봐요. 그래 갖고 고등학교 때 더 냉담해졌어요. 그래 가지고 안 다녔었죠.

면담자   그래서 자연스럽게 어머니도 더 안 다니셨네요.

준영 엄마   예. 준영이가 안 다니니까.

면담자　　　아버님은요?

준영 엄마　　아버님은 원래 결혼하고 안 다녔었어요. 저는 애 때문에 다니다가 애가 그러니까 이제 자연스럽게 안 다니게 되더라구요.

면담자　　　아버님은 안산에 와서는 신앙생활은 별로 안 하신 거네요.

준영 엄마　　신앙생활을 준영이 저기 때까지는 한 거 같아요. 초등학교 1학년 때까지는 하다가, 이제 야간을 [근무를] 하다 보니까 못 하고. 저도 서비스직에 다니다 보니까 월요일 날 쉬는 거예요. 이래저래 못 다니고 있는데 준영이까지 또 그렇게 하니까. 저는 준영이 위주로 돌아가던 저기였었거든요. 어느 정도였냐면 종교도 준영이 위주로 갔었고, 먹는 것도 준영이 위주로 갔었어요, 모든 생활 패턴이….

　　　제가 섬유유연제를 안 쓰는 이유가 뭐냐면 얘가 섬유유연제 쓰는 걸 싫어했어요, 준영이가. 빳빳한 수건을 좋아해서. 그리고 화장실에다가 수건 놓는 것도 싫어서 바깥에다가 놓았을 정도로 걔 위주로 살았거든요. 저도 그거를 모르고 그냥 그렇게 살았는데, 준영이 간 다음에 제가 저기 뭇국을, 소고기뭇국을 끓여서 ○○이를 줬더니 "엄마, 나 이거 원래 안 먹어" 이러더라구요. 자긴 그걸 먹으면 토한대요, 그 느끼하기 때문에. 근데 우리 준영이가 그걸 너무 좋아했거든요. 난 얘가 뭘 좋아하는지도 몰랐던 거예요, ○○

이가. 그래서 물어봤더니 자기는 미역국이랑 육개장을 좋아한다고 그러더라구요. 그건 또 우리 준영이가 싫어했던 거예요. 그래서 한 번도 걔한테 해준 적이 없는 거예요. 우리 준영이는 뭇국을 좋아해서 생일날도 뭇국을 끓여줄 정도였었거든요.

그러니까 저는 준영이 식성만 알았던 거예요. ○○이 식성은 전혀 몰랐는데, 제가 불고기를 해서 줬더니 애가 그걸 못 먹고 "엄마, 나 소고기 못 먹어요" 이렇게 말을 하는 거예요. 내가 이렇게 준영이 패턴으로 준영이를 맞춰서 살았는데… 네, 그런 억울한 생각이 들더라구요. 그러면서 ○○이한테 미안했죠. 제가 ○○이에 대해서 아는 게 없더라구요. 그래서 제가 ○○이한테 물어봤어요. "넌 뭐를 좋아하냐, 그럼?" 이게 말도 안 되는 상황이잖아요. 근데 저는 그렇게 살았던 거 같아요. 준영이 위주로. 그러니까는 내 머릿속에는 뭐가 있냐면 '우리 준영이는 까다로워, 예민해, 깔끔해. ○○이는 이래도 좋고 저래도 좋고 이런 애야', 이렇게 생각을 했던 거 같아요. '내가 이렇게 준영이를 위해서 살았구나'라는 생각이 그때 절실하게 느꼈었죠.

9
참사 이후 ○○이와 나눈 대화

면담자   ○○이가 약간 어긋나거나 불만을 표시한 적은 없었나요?

준영 엄마 걔는 그런 게 없었어요. 25일 날 준영이를 데리고 이제 올라왔을 때, [장례식을] 2일장밖에 안 했어요. 그래 가지고 26일 날 집에 와서 제가 ○○이한테 그렇게 말했어요. "너도 오빠를 잃어서 슬프고 아프겠지만 나도 내 새끼를 잃어서 너무 슬프고 아프다. 그래서 내가 너한테 소홀히 할 수도 있다. 내가 니 아픔을 다 챙겨줄 수도 없다. 그걸 서운해하지 말아라. 근데 내가 너를 못 챙겨도 내가 엄마니까 '나 아프다고, 나 어디가 힘들다'고는 얘기를 해. 근데 내가 알아서 널 챙길 수는 없을 것 같아. 준영이가 나한테 어떤 존잰지 너도 알 거 아냐. 나 그런 애를 잃었어. 너도 오빠를 잃어서 아프겠지만 우리 서로 그냥 조금이라도 현명해지자. 니가 아프면 나한테 얘기를 해". 그때 그렇게 얘기를 했어요, 제가. 오빠 하늘공원에 놓고 온 다음 날.

나중에 얘기를 했는데 ○○이가 그때 무서웠대요, 엄마한테 서운했대요. '아니 나도 자식인데 왜 나한테 저렇게 강하게 하지?' 그게 되게 서운했는데 지나면서 지금은 엄마한테 고맙대요. 그래서 자기가 어느 정도는 트라우마를 극복한 거 같다고. '아, 엄마도 슬프고 아프고 아픈데, 나 아픈 건 인정을 해주는구나'. 그 마음에 되게 자기는 고마웠다고, 그 얘기를 나중에 하더라구요. 근데 처음에는 되게 힘들었대요, 자기가. "근데 그게 극복하는 데는 더 좋았다"고 그렇게 얘기를 하면서 "너 그러면은 서운하지 않았냐, 내가 너 무슨 국 좋아하는지도 몰랐을 때는 서운하지 않았냐" 그랬더니 "오빠가 엄마한테는 그런 존재라는 걸 이해를 했다"는 거예요. 그리고

"남들은 엄마가 편애라고 볼지 모르지만 나도 사랑을 받는다는 것을 자기는 느꼈기 때문에 그거를 뭐 편애라고 하고, 엇나가고 싶다거나 그런 생각은 한 번도 한 적이 없다"고. 그리고 "나는 엄마가 존경스럽다"는 얘기를 했었어요, ○○이가. "한 번도 내가 사랑을 못 받는다는 생각은 한 적이 없었다"고, 그리고 그때 처음에 오빠 그렇게 와서 그 무서운 말을 할 때도 자긴 고마웠다고 하더라구요. 저는 근데 아이를 준영이도 그렇게 키웠던 거 같아요.

○○이한테는 지금도 그래요. 병이 나면 마음은 아프지만 전 그걸 다 표현을 안 해요. 모질다는 말을 들을 수도 있는데, 저는 그렇게 [○○이에게] "방학 동안에 시간이 좀 나면 피켓도 좀 들고. 학교 다녀서 못 한다고 그렇게 말만 하지 말고"라고. 그리고 그때 광주 재판 가서 진술도 하게 했어요. 그게 되게 힘든 거거든요. 근데도 "엄마가 자식을 위해서 하는 것도 데미지가 크지만 오빠를 위해서 하는 것도 크니까 오빠를 위해서 좀 해줘라. 그리고 도보도 해라" 그러면서 저기 7일을 도보를 시켰어요. 그게 어떻게 보면 모질죠, 모진데 저는 어떻게든 보여주고 싶어요, 가족을 위해서. 내 사랑하는 가족을 잃었는데 "어느 정도는 너도 보여줘야 되지 않느냐? 언제까지만 울고 힘들다고 할 수는 없지 않느냐". 난 우리 준영이가 어디 버림받았다라는 생각을 팽목항에서 엄청 많이 했거든요. '내 가족만은 버리지 말자'라는 생각으로 제가 좀 강요를 한 것도 있어요. 그리고 방학 때 금요일 날엔 "시간 나면 피케팅해라, 금요일의 의미를 얘기해 줘요. 우리 아이들이 [수학여행에서] 돌아올 시

간이 6시에서 8시니까, 그렇게 해서 피켓을 하니까 너도 그 뜻을 알고 동생으로서 좀 해줘라" 이렇게 얘기를 하죠. 근데 그렇게 하고 있어요.

면담자　○○이가 기특하게 그걸 잘 이해하고 힘든 걸 하고 있네요.

준영 엄마　예. 이해가 안 되면 말을 하라고 하거든요. 그래서 지금까지도 잘 따라와 주는 걸로 생각을 하고. "이해가 안 되면 말을 하고 니가 하기 싫으면 말을 해라" 그랬는데 그런 건 없어요. 계속 따라 해요, 아직까지는.

면담자　공부는 좀 어떤가요, 아무래도 오빠 일 있고 나니까….

준영 엄마　저는 뭐라고 얘기했냐면 "오빠 때문에 더 열심히 살 생각도 하지 말고, 오빠 때문에 힘들다고 말하지도 말아라. 오빠가 배 안에서 엄마 부르고, 가족 부를 때 우리는 암 것도 응답해 주지 않는 사람들이었다. 오빠는 그렇게 힘든 길을 갔는데, 오빠 때문에 힘들어서 공부를 못 하겠다는 둥, 뭐 오빠를 위해서 더 열심히 살 겠다는 그런 거 하지 말아라. 니한테 주어진 것만 살고, 나는 엄마 니까, 내가 내 새끼 왜 죽었는지를 알려고 이렇게 뛰는 거니까". "오빠를 위해서 나는 뭐 단원고를 갈 거야" 그런 소리도 하지 말라고 했어요. 처음에 얘가 단원고를 간다고 하더라구요. 그래서 "니가 피디가 되고 싶은데 단원고를 가가지고 어떻게… 피디 되는 길이 좁은데 그렇게 갈려고 하느냐. 디미고[디지털미디어고]를 가서,

방송 쪽으로 가는 길은 디미고가 하니까" 그러고는 "더 깊이 생각하고 다시 말하라"고 그랬어요. 또 와갖고는 "단원고를, 오빠가 못 간 단원고를 간대"서 "너, 너무 감성적으로 그렇게 생각하지 말라고, 니가 계획해 놓은 게 뭐가 있냐"고 얘기했더니 자기는 방송 피디래요. 그래서 "너 생각을 해봐. 디미고가 빠르겠어, 단원고가 빠르겠어? 어느 문이 더 넓은 거 같아?" 그렇게 말했더니 디미고가 빠를 거 같대요. "그럼 그리고[로] 가라, 오빠 위해서 살겠다는 생각하지 말고, 그걸 오빠가 원하지도 않고, 왜 오○○이가 오준영의 인생을 사느냐. 놔둬라, 오빠 인생 놔두고 너한테 맞춰서 살아라" 제가 그렇게 말을 했죠. "오빠는 꿈이 공무원이었기 때문에 단원고를 간 거지, 그거를 왜 니가 이어갈라고 생각하느냐" 그래서 제가, 걔 그 접수하는 거 있죠? 그 원서 쓰는 거 하루 전에 바꿔가지고 그 디미고 지가 원하는 데로 쓴 거예요, 중3 때 그 일이 있었는데. 오빠 때문에 공부 못 한다는 핑계 대지 말라고. 거기서 성적 떨어졌다 그런 얘기하지 말라고, 그건 오빠 욕먹이는 거라고 제가 또 그렇게 말을 했어요. 그래서 애는 "오빠 때문에"라는 저기는 없고, 그래도 트라우마는 있죠, 왜 없겠어요. 없으면 그게 더 서운한 거죠, 엄마로서.

면담자   그렇기도 하네요.

준영 엄마   근데 "아프면 아프다고 말하고, 울고 해라"고. 그리고 저기 하지 말라고, 뭐 엄마 위해서, 엄마 때문에 참았다는 말 어디 가서 하지 말라고도 했었거든요. 나, 너 때문에 참고 안 울고 그러지 않는다고, 나는 내 감정에 충실할 거라고, 우리 준영이가 그렇게 살았다고. 이렇게 제가 얘기를 하니까 걔도 그런 식으로 트라우마를 극복했어요, 극복을. "상처를 갖다가 자꾸 붕대로 감는다고 해서 될 것이 아니야. 바람도 쐬어주고 약도 바르고 그래야지 상처가 아무는 건데. 나는 오빠의 그 활동을 하면서, 진상 규명 활동을 하면서 나는 이렇게 치유를 하니까, 너는 학생이라 그걸 못 하니까 공부로 승화를 해라" 이렇게도 얘기하고요. 근데 제가, 다 맞는 말은 아니지만 그래도 ○○이를 엄마로서 볼 때는 어느 정도는 저기, 극복이 조금씩은 되는 거 같아요. 처음에는 엄마의 말이 너무 모질다는 거예요. 너무 모질고 힘든데 나중에 와서 보니까 더 편했다고.

면담자   그런 얘기를 직접 할 때 따님과 부딪친 적은 없으셨어요?

준영 엄마   아뇨, 전혀 안 부딪쳐요.

면담자   그러니까 ○○이가 "엄마 무슨 말을 그렇게 해" 그러지는 않은 거네요?

준영 엄마   그렇지는 않고 제가 얘기를 하면, 저 같은 경우는 아이하고 얘기할 때 뭐를 만들면서 얘기를 해요. 준영이가 인형을 많이 남겨놓고 갔잖아요. 그 당시에는 직장을 다니니까 옷 만들어줄 생각을 못 했는데, 제가 아이, 그 곰돌이 옷을 우리 아들 옷 만들어주듯이 만들면서 얘기를 해요, 우리 ○○이랑. 바느질을 가르쳐주면서. 지도 좀 만들겠대요. 그래서 만들면서 얘기를 하면서 오빠 얘기를 처음에 해요. 저는 오빠 얘기를 숨기지 않고 그냥 다 노란 리본 달고 하듯이 집에서도 그렇게 해요. 걔가 좀 받아들이는 거 같으면 그 얘기를 해요. 근데 오빠 얘기가 너무 힘들고 그러면 제가 얘기를 못 하죠, 사실. 근데 얘기하다 보면 오빠 얘기도 하고 "나는 그때 엄마가…" 같은 얘기도 하는 거죠.

안산 아이들은 거진 그런 게, 다 [부모가] 맞벌이를 하니까 둘이 많이 같이 있는 시간이 많았잖아요. 그 얘기를 자기가 꺼내요. "그때 김치볶음밥을 했는데 오빠가 뭐 잘못해 가지고, 태워가지고 김치는 쓴데 그래도 맛있었어" 막 이런 얘기를 하면서 제가 이제 그런 얘기를 하죠. 무조건 그렇게 막 강하게는 못 해요. 왜냐면 저도 상처가 있고 애도 상처가 있는데…. 그렇게 강하게는 못 하고 그런 얘기를 하면서 "오빠는 그런 사람이었고, 오빠의 그 뜻을 조금이라도 기려주는 게 나는 오빠를 위하는 거 같다, 오빠가 원할 것 같다…" 이렇게 얘기를 해요. "○○이는 너는 오빠가 어떻게 됐다고 생각해?", "울 오빠는 지금 잘 있을 거야" 이렇게 털어가면서 얘기를 하지 무조건 "너도 아프지만 나도 새끼를 잃었고" 이렇게 얘기를 하지는 않죠. 그러면 "엄마 어떻게 그렇게 얘기를 해" 이러지는 않아요. 그랬는데 나중에 지가 얘기를 해요. "엄마, 나 그 얘기 들었을 때 처음에는 무서웠다? 근데 지금은 고마워 엄마, 고마워" 이렇게 얘기를 하는 거지, 저기 하게는 말을 못 해요.

우리 ○○이가 학교에서 이제 1학년이 끝났다고 같이 부모님들하고 식사를 했던 거예요. 저는 간담회 가느라고 못 했는데, 늦으니까 애를 데려다줬나 봐요, 그 친구 엄마가. 그러면서 "○○이는 외동딸이니?" 그랬더니 "아뇨, 오빠가 있어요". 우리 아이가 오빠가 있는 것처럼 말을 해요, 다른 사람들한테. 그랬더니 "몇 학년이야?" 물어서 "고3이라고" 그러니까 "어디 고등학교야?" 하니까 단원고라고 했겠죠? 그랬더니 그 부모가 "대학 특례? 니네 오빠 대학 특례로 갔어? 어디 대학 갔어?" 그랬더니 "우리 오빠는 공부 잘해서 그렇게 대학 특례로 가지 않아요. 우리 오빠는 공부 잘해서 자기 실력으로 갔어요" 이렇게 얘기를 했다는 거예요. 제가 그래서 '아!' 했어요. 거짓말이지만도 그게 남에게 피해를 주는 거짓말은 아니었잖아요. 자기는 "오빠가 그렇게 됐다"라는 얘기를 하고 싶지 않았던 거기 때문에 그냥 '그래, 잘 크고 있구나. 트라우마를 그나마 극복을 했구나'라고 생각을 했었어요. 근데 거기에 대해서는 얘기 안 했고 제가 "그 얘기할 때 마음이 아팠어?" 그랬더니 "마음 아파도 그렇게 얘기하고 싶었다"고. 근데 미장원에 가서도 그런 걸 물어보나 봐요, 식당도. [그래서인지] 준영이랑 갔던 데는 안 가고 일부러 먼 데를 다녀요. 처음 가는 미용실을 막 가고 그러는데, 아는 사람한테 가면 아이한테 좀 상처가 될까 봐.

근데 가면 우리 ○○이가 좀 이렇게 혼자 있는 것처럼 느껴졌나 봐요. 그러니까는 "너 오빠 없냐"고 물어요. "오빠 있다"니까 "몇 학년이냐", "고3이다" 이렇게 말이 오가다 "오빠 어느 대학 갔냐"는 물음에 얘가 "모르겠다"고 그런 거예요. 그랬더니 그 미용사가 "어머, 오빠가 어디 대학 갔는지도 몰라?" 그때는 정시도 다 발표가 났을 때라. 그러니까 다른 스텝[스태프] 선생님이 와가지고 "왜 뭐래?", "자기 오빠가 대학 갔는데 어디 갔는지도 모른대". 이렇게 얘기하니까 우리 애기가 울컥하고… 제가 뒤에 있었거든요. 쟤가 상처받지 않을까 그랬더니 가만히 있는 거예요. 아마 제가 세월호 엄마가 아니었고 우리 준영이를 교통사고로 잃었다면 딱 일어났을 거예요. 근데 일어나서 말하려고 했는데 249명이 생각이 나는 거예요. '아, 난 세월호 엄마지. 내가 화를 내면 안 돼. 내가 이렇다고 말을 하면 안 돼. 우리 ○○이도 지 아픔을 드러내지 않고 그렇게 말을 하는데'. 그러니까 "왜 우리 아이한테 그렇게 말하냐"고 따질 수가 없더라구요. 그래서 그냥 화장실 간다 하고 나와버렸거든요. 그게 다 우리한테는 아픔이고 트라우마예요. '그나마 우리 아이가 현명하게 극복하고 있구나' 생각하고.

면담자   나름대로 상황에 대처하는 방식으로….

준영 엄마   예. 그랬는데 그 아이가 "예, 저 몰라요" 하면서 웃더라구요(한숨). 제가 세월호 엄마가 아니었으면 "아, 왜 애한테 자꾸 캐묻냐"고, 우리 아이 보호 차원에서 얘기를 했을 텐데, 뭐 할 때마다 249명이 떠올라요, 예. 아직, 아마 평생 그러고 살 거 같아요. 이젠 '세월호 엄마'가 돼가지고…. 옷을 사도 예전 같으면… 제가 옷을 판매했던 사람이라 잘 알아요, 완전 블랙컨슈머거든요. 그랬는데 지금은 세월호 엄마이기 때문에 그런 걸 못 하는 거예요, 더. 근

준영 엄마 임영애

데 우리 ○○이도 그렇게 살아가고 있는 거예요. 그렇기 때문에 저도 정말 생각해서 말을 약간은 강하게 해야 되지 않나, 그 생각을 했어요. [그런데] 제가 아니더라도 그런 걸 겪고 있더라구요. 우리 딸이 그렇기 때문에…….

면담자   ○○이도 '단원고 오빠'의 동생이라는 걸 사람들이 계속 확인할 수 있으니까요.

준영 엄마   그렇죠.

면담자   '그렇기 때문에 더 잘 살아야 된다', 그런 생각을 할 수도 있을 텐데요.

준영 엄마   근데 걔는 그것 때문에 잘 살아야 된다는 생각은 없고. 제가 얘기를 들어보면 '세월호 동생이기 때문에 나쁜 짓은 하지 말아야겠다'라는 생각은 하고 있는데 '내가 그것 때문에 남들보다 더 잘 살아야 되고 우리 오빠보다, 우리 오빠의 몫까지 살아야겠다'는 생각은 없어요. 내가 그렇게 말을 계속했기 때문에…. 그거는 있어요, 우리 ○○이 같은 경우는 신호등을 건너려고 했을 때 빨간불에[라도] 건넜었거든요. 근데 요즘은 안 건넌다 그러더라구요. (옷깃의 노란 리본 배지를 보이며) "엄마, 나 이거". 걔는 여기다 달고 다녀요. 가방에도 노란 리본이 달려 있는데, "이 노란 리본 하고 빨간불에 못 건너겠어". 걔는 성격이 엄청 급해 가지고 그렇게 했었거든요. 근데 쓰레기도 주머니에 넣어 오고, 교복 주머니에 쓰레기가 다 있는 거예요. 그래서 뭐냐고 그랬더니 먹고 [쓰레기를] 이렇게 넣고 온 것도 있고, 자기 눈에 거슬리면 또 남의 거라도 주워서 들고 오고. 그걸 갖고 뭐라고는 안 했어요. 대신 "잘하고 있다, 근데 준영 오빠 동생이기 때문에 더 열심히 살아야겠다는 마음보다는 그냥 '바르게 살아야겠다. 욕먹지 말아야겠다'고 생각해라"고 했죠. 그렇지 않으면 준영이 오빠 동생 ○○이만 욕먹는 게 아니라 다른 오빠들도, 249명의 오빠 동무들도 욕을 먹으니까. 그런 생각을 갖고 있어서 아빠도 술을 끊었어요. 근데 담배는 준영이가 너무 원해 갖고 끊었었는데 팽목항에서 피다 보니까는 엄청, 지금은 그 배로 피게 됐어요. 담배가 몸에 더 안 좋거든요. 근데 애네 아빠는 못 살겠다는 거예요. 숨을 못 쉬겠다는 거예요. (면담자 : 담배라도 피면서) 답답하다는 거예요. 그래서 그걸 하고 대신 술은 안 먹는 편이에요.

10
참사 후의 일상

면담자　　혹시 아버님이랑도 이런 얘기를 자주 하세요?

준영 엄마　　예, 자주 하는 편이에요.

면담자　　○○이 얘기뿐 아니라 준영이에 대해 서로 달리 갖고 있는 추억이라든가 하는 것도요?

준영 엄마　　그런 얘기 많이 하죠. 이렇게 어디를 지나가다 준영이 닮은 애를 보면 또 준영이 얘기를 하게 되고. 교복 입은 아이를 만나면 "어머, 우리 준영이는 정말 착했었나 봐. 쟤는 완전히 꿰맨 바지처럼 입는데 우리 준영이는 똥 싼 바지처럼 입었었어" 막 이런 얘기도 하고, 오늘 아침에도 그 얘기를 했어요. 어우, 나… 저기를… 수술을 3월 달에 했어요. 허리가 너무 아파서 운전을 하기 힘든데 연탄 봉사를 요번에 가요. 그리고 내일은 음성에 간담회를 가고, 동거차도 갔다 오고 계속 쉴 새 없이. 준영이 아빠는 운전을 할 줄 아니까 많이 어머님들하고, 6반 어머님들하고…. 교통편이 없으면 같이 타고 가고 교육청에도 갔다 오고. 오늘 아침에도 좀 일찍 또 나가서 어머님들 교육청 가는 거 도와주고 피켓 내려주고 막 그러고 들어와 가지고 다 또 데려다주고… 너무 힘들다는 거예요. 힘들 수 있죠. 그런데 준영이가 되게 자랑스러워할 거 같다고…. 그런 얘기는 그냥 서슴없이 해요.

근데 사실 아프잖아요. 자꾸 준영이… 근데 엄마니까, 아빠니까. 떠올리면서 아픈 거보다는 걔를 추억할 수 있어서 좋은 거죠. 그래서 저희는 말을, 말끝마다 잘하는 거 같아요. 밥을, 밥상에서도 "우리 준영이는 버섯 안 먹었는데…" 이런 말도 하고, 그렇게 하죠. 준영이 아빠도 닭을 시키면, 저희는 준영이 닭다리… 치킨 여기 왔다고 초인종 누르잖아요. 그럼 "닭다리 두 개 내 거 당첨!" 막 이렇게 했었거든요, 준영이가. 걔가 1인 1닭이었어요, 닭을 좋아해서. 그래서 두 마리씩 시켰는데 그러면은 그 두 마리를, 아예 그 닭다리 두 개를 먼저 영정 사진에다 갖다놓거든요, 지금도. 피자도 그렇게 하고. 그러면서 저희는 그렇게 그냥 스스럼없이 준영이 얘기 많이 하고, 우리 ○○이도 그렇게 많은 얘기해요. 그리고 갔다 오면은 이제 인형들한테 다 인사를 해요. 우리 인형한테 다 이름을 지어놓고 갔거든요, 우리 아들이. 그래 짜장면부터 돈까스, 슈가, 뭐 다 있어요. 그래 가지고 걔네들한테 인사를 먼저, ○○이가 먼저 이렇게 해요, 오빠 방문 열어놓고.

면담자   ○○이가 인형들한테 얘기도 하고….

준영 엄마   예, 얘기도 하고. 아빠도 잠을 못 자고 새벽 6시에 일어나면 애 방에 가서 얘기하고, 저도 그냥 보고. 저도 얘기하고 그래요. 저 같은 경우는 제일 많이 얘기하는 게 "왜 가만히 있었어. 나오지, 이놈아!" 이렇게 하면서, 이제 그냥 일상처럼 대화를 해요. 아빠도, ○○이도. "오늘 오빠 좋아하는 거 우리 급식에 나왔었다" 막 이런 얘기도 하고, 스스럼없이 오빠 얘기 살아 있는 것처럼 얘기를 해요. 그리고 우리 여행, 여행은 아니지만… 어, 그렇게 된 뒤로 두 번의 여름휴가가 있었는데 한 번도 간 적은 없었어요. 근데 어, 제가 그랬거든요. "준영이 생각하면 그렇게 놀러 간다는 게 말은 안 되지만 ○○이한테는 미안한 거 아니냐", 그래서 저희가 그 포천에 계곡, 그 계곡을 한 번 하루로 갔다 온 적이 있어요. 그 저기에는 못 가고, 요번에. 요번에 이제. (면담자 : 2015년 여름에) 예. 여름에 하루, 하루 갔다 온 적이 있는데, 그때도 준영이 곰돌이 인형을 들고 가서… 사람들이 다 이상하게 생각하죠. 아니, 다 큰 애가 고등학생은 되는 거 같고, 마흔이 넘은 엄마 같은데 인형을 갖고 다니니까, 옷까지 입혀가지고. 그리고 모자도 우리 준영이 아기 때 쓰던 모자를 씌워갖고 다니니까.

면담자　　인형에다가요?

준영 엄마　　예. 사람들은 이상하게 생각하고 애들은 "저게 뭐야, 강아지야?" 막 이렇게 하고. 시선을 받는 게 사실 좀 싫어요. 사실 싫고, 정신 나간 것 같고. 그래도 그냥 그렇게 갔다 온 적이 있어요, 하루 포천 계곡에. 그리고 걔는 그거 튜브 타면서 걔를 안고 탔어요, 그냥 그렇게 하니까. 그걸 드러내려고 하는 건 아닌데… 내가 살기 위해서. 그런 걸 다 덮으려고 하는 것만이 트라우마를… 이런 게 힐링은 아닌 것 같더라구요. 저희는 그래서 힐링이 '온마음 센터'도 있고, '평화센터'도 있어요. '생명센터'도 있고, 정혜신 박사님 '이웃'도 있는데. 거기 가서 말하는 것도 좋지요. 나를 알아주고 내 얘기를 들어주는 것도 좋은데, 저희는 스스로 이렇게 가족끼리, 가족을 잃었으니까 가족끼리 하는 게 좋은 거 같더라구요. 가족한테서… 그리고 우리 준영이, 아니 준영이를 우리 ○○이 얼굴에서 많이 보고, 아빠 얼굴에서도 보고. 저 머리를 깎은 이유도 그거거든요, 우리 준영이를 많이 생각하고. 우리 ○○이도 오빠가 보고 싶을 때는, 이렇게 제가 자면은 얼굴 만지고 "오빠, 오빠" 할 정도로 이렇게 하니까. 저희는 그렇게 그냥 숨기지 않고 드러내면서, 그렇게 하는 거죠.

11
직업란에 '세월호 엄마'라고 쓴 이유

면담자   이 질문은 답을 안 하셔도 괜찮은데요. 준영이네 가족 같은 경우에는 슬기롭게 방법을 찾아서 나아가고 있는데, 어떤 가족은 반대로 너무 큰 아픔이라 갈등이 깊어지기도 하는 것 같습니다. 특히 엄마들은 그 책임이나 이 감정이 다르잖아요?

준영 엄마   그렇죠.

면담자   옆에서 보셨을 때 어떻게 조언을 하시기도 하나요?

준영 엄마   아, 조언은 안 해요. 저도 아프기 때문에 제가 조언을 한다고 해서 그 사람한테 들어가지도 않고, 그 사람한테 플러스가 되지 않아요. 딸한테는 조언을 하는데… 제가 그 아이를 책임져야 되니까요. 그런데 포기하시는 분도 있어요. 자식을 포기한 건 아니고, 내가 그냥 숨 쉴 그런 틈을, 저처럼 이렇게 다 드러내서 하려고 하지 않으시고… 그냥 다 아프니까. "활동도 안 하고, 그냥 집에서 있을 거야. 나한테 전화도 하지 마. 나 아파. 나한테 하지 마" 하고 이렇게 자기 벽을 쌓으시는 분들도 [있고]. 제가 아는 분들 중에 많은데, 제가 감히 그분들을 위로할 수가 없어요, 같이 아프니까. [미수습자 가족을] "니네가 더 이렇게 감싸야 되지 않느냐"는 말씀을 [유가족이 아닌 분들이] 되게 많이 하세요, "아픔을 겪지 않은 우리가 하는 것보다 [낫지 않겠냐"]고. 아니, 그거는 저희는 못 하는 거구요. 그분하고는 틀려요, 어떻게 받아들이는 것조차… 같은 자식을 잃었는데.

저 같은 경우는 어떤 생각을 했냐면 처음에 제가 그랬잖아요, 준영이 아빠도 눈에 안 보이고, ○○이도 눈에 안 보이더라, 우리 준영이만 눈에 보이더라… 내가 그랬잖아요. 근데 그 생각을 계속 하고 있으면 저도 이렇게 나와서 이런 말도 못 할 것이고, 활동도 안 할 것이고. 왜냐면 죽지요, 미치지요, 예. 제가 처음에 프사|프로필 사진를 올린 게 뭐였냐면, 상태 메시지를 올린 게, "미치면 안 돼. 죽으면 안 돼". 제가 어딘가에 그렇게 말을 해야지만 버틸 수 있을 것 같더라구요. 제가 내 상태를 남한테 알리고 싶어서 그런 게 아니라 나를 다잡기 위해서 어디 일기 쓰듯이 상태 메시지를 그랬어요. 그게 뭐냐면 진실 규명이 될 때까지는… 내 새끼가 왜 죽었는지 나는 알고 죽어야 될 거 아니에요, 나는 알고 죽어야 되기 때문에. 미치면 모르잖아요, 죽으면 모르잖아요. 그 뒤에 사람들이 알면 뭐 해요, 내가 정작 모르는데. 그런 마음을 갖고 가시는, 저같이 그렇게 하는 분도 있고…. '진상 규명이고 뭐고, 이 정부가 나한테 알려줄 거 같아?', '아니. 이 정부가 바뀌어도 몰라'. '이 정권이 바뀌면 알 것 같아?', '아니. 그거 모르거든? 괜히 괜한 짓이야. 나만 더 아프고 내 새끼, 죽은 자식만 더 욕먹어'. 내가 피케팅 서고 있었는데 어떤 분이, 제가 다른 분의 얘기를 하는 거예요. 죽은 자식 갖고 돈 더 받을라고 저런다고. 그래서 '내 새끼 욕만 먹고. 놀러 가다 죽은 새끼 죽었다고 그래서…' 그렇게 해서 '나 이제 안 갈 거

야. 피케팅 안 갈 거야. 왜 그렇게 나가서 불쌍하게 죽은 새끼를, 왜 엄마가 그런 행동을 해가지고, 잘하지도 못하면서 무능한 엄마가 가서 내 새끼를 더 욕먹여? 나 안 할 거야' 이렇게 하시는 분도 있어요. 그래서 벽을 다 쌓아버린 분도 있고, 정말 죽고 싶다고만 계속 말하는 분도 있어요.

근데 그분을 뭐라 할 수 없고 내가 위로할 수 없어요. 그 마음을 알아서 더 위로하기가 힘들어요. 강하게 얘기를 하고 싶은데, 저는 책임감을 갖고 ○○이한테는 강하게 얘기를 하는데 그분한테 제가 강하게 얘기한들 그분은 들어지지가 않아요, 들어오지도 않고…. 내가 깨달아야 되는 거거든요. "아니, 이 정부가 어떻게 해도, 내가 욕을 먹어도, 지금 욕을 먹어도 난 밝혀야겠어. 난 엄만데 왜 죽었는지는 알아야겠어, 왜 안 구했는지를 알아야겠어. 지금 진실이 하나씩 하나씩 보이잖아. 보이는데 왜 포기해. 우리 그냥 해보자"라고 얘기는 할 수 있는데, 이 사람의 마음까지 들어가서 말은 못 하겠는 거예요.

면담자   한 번은 권하세요?

준영 엄마   그렇게는 얘기했었죠. "그래, 맞아. 정권이 바뀌어도 우리 이거 밝히기 힘들지도 몰라. 30년이 지나도 못 밝힐지 몰라. 우리 죽은 다음에 우리 ○○이가 밝혀줄 수 있을까? 그렇지만 해보자. 왜? 엄마니까" 이런 얘기는 해요. "아니, 그럼 너나 해. 난 못해". 이렇게 대화가 끝나는데 얘기는 해보죠, 안타까우니까. 한 명이라도 더 활동을 해야지 저희한테 좋은 거니까. 그리고 지금 바뀌는 게 뭐냐면, 소송하는 엄마보다 배상, 보상 신청하는 분이 많아서 그런 얘기는 하죠. "지금 배상, 보상이 문제가 아니다. [하지만 언젠가는] 국가의 배상을 받아야 된다. 내가 안 받겠다는 게 아니다. 소송해서 진실을 밝힌 다음에 정말 안전한 나라, 그 제도를, 시스템을 다시 만든 다음에. 그때 내가 받아야 될 것은 국가의 책임이 있으니까 국가배상을 받아야 된다"라는 설명은 해요.

근데 그분이 몰라서 그러는 건 아니에요, 그분도 알아요. '[소송] 과정을 니가 이길 수 있을 거 같아? 니가 정부를 상대로 할 수 있을 거 같아? 너는 그럴 힘이 없어. 우리는 그런 힘이 없어'라고 생각을 하시는 분한테 큰 위로는 안 되죠. 그러기 때문에 지금 정답은 없어요. 이 참사 자체가 오류잖아요. 정말 이례적인, 일어나지 말아야 할 일이 일어나 가지고⋯ 이런 참사가 없잖아요. 저희가 뭐 선구자라는 말을 듣는데, 저는 그 말이 싫어요. 싫지만 또 어쩔 수 없이 저희는 그렇게 됐잖아요. 그러기 때문에 처음에 말했던 것처럼, 내가 억울해서, 내가 복수심에서 이렇게 했지만 지금은 또 그게 아니기 때문에 저는 더 포기할 수가 없는 거죠. 남은 아이라도 지켜야죠, 이제. 그리고 제가 다니면서 보니까 나만 생각했던 것이 되게 부끄러운 게, 이 세월호를 시민들하고 많이 연대를 하고 다녔었잖아요. 그러다 보니까 2년 동안 제가 배운 게 "함께 살자"라는 거. '세월호는 남의 일이 아니다. 다 우리의 일이다'라고 생각하신 분들이 그렇게도 많은데⋯ 떨어져 나가고 잊는다도[고] 해도 [여전히] 너무 많잖아요. 저는 그거에 되게 많이 놀랐거든요. 근데 어떻게 엄마가 안 하고, 어떻게 엄마가 아프다고 뒤집어쓰고 있어요? 그런 생각을 갖고 계신 분들이 지금 남아서 활동하고 계시기 때문에…. 활동 안 하는 분들을 우리가 뭐라고 할 수도 없는 거고, 그걸 우리가 위로할 수도 없는 거고.

그리고 막 우리가 이렇게 다니는 거를 사람들이 처음에 "미쳐서 다니지, 저게 제정신으로 저러고 다니겠느냐, 자식 잃은 부모가" 그렇게, 근데 맞아요. 제정신으로는 이렇게 못 다닌다고 생각을 해요. 예, 미쳐서 다니는 거고, 자식한테 미치지 않으면 어떻게 그러고 다니겠어요. 못 다니는 거기 때문에 누가 지금 잘하고 있고 잘못하고 있고는, 저는 없는 거 같아요. 근데 그거는 있어요, 국가[에게] 이렇게 보상이 아닌 배상은 꼭 받아야 된다는 생각을 해요.

면담자   어머니 스스로는 목적이 분명하고 신념에 따라 활동하시는데, 다른 생각을 하는 분들에 의해 상처받거나 흔들리진 않으세요?

준영 엄마   상처는 받는데 흔들리진 않아요. 세월호 엄마를 강조하는 게 되게 아프고 힘든 말이에요. 준영이 엄마로서도 능력이 안 돼서 아이를 못 지켰는데, 내가 어떻게 감히 세월호 엄마가 되겠어요. 힘든데 저는 항상 '나는 세월호 엄마야, 난 세월호 엄마야' 이렇게 생각을 하거든요. 저번에 직업란에도 '세월호 엄마'라고 쓸 정도였었어요. 왜냐하면 저에 대한 그냥 다짐이에요. 제 가슴… 왜냐하면 그렇게 해서 상처도 많이 받고 하는데 포기라는 건 할 수 없는 게 내가 엄마기 때문에, 세월호 엄마기 때문에. 처음에 분향소에 가면은 국화꽃 하나를 받아서 가는데, 지금은….

면담자   여러 개 받나요?

준영 엄마   아니요, 여러 개도 안 받아요. 하나라도 빠지면 아이가 아파할까 봐. 그래서 저는 그냥 제 마음으로 향을 피워서 이렇게 향, 향내를 맡게 해주지. 지금은 국화꽃을 [하나도] 받지 않아요. 처음에는 제 아들 거 받고, 그 옆에 애들 모르는 아이지만 이렇게 주고 그랬는데 지금은 그 저쪽에 있는 아이가 서운해할까 봐 아예 국화꽃도 안 가져가고… 우리 준영이, 분향소 가시면 우리 준영이 거 아무것도 없어요. 생모가 없어서 못 챙기는 아이들도 되게 많거든요. 그래서 저는 분향소에… 처음에 우리 준영이가 겨울이면 핸드크림을 발라서… 준영이 핸드크림하고 우리 ○○이가 되게 보고 싶을 거 같아서 ○○이 사진하고 갖다놨는데, 그거 제가 요번에 치웠어요. 아니, 치운 지 꽤 됐어요. 한 200일 때 치운 거 같은데… 그 아이들이 서운해할까 봐, 아이들이 아파할까 봐 제가 그렇게 했어요.

그때부터 제가 바뀌어가지고… 교실 존치[에 대한 생각이] 그렇게 바뀌었다는 그거였었거든요. 어제도 [분향소에] 갔다 왔는데, 처음에는 정부[간판 글자] 밑에 우리 아들이 있어요, 제가 이렇게 정부[글자] 밑에 우리 아들에게 [바로] 갔었는데, (큰 원을 그리며) 지금은 이렇게 돌아 나와요. 우리 아들만 보는 게 아니라 다 같이 보고 왔거든요. 저는 어거지로라도 그렇게 하려고, 어거지로라도 그렇게 해서 끝까지 포기 않고 가려는 그런 의지를, 저도 사람인지라 너무 힘들거든요, 사실. (울먹이며) 이렇게 말을 해도 어떤 때는 그런 생각이 들어요. '어휴, 너나 잘해. 제가, 제가 그냥 너나 잘해. 니 몸이나 추슬러서 잘해'. 하지만 그렇게 끝까지 제가 저를 다지면서 가려구요. 저를 괴롭혀서라도 그렇게 '세월호 엄마'로 가려고 하고…(울음).

저 같은 경우는 준영이가… 17일부터 아이들이 [수습되어] 한두 명 나왔었거든요. 팽목항에서 한두 명 나오는데, 그때마다 밤에 그렇게 나왔어요, 새벽, 새벽에. 근데 17일, 18일은 비가 그렇게 왔어요. 거기에 있다가 지금 [팽목항에] 아이들 분향소 있는 데가 아이들이 들어오는 마지막이었잖아요. 거기를 뛰어가다가 제가 발목을 다쳐서 인대가… 지금 인대가 끊어진 상태예요. 근데 [수술을 안 했어요] 수술하면 병원에 계속 있어야 되잖아요. 활동을 못 하잖아요. 되게 급했던 거예요. 왜냐면 특별법 [상황을] 그 반쪽짜리 특별법, 간담회 가서 알려야 됐고 시행령이 또 있었고. 시행령 끝나고 나니까 이제 또 교실 존치 있고, 인양도 있었고 이러다 보니까.

나 아니어도… 사람들은 그래요. "너 아니어도 된다고, 너 아니어도 갈 사람 있다"고. 근데 준영이 엄마가 가야죠, 난 준영이 엄만데. 남이 간들 뭔 소용이 있겠어요. 내가 가서 한 명이라도 더 해야 되기 때문에… 그래서 수술을 미루고 계속 그렇게 하고 있거든요. 그때 넘어져 가지고 질질질질 끌려갔었거든요. 그때 장준형이가 나오는 걸 우리 준영인 줄 알고 준영이 아빠가 완전 앞이 안 보이고 그냥 막 가는데, 나중에 보니 준형이더라구요. 그때 다친 발이 지금까지도 그렇게 하고 있어요. 나도 아픈데 그게 중요한 게 아니기 때문에… 저는 그래요.

준영이 아빠는 그런다더라구요. 그렇게 아플 때 '우리 애가 마지막 그 배에서 얼마나 아팠을까, 그 간 길만큼은 내가 지금 가는 길이 아프지 않다고 생각을 한다'고 하더라구요. 그 사람도 왜 안 아프겠어요? 저도 그런데. 근데 부모님들이 다 그렇게 생각을 하고 계시는 거고 그 강도를 어떻게, 어떻게 극복을 하느냐에 따라서 활동을 안 하실 수도 있는 거고…. 〈비공개〉

12
가족대책위원회 활동

면담자   가족대책위원회 활동은 어떠셨어요? 여러 사람이 모이다 보니까 의견이 다 다르잖아요?

준영 엄마   다르죠.

면담자   올해는 3기 집행부 선거도 할 예정인데, 그런 것에 대해서 어떤 생각을 갖고 계세요? 이에 대한 어머니의 원칙이 있으세요? 아니면 결정되는 대로 수용하시는 편인지요?

준영 엄마   아… 저 같은 경우는 극히 개인적인 [의견인데], 지금

전명선 위원장님만 한 재목이 없고, 유경근 대변인만 한 재목이 없어요. 그래서 저는 3기에도, 그분들이 원하신다면… 그분들이 좋아하고 이런 게 아니라. 저는 우리 1기도 열심히 하셨지만 2기 잘하고 있다고 생각해요, 부모로서 지금도 잘하고 있고. 준영이 아빠는 임원을 못 하게 하는 이유가 뭐냐면 그거예요, 회의가 많아요, 예. 회의를 해서 진행을 해야 하기 때문에…. "준영 아빠, 회의하면 활동 못 해. 간담회도 가야 되고 이렇게 해야 되는데 자기가 임원을 하면 활동을 못 해. 그러니까 임원은 임원대로 하실 분이 있으니까 하고 자기는 임원 하지 마". 이런 뜻으로 저는 임원을 못 하게 하고. 저도 대외협력[분과]에서 계속 저기, 재욱이 엄마가 자꾸 요구, 콜을 하시는데 저는 활동을 해야 되는 사람이거든요. 저는 해야 되거든요, 말을.

면담자   '세월호 엄마'로 가서 얘기를 하는….

준영 엄마   예. 간담회에 가서 정말 말을 못 하더라도 내, 엄마의 마음을 얘기해야 되거든요. 잊히는 게 무섭다면서 그냥 있을 수는 없잖아요. 그러니까 계속 잊지, 잊지 말아달라고, 노란 리본 달아달라고 하면서…. 엄마는 앉아서 회의만 할 수는 없어요.

근데 회의하실 분이 있으셔야 돼요. 그래서 저희는 가족공지방이 있거든요, 밴드가 있고. 또 '별의 노래'라는 그 간담회 방이 있어요. 회의를 하셔서 거기다 올려주면 저희가 그 뜻에 따라 하는 거거든요. 저희는 잘하고 있다고 생각해요. 근데 이게 바뀌고 그러면 다시 또 그런 말이 나와요. '4·16연대[4월16일의약속국민연대]'를, 우리가 그걸 따라 해야 돼요. 지금도 4·16연대랑 같이 가고 있지만 저희는 가족이 주체가 돼야 되거든요. 이런 말이 좀 그렇긴 하지만 저희는 4·16연대의 뒤에서 이용당하는 게 아니라 이용해 먹어야 되거든요, 말이 좀 그렇긴 하지만.

면담자   어떤 뜻인지 이해해요.

준영 엄마   저희 가족이 주체가 돼야 돼요. 제가 엄만데, 제가 아빤데, 어떻게 저희가 4·16연대 뒤에서 저기를 하겠어요. 2기고, 3기고 바뀌는 거는, 저는 다른 재목이 있으면 하는데 지금 2기대로 가면서…. 지금의 뭐, 바깥에서 보시면 답답할 수 있어요. 국민들이 '왜 저렇게밖에 못 하지?' 예, 그럴 수 있는데 저희는 엄마로서, 아빠로서 최선을 다하고 있거든요. 전명선 위원장님 나름대로 리더십 있으시고, 포용할 수 있는 힘이 있으시고, 대변인도 대변할 수 있는 힘 있으시잖아요. 저희 페이스북에도 올리시고, 무슨 일 있을 때마다 올려주시는 그런 그 정도면 되지, 저는 거기에 대한 [다른 불만 같은] 건 없어요. 그래서 그대로 하면서, 뭐 3기 한다고 다른 분란을 일으키기보다는 그대로 가면서… 그러면서 활동하시는 분은 그대로 간담회 활동을 하시고.

지금 안산팀대로 체계가 있어요, 저희가. 그래서 안산팀 하시고, 지역 간담회팀 간담회 하시고, 피켓팀 피켓 하시고, 집회 있을 때는 다 또 모여서 할 수 있는 그런 힘을 전명선 위원장이 갖고 계시니까 이대로 했으면 좋겠어요. 그리고 4·16연대가 저희가 모르는 거를 이렇게 방안을 제시할 수도 있잖아요. 방향을 해주시면 저희가 이렇게 받아들여서 하는데, 주체는 저희라는 거죠. 그러기 때문에 지금 여기에 대해 불만이 없고, 불만이 있다고 해도 감추고 가야 된다고 생각을 해요.

그거 갖고 왈가왈부할 시간이 없어요, 예. 지금은 2차 청문회도 해야 되잖아요. 그러기 때문에 거기 진상조사위, 특별조사위 이석태 위원장님하고도 대화를 하면서 그거를 고치고 하는 일을 위원장님하고 대변인이 잘하고 있다고 생각하고요. 특조위 모니터링인가, 월요일 날 격주로 이뤄지는데, 거기 가서 그걸 모니터링 같은 걸 하시거든요. 그것도 저는 잘하고 있다고 생각을 해요. 문제가 있으면 가족이 원하는 말을 탁탁 말할 수 있는 대변인님의 언변도 되게 좋다고 생각하고요. 그걸 대체할 수 있는 사람이 있으면야 모르겠는데… 제가 단정 지어 얘기하기는 좀 아니지만. 보완할 것도 사실 많죠. 저희가 무슨 돈을 바라고 하는 사람들도 아니고… 내가 엄마기 때문에, 내 새끼기 때문에 하는 건데. 저희가 체계 없는 거는 알고 바깥에서 보시기에 또 답답할 수 있는 건데, 그렇게 똑똑하고 체계가 잡혀 있었으면 인양도 못 하고 여기까지 왔겠어요? 어설프지만 부모잖아요. 그렇기 때문에 저희는 이대로 꾸려서 포기만 안 하고 가면 될 거라는 생각을 해요.

면담자　　　그래도 만약 집행부 분들이 좀 힘들어하시면….

준영 엄마　　　그렇죠. 그때는 이제 보완을 해서… 그분들이 힘드시죠. 정말 [욕은] 먹지 말아야 할 같은 유가족인데, 찬호 아빠, 예은이 아빤데…. 지금 대변인이라 욕도 많이 먹잖아요. 그런 힘드신 거야 있죠. 그분들이 "아우, 난 못 하겠다. 준영이 엄마가 말을 그렇게 해도 나는 못 하겠다" 하면 다른 분한테 저기가 있는데, 그래도 끝까지 안 가겠다는 얘기는 안 하시고 계시니까. '나는 찬호 아빠로 이제 정말 찬호만 위해서 하고 싶다'라고, 그렇다고 해서 찬호만 위하는 건 아니지만… 나 욕 좀 그만 먹고 이렇게 하고 싶다고 이렇게 말씀을 하시면 그때는 모르겠지만, 그분들이 그대로 가신다면 굳이 저희가 그걸 바꾸고 또 이렇게 말 나게 할 필요는 없다라는 생각이죠.

13
어머니의 직장생활과 간담회를 시작한 계기

면담자　　　약간 시간을 돌려서 준영이 초등학교 2학년 때부터 직장생활을 했다고 하셨잖아요? 그럼 ○○이 7살 때겠네요. 준영이는 방과후 교실에 있었나요?

준영 엄마　　　준영이는 학원을 안 다녔어요. 저 같은 경우는 어떻게 했냐면 어… 돈 때문이 아니라 우리 준영이한테 물어봤어요, 그때는 받아쓰기 그 정도라. "준영아, 너는 학교에서 공부하는 것만으로 할 수 있겠어?" 그랬더니 충분히 할 수 있다고 하고, 성적도 나쁘지 않았어요. 그래서 힘들면 얘기를 해라, 무조건 공부를 잘하기 위해서 학원을 보내지는 않겠다, 니가 원하는 대로 말을 해라 그랬어요. 아까 준영이 고2 때 "엄마 안 될 것 같아요"라고 얘기했다 그랬잖아요. 그 전에는 한 번도 얘길 한 적 없고, 성적이 떨어진 적도 없었어요.

아… 그리고 저는 조금 이기적인 게 뭐였냐면, ○○이가 학원을 안 가는 거예요. 지가 간다고 그래서 돈을 냈는데 한 달에 두 번밖에 안 가는 거예요. 흔히 말하는 땡땡이를 그렇게 하는 거예요. 그래서 좀 집에서 애를 볼 사람이 필요했던 거예요. 그렇다고 전 친정 엄마가 있던 것도 아니고. 그래서 제가 준영이한테 "미안한데 이런 부탁해도 될까?" 하면서 얘기했는데 걔가 "어, 나는 ○○이랑 같이 있고 싶다" 그래서 ○○이도 학원을 안 다니고 둘이 같이 이렇게 했었는데, 거기에 대한 문제는 없었던 거 같아요. 아이들이 문제가 있고 자꾸 다른 쪽으로 가고 바깥을 돈다면 그거를 바꿨을 텐데, 저는 준영이한테 그건 되게 고맙게 생각하고… ○○이도 오빠 잘 따라줘서 고맙게 생각하고 있어요.

면담자　　　　그런데 어떻게 하다가 옷가게를 시작하게 되셨어요?

준영 엄마　　　저 같은 경우는 결혼하기 전에 웨딩드레스 쪽으로 이렇게 했었어요. 근데 제가 스냅사진만을 찍고 이런 게 아니라 드레스 판매, 드레스를 대여한 다음에 반환하면 그걸 세탁을 해야 되잖아요. 그런 세탁을 관리했었어요. 대여도 했지만 드레스를 팔기도 했어요. 그러다 보니까 배운 게 도둑질이라고 그런 쪽으로만 자꾸 하게 되더라구요.

면담자   아, 천도 좀 아시고 어떻게 세탁해야 되는지도….

준영 엄마   예. 세탁법도 알고, 일제 풀로 다리는 법이라든지, 그 스팽글 떨어지면 그걸 어떻게 단다라든지, 레이스는 독일 레이스가 좋은데 어떻게 들여오는지 그런 걸 다 알았었거든요. 또 망토는 어떻게 하고, 숄은 이렇게 하고 이런 거를 많이 배우고 알고 그랬기 때문에 그쪽으로 많이 하다가 제가 안산을 이렇게 내려오게 됐잖아요. 근데 안산에는 예식장은 있는데 웨딩드레스 숍을 관리할 만한 직장은 없더라구요. 그러다 보니까 제가 2001아웃렛, 거기를 들어가게 됐어요. 제가 이랜드 계열은 별로 안 좋아했는데, 교회 위주로 하기 때문에. 일요일은 미사를 해야 되고, 그런 게 있어서 안 좋았는데 어디 달리 들어갈 만하게, 애 있는 아줌마가 들어갈 만한 곳이 없고, 배운 게 서비스직밖에 없어 가지고 옷가게 계속 간 거죠. 그러다 이왕 돈 버는 건데 내가 좋은 걸 좀 해봐야겠다 해서 아동복 쪽으로 돌린 건 8년 됐어요. 거기 한 13년 다녔는데.

면담자   아웃렛 옷 매장을 13년 동안 다니고 나서 숍을 여신 거네요.

준영 엄마   예. 숍을 한 거는 8년 그 정도 됐어요. 13년 중에 아이들 노는 플레이타임에서도 일했었고, 홈에버에서도 했었고. 지금은 홈플러스로 바뀌었는데 그런 쪽에서 일을 했었어요, 내가. 그리고 8년은 제 가게로 했어요, 그 안에서 임대해 가지고.

면담자　　　뉴코아 안에서 개인 아동복 매장을 하신 거네요.

준영 엄마　　　예. 이랜드 쪽에 돈 주는 게 너무 아깝더라구요. 그래서 남대문에서 [아동복을] 떼어다가 그렇게 팔았었어요.

면담자　　　처음에는 속해 있다가.

준영 엄마　　　예, 속해 있다가 안 되겠다 싶어서. 흔히 자릿세라고 하죠? 거기에 20프로 떼어주고 제가 남대문에서 물건 떼어다가. 이랜드에서 남대문 물건을 파는 건 되게 힘든 일이에요. 거기서 멸시도 많이 하고, 자기네 물건을 안 쓰기 때문에 엄청 제재도 많았고. 그 임대료 조금이라도 못 넘으면, 26프로 안 되면은 또 막 나가라 그러고, 내용증명 보내고 그런 게 되게 심했는데, 돈은 더 벌지 못하는데, 그게 좀 낫다고 생각을 했어요. 그냥 8년 동안 제 건 지키면서 살고 싶었고. 그리고 이랜드 물건을 팔다 보니까 하자가 있는 것도 다 받아들여야 되는, 내가 싫은 물건도 다 받아… 그게 너무 싫었던 거예요. 그래 가지고 부당한 일을 당해도 내 물건을 내가 팔아봐야겠다, 그래서 8년 동안 남대문 물건을 팔았죠.

면담자　　　남대문 도매상 상대하는 일도 쉽지 않다고 들었는데, 그래도 이랜드 갑질보다는 낫겠다고 생각하신 거네요?

준영 엄마　　　갑질 많았죠. 예.

준영 엄마 임영애

면담자   거기에 대응하려면 정말 기가 세야 되잖아요.

준영 엄마   예. 전 좀 쎘던 것 같아요, 기도 안 죽었고. 그리고 저는 매대 같은 거를 놓고서 팔았는데 사람들이 매대를 막 발로 차고 빼내가고 그랬었는데, 저는 그냥 다 감수했던 거 같아요. 남대문에서 물건 떼기도 참 쉽지 않았거든요. 용어도 참 많았어요. 뭐 깔별로 주세요, 모르는 무슨 레깅스, 치렝… 막 그랬었는데 거기 언니가 저한테 "넌 체질이다" 그랬었어요. 물건 떼주는 언니하고 처음에 커피도 같이 먹고 밥도 먹으면서, 막 제가 사갖고 가서. 그게 되게 싫었는데 생각해 보니까 '준영이, ○○이가 있는데 내가 못 할 게 뭐 있나' 그렇게 해가지고 그냥 친언니처럼 "언니, 언니" 하면서 그렇게. 지금은 이제 안 하지만 그렇게 했던 거 같고. 그 언니가 저보고 "쟤는 진짜 난 애"라고. (면담자 : 재능 있다?) "너는 어디 가도 다른 거 못 하고 옷 팔아야겠다" 이렇게 말할 정도로… 제가 그랬던 거 같아요.

그래서 제가 그 생각을 했어요. 어… 100일, 200일 때, 아이들 기념이라고. 저희 아이들 100일 됐고, 300일 됐고, 500일 됐고 이랬을 때 문화제 같은 거 하잖아요. 그렇게 보면은 노래를 하는 분이 있고, 몸으로 행위 예술을 하는 분, 글을 잘 써서 글로 표현하는 분…. 세월호 엄마가 됐는데 저렇게 글을 쓸 수 있고 이렇게 노래를 할 수 있으면 세월호를 그렇게 표현할 텐데, 내가 그거를 못 하니 좀 자책했었거든요? 아니, 이 엄마는 할 게 없는 거예요, 뭘 하는 게 없는 거야. 글로, 노래로, 행위 예술로 알릴 수 있을 텐데 그걸 못 하니까 되게 속상했었거든요. 어느 날 제가 '나는 뭐를 하고 살았지?' 그 생각을 했어요. 그랬더니 제가 13년을 그 회사에 속해 있든 어디에 속해 있든 말로 벌어먹고 살았더라구요. "고객님, 고객님" 하면서. 그래서 '아, 내가 간담회를 다녀야겠구나' 했죠. 조리 있게 말은 못 해도 나를, 내 마음은 표현은 할 수 있는 거는 있었던 거 같아요. 말은 못 해도 그 사람하고 말할 때….

면담자   그렇죠. 일단 타인하고 말하는 걸 두려워하지 않으시니까.

준영 엄마   떨림은 없었던 거잖아요. 두려움은 없던 거잖아요. '아, 그래. 내가 노래하고 그런 거는 못 해도 가서 내 새끼 얘기는 해야겠구나. 나 우울하다고 얘기는 해야겠구나. 우리 포기하지 않고 끝까지 할 테니까 잊지 말아달라고, 그리고 우리 인간 존엄성을 알 수 있도록 우리 노란 리본 꼭 달아달라고 얘기는 할 수 있겠구나'. 왜 떨려서 말 못 할 수도 있잖아요. 말을 잘하고 못하고를 떠나서 그 강당에서 2, 300명 놓고 떨려서 못 할 수 있잖아요. 저는 그 거는 없더라구요, 장사를 하면서 그게…. '그래, 나는 이렇게 살았지. 이거를 좀 써먹어 봐야겠다. 준영이를 위해서 내가 뭘 못 하나, 내가 준영이를 위해서 새벽에 남대문시장 가서 그 언니들이 물건 있는 거 뻔히 아는데 저한테 안 주는 거 알아서 창고 가서 훔쳐온 사람인데, 막 빼갗고 온 사람인데 내가 왜 뭘 못 해', 이런 마음으로 제가 시작한 게 간담회예요. 지금도 간담회를 계속 다니고 있죠.

제가 뭐 언변이 뛰어나서 다니는 게 아니라 엄마니까, 다니다 보니까 그걸로 제가 더 저기를 하는 거 같아요.

면담자   간담회는 2014년 7월부터 다니셨어요? 아버님은 7월부터 다니셨다고 그러시던데.

준영 엄마   정확히 7월부터는 아니구요. 7월은 얘네 아빠가 광화문 단식을 했어요. 그런 다음에 지역 서명을 많이 다녔고, 노숙하면서. 그러니까 9월 달에 저희가 본격적으로, 예. 9월에 다니게 된 거예요.

면담자   어머니는 초창기부터 계속 '간담회를 다녀야겠다' 생각하시고 난 다음에 바로 아버님하고 같이 다니신 거세요?

준영 엄마   그 생각은 제가 어… 200일, 그때가 [2014년] 9월 달이었거든요. 그때 '나는 뭘 하고 살았나' 생각하면서 간담회를 가고, 그 전에는 국회에서 노숙하고 있었어요.

면담자   아, 그러셨겠네요.

준영 엄마   예. 국회에서 노숙하고, '할 수 있는 게 아무것도 없구나' 해서 피켓만 들고 있었어요. 특별법에 수사권, 기소권, 조사권을 다 달라고, 가족을 배제시키지 말라고 그 피켓을 들고 있었는데. '아, 이거는 누구나 들고 있을 것 같다' 그래서 저는 간담회를 가야겠다…. 그때 9월 달에 당시에 광주 재판이 있었어요. 그 재판도 가야 되고, 간담회도 가야 되는 게 좀 필요하더라구요. 거기[광

107
•
1회차

주법원에 앉아서 듣고 울고, 내가 여기 와 있다, 니네 압박받으라고 할 사람은 또 따로 있을 거 같고 그래서 저는 거기를 가야겠더라고요, 간담회를. 그래서 9월 달부터 간담회를 본격적으로 갔죠. 지금까지 하고 있는 거죠.

14
준영이의 단원고 진학과 단원고에 대한 생각

면담자　　　직장생활을 계속하셨기 때문에 준영이가 초등학교 다닐 때나 중학교 시절, 학부모 모임이나 이런 데는 잘 나가진 못하셨을 거 같아요.

준영 엄마　　　예, 나가지는 않았어요. 저 같은 경우는 그때 못 나가도 선생님한테 개인적으로 가서 인사를 하고 편지를 드렸었어요.

면담자　　　아, 직접 편지를 쓰셔서?

준영 엄마　　　예. 편지를 써서 제 마음을 얘기했죠. 제가 못 오는 이유와 아이를 보냈는데 한 번도 안 간다는 건 예의가 아닌 것 같아서. "제가 여기서 원하는 공개수업이라든지 체육대회라든지 그렇게 올 수는 없지만 아이를 너무 사랑하는 마음에 제가 직장을 다니고 있고 아이들을 어떻게든 키우고 싶은 마음에 그러고 있으니까 이해를 해주셨으면 좋겠습니다. 죄송합니다"라고 그렇게 편지를 써서 한 번씩은 찾아간 적이 있어요. 그런데 그게 학기 초에 찾아가면 뇌물로 보이는 거예요. 돈을 갖고 가거나 음료수를 사 간 적은 한 번도 없지만 남들이 볼 때 그렇게 볼까 봐 저는 [학기] 말에 좀 많이 갔었어요.

면담자　　　그럼 준영이 친구 엄마들과 학부모 모임을 같이 한 적은 있으세요?

준영 엄마　　저는 유치원 때는 아이… 그 부모들이 지금도 연락, 아니 지금은 이제 이렇게 돼서 연락을 안 하는데 그 전까지는 연락을 했었구요. 초등학교, 중학교, 고등학교는 없어요.

면담자　　　그 유치원 친구들은 다 다른 학교에 갔고요?

준영 엄마　　다른 데로 다 갔어요. 요번에 같이 간 애 중에 9반에 그 누구지 걔가? 아, 9반이 아니라 8반에 제훈이가 있어요. 그 유치원, 대동어린이집 같이 다녔던.

면담자　　　아, 아버님이 이 얘기하셨던 거 같아요.

준영 엄마　　예. 그 아이만 빼고는. 그리고 저희 아이가 석수중학교를, 거기가 혁신학교예요. [친구들은] 거진 다 선부중학교, 원일중학교를 가는데. 거기가 집하고 또 멀어요. 그런데 우리 준영이가 "혁신학교 가고 싶다" 그래서 일부러 중학교를 혁신학교 보내느라고 좀 멀리 보냈어요. 그래서 석수중학교 애들이 별로 없어요, 우리 단원고등학교에. 중학교를 저희는 대안학교를 보내고 싶었어요, 사실은. 우리 준영이 성격에는 대안학교가 맞고, 우리 ○○이는 일반학교가 맞아요. 우리 ○○이 같은 경우는 대안학교는 꼴통만 다닌다고 그렇게 생각하기 때문에 얘는 안 다닐 생각인데, 우리 준영이 같은 경우는 대안학교가 성격에 좀 맞았거든요. 근데 대안학교가 비싸요, 사실. 그리고 또 떨어져 있어야 해요. 근데 ○○이는 지금도 기숙사에 있지만 그게 가능했는데 우리 준영이는 그게 안 되는 거예요. 그래 가지고 대안학교를 못 보내는 대신에 "엄마, 나 그럼 혁신학교 가가지고 공부하고 싶다" 그래서 그 학교를 가게 한 거죠.

면담자　　　동네 학교가 아니라 본인이 직접 원하는 중학교를 선택해 다녔던 거네요.

준영 엄마　　　예, 예. 여기 안산은 안산인데 조금 멀리 갔어요.

면담자　　　혁신중학교 다닐 때 학교생활은 즐겁게 하는 편이었나요?

준영 엄마　　　예. 근데 1학년 때 되게 힘들었던 게 초등학교 그대로… 얘가 어떤 아이냐면 [환경을] 받아들이기가 어려운 앤데 받아들이면 또 버리기가 아까운 애예요. 버리지 못하고 그대로 가는 거…. 그런 아이였기 때문에 초등학교 때 이렇게 배어 있던 게 중학교 가니까 확 바뀌었잖아요. 과목마다 선생님도 그렇고.

면담자　　　혁신중학교는 약간 자율적이고 자유로운 분위기 아닌가요?

준영 엄마   혁신중학교가 규칙을 세워놓고 자유로웠기 때문에 더 힘들었던 거예요. 그리고 새로운 걸 자꾸 받아들여야 되니까, 혁신학교는 좀 그렇잖아요. 걔가, 흔히 말하는 교육감도 너무 자주 오고 공개수업도 너무 많고 해야 될 것도 너무 많고, 안 해본 것도 자꾸 해야 되는 그런 게, 얘네가 먼저 시범학교가 되어버리니까. 그게 되게 힘들었는데 지가 선택한 거라서 나중에는 잘 받아들였어요. 준영이가 제일 많이 했던 말이 "난 내가 택한 거니까 후회는 없어"였거든요. 그렇게 해서 고등학교 때도 적응을 좀 잘했어요.

면담자   고등학교는 1차로 단원고를 지망 학교로 선택했고요?

준영 엄마   예예. 단원고 지망했고. □□고등학교를 사실 가고 싶어 했는데 아빠가 그렇게 말을 해서 인문계로 가기로 했죠. 근데 □□고는 가려는 즈음에 그 앞에서 살인 사건이 있었어요. 인근에 중국 분들, 조선족도 많지만 한족이 좀 많아요. 한족들이 다 그런 건 아닌데 되게 다혈질이래요. 그래서 뭐 하면 '칼을 많이 쓴다'고 할 정도로. 그즈음에 딱 그렇게 됐어요. 그러면 단원고를 가자 이렇게 한 거예요. 근데 요기에 가까운 강서고가 있어요. 거기를 쓰려고 했는데 스카이 반에 들질 못하면 대학 가기가 좀 힘들어요. 준영이가 그 끝에서 그렇게 하는 거보다는 일단 단원고 가서 자기가 좀 "등급을 올려야겠다" 그렇게 얘기를 하더라구요. 걔가 이제 가면서 세워놨던 게 서울 충정로 경기대였거든요. 그러니까 단원고가 낫겠다 싶어서 제1지망을 단원고로 했었어요.

면담자	많은 분들이 단원고 신청한 것을 너무 후회한다고….
준영 엄마	그렇게 되니까, 지금에 와서.
면담자	그런 생각을 하시는 적 있으세요?
준영 엄마	저는 애가 다른 학교를 가고 싶다고 했는데, 그것도

실업계를 가고 싶댔는데 이렇게 2학년……. 저는 단원고를 가서 그런 후회가 아니라 뭐냐면 '그렇게 짧게 갈 인생 지가 원하는 학교에 보낼걸' 이런 마음이지 괜히 단원고를 보내서 이렇게 됐다라는 생각은 안 해요. 왜냐면 단원고가 그런 건 아니잖아요, 예. 왜 나라가 그렇게 한 거를, 거기서 안 구한 거를…. 제가 뭐 단원고를 보내서 애가 이렇게 됐다는 생각은 없구요. 그렇게 자꾸 말을 하다 보면 정말 우리가 단원고를 아픈 학교로 만드는 거예요, 엄마들이. 그래서 나는 '괜히 단원고로 보내서 이렇게 됐어' 이게 아픈 게 아니라, 우리 아이가 실업계를 가고 싶어 했는데 그렇게 짧게 갈 인생을 그거를 제 마음대로, 제 이기심에 "너는 인문계를 가서 대학을 가야 돼. 넌 큰아들이야"라고 했던 거가 아픈 거예요, 사실. 그렇게 따지면 서울에서 이사 오신 분들은, 저도 서울에서 살다 왔지만, '아니 왜 이사를 와가지고' 이렇게 생각을 해야 될 거고, 다 후회스러운 거죠. 내가 왜 태어나 가지고 그렇게까지밖에 안 되는 거예요.

그래서 저는 그거는 아니라고 생각을 하고 절 더 괴롭히고 싶지는 않구요. 이왕 이렇게 된 거 '왜 죽었는지만 알자' 이거거든요,

준영 엄마 임영애

저는. 엄마로서 아이가 하고 싶었던 걸 못 하게 한 게… 하라고 할걸, 그냥 야구해라, 그리고 공부 안 해도 된다, 대학 안 가도 된다 그리고… 그럴걸. 근데 사실 말은 이렇게 하는데 우리 ○○인 또 꼭 대학을 보내야 된다는 생각을 갖고 있는 게 엄마거든요. 그래서 이래도 흥, 저래도 흥, 그게 다 말이 나오는 거기 때문에 의미를 다 부여하는 거예요, 엄마들은. 그래서 저는 그런 생각은 안 했어요.

면담자   나중에 다시 여쭤봐야 될 것 같은데, 사실 단원고에 대한 책임의 문제가 있는 특히 그 15일에 수학여행을 강행한 선택과 16일 오전 상황에 대한 문제를 좀 얘길 해야 될 것 같아요. 학교의 대응에 대한 기억이나 생각들을 지금 전부를 말씀하실 건 아니지만, 학교의 역할과 책임에 대한 생각들이 조금씩 다 다르시더라고요.

준영 엄마   그렇죠. 다 다르죠. 저는 학교를, 대처에 대한 원망은 하고 있죠. 저희가 해경하고 정부에 대한 초기 대응을 원망하듯이 똑같아요. 전 단원고도 그렇다고 생각을 해요. 4월 16일 아침에 "전원 구조"라고 그 MBC에서 보도를 잘못했어도 학교에서 알아보지도 않고 저희한테 다섯 번이나 "아이들은 무사히 있고 인근 섬에 있다"고 계속 다섯 번이나 문자를 보냈어요. 이 사고가 나면서 제일 마음 아픈 게 '전원 구조'라는 건데 혹시 '내 새끼 살아 있었던 거 아닌가?' 그런 마음을 엄마들은 다 갖고 있어요. 그게 더 아픈 거예요. 근데 그들은 그런 아픔은 생각 않고 무마하려고, 그때 그 현실만 무마하려고. 그리고 행정 선생님이, 교감선생님은 거기에 계셨고, 교장선생님도 대응을 하셨다는데 뭔 대응을 했는지 모르겠는데, 그 강당에 부모님들 다 있는데 "전원 구조랍니다. 전원 구조됐습니다". 그게 10시예요. 속상하잖아요, 부모들이. 생각이 있는 부모들은 얼마나 속상하겠어요. 알아보지도 않고, 그냥 부모들이 욕하고 어떻게 할까 봐 무조건 거기만 회피하겠다, 그 현실만 회피하면 되겠다라는 그걸로다 전원 구조했다는, 그 거짓말을 했다라는 게 얼마나 억울하고 하겠어요? 그 시간에 어떻게 대응을 해야 될지, 거기 계신 교감선생님이나 선생님한테 어떻게 해야 될지 그거를 하셨어야지…. 지금 부모들 잠재울려고 전원 구조라고 강당 가서 소리 지르셨던 행정 선생님도 저는 원망스럽구요. 그리고 교감선생님이 돌아가신 거잖아요. 근데 저는 교감선생님이 자살이라고 생각 안 해, 안 하고 있거든요. 자살이라고 생각하는 부모님들도 있겠지만 저는 아니라고 생각하고 있어요. 죽을 수밖에 없게 만들었다고 저는 생각하거든요. 뭐, 그거는 정황이 다 있기 때문에 그냥 무조건 하는 말이 아니라 그렇게 생각을 하고 있는데… 교감선생님이 많은 걸 알고 계세요. 15일 날 왜 인천….

면담자   출발이 됐는지.

준영 엄마   출발이, 왜 세월호만 됐는지를 알고 계시거든요. 근데 교장선생님도 그걸 알고 계실 텐데… 왜 모르시겠어요. [그런데] 다른 학교로 그냥 전근을 시켰어요, 바로. 해결도 안 되고 아무것도 안 된 상태에서 교장선생님은 '나하고는 상관이 없는 일이다' 다 발뺌이잖아요. 그리고 흔적 지우기만 하려고 하는 거잖아요. 사실 저게 다 흔적 지우기라고 저는 생각을 하거든요. 그리고 정부가 방해하고 있는데 그걸 돕고 있잖아요. 지금 교육청하고 단원고하고. 왜 감추느냐고요, 자기네가 책임을 져야지요. 우리 아이들이 단순히 놀러 간 게 아니었잖아요. 수학여행은 수업의 연장이잖아요. 그런데 그렇게 해놓고 교감선생님은 돌아가셨다고 치고, 그것도 그냥 자살로 치부되고… 더 알아보려고 하지도 않았던 학교도 원망스럽고, 교장선생님도 계셨던 증인이시잖아요. 이 국민이 다 이렇게 일어나 주는 건 뭐냐면, 세월호의 증인들이시거든요. 그런데 정말 단원고의 핵심 증인을 그렇게 해놓고는 그냥 가만히, 아이들한테 "가만히 있어"라고 말했던 것처럼 우리한테도 가만히 있으라잖아요. 그리고 [교실] 존치 않고 흔적 지우기 하려 그리고…. 정부가 방해하는 거보다 저는 단원고와 교육청이 더 방해를 하고 있다라고 생각하고 있기 때문에 학교에 대한 감정은 그래요. 근데 이 말을 어디 가서 못 하는 이유는 우리 준영이 후배들이, 1, 2학년 학생이 있기 때문에. 제가 이 말을 여기서만 하는 거지 나가서 못 할 뿐이에요. '교감선생님은 자살이 아니다'라는 말을, 이런 말을 나가서 못 하는 이유는 정말 죄가 무서워서 법이 무서워서 못 하는 거 아니에요. 단원고가 우리 준영이가 다녔던 학교예요, 3년을 다 채우지 못한 학교지만. 그리고 우리 준영이 후배들이, 우리 미래의 아이들이, 내 새끼 같은 아이들이 다니기 때문에 제가 단원고에 대해

115
•
1회차

서 말을 못 하는 거지 사실 좀 원망은 있어요.

그리고 교실을 존치하고 지금이라도 다른 모습을 보여줬으면…. 그렇게 흔적을 지운다 그래서 정말 안전한 단원고가 되는 건 아니잖아요. 그리고 훌륭한, 명예로운 단원고가 되는 건 아니거든요. 정말 아이들을 생각해서 다른 방향으로 생각을 해주신다면 지금이라도 저는… 뭐 그렇다고 제가 단원고를 용서 못 한다, 처단해야 된다, 이런 건 아니지만 억울함은 있어요. 억울함은 있는데 지금이라도 좀 생각을 바꿔주셨으면 좋겠어요, 아이들을 생각한다면. 저는 아이들을 생각해서 단원고 얘기를 간담회 가서는 한마디도 안 하거든요.

교감선생님에 대한 얘기도 하고 싶고, 단원고가 왜 그렇게 똑같이 대응을 했는지에 대해서도 알고 싶어요. 그리고 지금 선생님들도, 학교에서 리본 하나 다신 분을 못 봤고, 학교에도 리본 단 차가 한 대도 없어요. "리본이 그게 뭐가 중요해?" 하는 마음이잖아요. 내 제자들이 갔잖아요. 그분들은 교육을 하실 분인데. 정말 교육도 이거는 바뀌어야 되잖아요, 안전 쪽으로. 지진이 나면 책상 밑에 가 있어라, 불나면 소화기 갖고 와라, 이게 [다가] 아니잖아요. 지금은 바뀌어야 되잖아요, 모든 게. 그래서 저희가 안전한 나라를 외치는 거거든요. 근데 하나도 바뀐 게 없어요. 수학여행 가는 것도 지금 참 이상하게 가고 있잖아요, 수학여행도. 뭐 하루 갔다가 집에 가서 다시 자고, 또 하루 가고. 그런 수학여행을 했다는 얘기를 듣고, 변한 게 없다는 생각 때문에 저희가 존치를 말하는 거거

116

준영 엄마 임영애

든요. 정말 이제는 참사가, 나 같이 이렇게 아픈 사람이 이제는 없었으면 좋겠다… 씨랜드[청소년 수련원 화재 사건] 그때도 샌드위치 판넬[패널]이잖아요. 그때 바로 잡았으면 [경주 마우나오션]리조트 사고는 없었을 거예요. 그런 거를 연결해서, 다시 또 이런 해상사고가 일어날까 봐, 해상사고 아니더라도 다른 사고가 일어날까 봐.

면담자   그렇죠. 이런 사건이 또 나면 안 되죠.

준영 엄마   그렇죠. 그리고 수학여행 갈 때 얼마나 불안하시겠어요. ○○이가 지금 [다니는] 그 디미고는 요번에 중국으로 가는데, 저번 2014년에는 세월호 때문에 못 갔다 그러더라구요. 2015년에는 중국을 간다는데 전들 편하겠어요, 마음이? 마음이 안 편하잖아요, 보내면서도. 그리고 조그만 사고 나도 뭐 보고 놀란 가슴 뭐 보고 놀란다고 더 힘들거든요. 그걸 겪는 국민들을 생각한다면, 안 겪은 사람들도 얼마나 힘들겠어요. 그것 때문에 저희가 그러는데, 거기에 동조를 하고 계시잖아요, 단원고가.

면담자   근데 그 노란 리본을 다는 선생님들이 정말 한 분도 안 계세요?

준영 엄마   그걸 달지도 않으시고. 그리고 제가 어디 학교를 갔는데 거기 동료라고 하시면서 금기어가 '세월호'라고 하더라구요, 단원고 선생님들 사이에. 그 말을 듣고 '아파서 그렇겠다'라는 생각은 안 들어요. 왜냐면 아파요, 저도. 저도 아픈데, 저는 이렇게 떠드는 게 저는 좋아서, 자랑스러워서 하겠어요? 내 새끼가 죽은 세월호 참사가 자랑스러울 일도 없고, 그리고 아이들이 잘못해서 죽은 게 아니기 때문에 부끄럽지도 않아요, 사실은. 그렇지만 이렇게 떠들고 싶은 말은 아니잖아요. 근데 선생님들은 가르치던 제자가 죽었는데 금기어가 세월호라고 말을 들었을 때, 저는 단원고를 다시 생각하게 되죠, 예. 근데 어디 가서 이런 말을 한 번도 한 적이 없어요. 그거는 선생님에 대한 예의가 아니라 우리 아이들을 배려하는 거죠. 저는 그게 엄마라고 생각을 해요. 그것 때문에 못 하고, 하고 싶은 말도 못 하고 살잖아요, 저희가 하고 싶은 일도 제대로 못 하고. 왜냐면 제 생각 같아서는 청운동에서 피켓 들 게 아니라 막, 막 미친 듯이 뛰어다니고 싶고, 분수대에 가서 막 난리를 치고 싶어요, 솔직히. 근데 그러면 안 되잖아요. 저희는 참고 그렇게 하고 있는 건데 단원고에서는 한 번도 그런 모습을 보여준 적이 없다는 거죠. 그러기 때문에 원망스럽죠, 사실은.

면담자　　　학교 얘기는 또 최근의 문제들이기 때문에 이후에 다시 여쭐게요.

준영 엄마　　　근데 최근의 문제는 아니에요. 처음부터….

면담자　　　16일에 참사가 났을 때부터?

준영 엄마　　　16일부터 선생님들이 해주셨어야 될 문제도 있어요. 선생님 몇 분이 진도체육관에 내려와서 자원봉사는 하셨다고는 하는데, 선생님들이 자원봉사를 하시면 안 되죠. 주체적으로 하셔서 그 아이들의, 그 생존자 아이들도 돌보셨고 그래야 되는데. 저희

준영 엄마 임영애

4월 16일 날 갔을 때 선생님들 다 차에서 전화만 받고 계시고… 전화만 하고 계셨어요. 뛰어 내려가신 분은 없고, 나중에 내려가셔서 하신 게 부모들을 위한 자원봉사라는데 그건 말이 안 되는 거죠. 그래서 지금의, 최근의 문제는 아니에요. 단원고는 처음부터가 문제였던 거예요. 근데 그거를 어디서 말을 못 하는 거죠.

〈비공개〉

15
준영이의 친구들

면담자　　준영이가 고등학교 들어가고 나서 야구를 그만뒀잖아요? 그때 좀 힘들어하거나 그러지는 않았나요?

준영 엄마　　아, 그러지는 않았었구요. 1학년 때는 아이가 그 꿈을 접어, 접었다기보다는 아빠의 뜻을 따라줬기 때문에 고마운 마음도 있고 미안한 마음도 있어서 '강소야'라는 야구[팀에] 들었어요. 고등학교 1학년 때, 중3 겨울방학 그때부터 들어서 토요일하고 일요일은 가서 야구를 했었어요. 그랬는데 고2 올라가면서 그것도 하지 말아야겠다고 자기가 느껴가지고 안 한다고 그랬어요, 이왕 인문계 온 이상은 그 경기대를 갈라면. "저기 엄마 수원에 있는 경기대는 2, 3등급이면 가는데 여기[서울 캠퍼스]는 그게 안 될 것 같아. 그러니까 나는 접어야겠어".

면담자   야구를 접었다고요?

준영 엄마   예. 지 스스로 얘기를 하더라구요. 그래서 거기에 대
한 문제는 없다고, 우리 아이는 그렇게 학업에 대한 불만은 없다고
생각했었는데 나중에 그 페북 한 거랑 카톡을 보니까, 카스[카카오
스토리]를 보니까. "나는 그런 학원을 가고 싶은데 우리 엄마 힘들
까 봐 내가 그냥 했었다. 근데 학원 다녀야 될 거 같아" 이런 고민
을 한 걸 보고 '내가 다 안 게 아니었구나'라는 생각을 했었는데, 야
구 갖고는 그렇게 저기 한 거는 없었어요.

면담자   친구들은 어땠어요? 아무래도 중학교 때 친구들이
많이 없었으니까.

준영 엄마   중학교, 이제 고등학교 친구는 같이 거진 다 가고.
친한 친구는 지금 2학년 5반에 생존자 한 명 있구요. 오총사처럼
잘 다녔던 다섯 아이들 거진 다 갔고 한 명만 생존했는데, 그 아이
가 아플까 봐 한 번도 연락을 해본 적은 없어요. 그리고 ××라는
학생은 석수중학교에서 같이 다닌 학생, 그 여학생은 우리 학교 거
기 가면은 애한테 편지를 쓰고 간 거를 보고 제가 아는 거고. 그리
고 중학교에서 친구는 셋인가 있는데, 우리 ××[앞의 ××와는 다른
인물]이 같은 경우는 저한테 계속 문자를 보내줘요. 그리고 어버이
날 꽃 사들고 오고. 4월 23일 날, 준영이는 4월 23일 날 올라왔잖아
요. 그래서 저는 그때가 우리 준영이 간 날이라고 생각을 하고 있
는데, ××이가 "엄마 너무 힘들까 봐" 4월 23일 날 친구들하고 여

섯 명이서 어, 저기 왔더라구요. 그래서 아이들 생일상 차려주듯이, 제사상이 아닌 생일상 차려주듯이 같이 4월 23일을 보내고 하늘공원 갔다 왔거든요.

근데 4월 16일은 제가 도저히 집에 있을 수 없어서 일부러 대구, 부산으로 간담회를 잡았어요. 그랬더니 우리 ××이가 "엄마, 4월 16일 날 너무 힘들까 봐 전화했다"고 전화를 해줘서… 제가 대구에 있다고 하니까 우리 ××이 하는 말이 "엄마가 그렇게 현명하게 해줘서(울음) 준영이가 자랑스러워할 것 같다, 아파하지 않을 것 같다"고. 그래도 지 딴에는 집에서 아파하는 것보다 내가 간담회 가서 그나마 하고 그러니까 고맙다고 그러더라구요. 〈비공개〉

지금 제가 준영이 전화번호를 아직 해지를 안 한 게, 음… 해지하고 잊혀질까 봐 안 한 것도 있지만. 우리 [준영이 친구들이] 아직도 페북을 해요, 우리 애기한테. 저번에는 새벽에 전화해서 "엄마, 아직 준영이가 안 읽어요. 1이 안 없어져요" 이렇게 하면서 보내는데… 그거는 걔네들이 슬퍼할 권리인 것 같아요. 그래서 그것까지 내가 없애버리면(울음) 우리 아이들이 너무 아파할 것 같아서 제가 전화는 끝까지 해지는 안 할 거거든요. 그래서… 사망신고도 못 했지만 그건 그냥 나 좋자고 안 한 거고, 전화 해지는 하려고 했었거든요. 근데 우리 아이들이… 우리 [준영이 친구들] 그 아이들이 그게, 돌파구가 될 거 같아요, 그래서(울음).

면담자   연락하고 문자 보내고 아직 하는군요.

준영 엄마   문자 보내고, 생일이면 또 그렇게 보내고… 내가 최선으로 할 수 있는 배려인 것 같아서 그렇게 하고 있어요.

면담자   친구들이랑은 다 다르게 고등학교 갔어도 계속 친하게 지내왔네요.

준영 엄마   예. 계속 야구를 하는 아이들이기 때문에… 청소년 야구 모임 '강소야'라고 그거를 했기 때문에. 우리 ××이 같은 경우는 손목을 다쳐가지고 워낙 못 하는데도, 그러니까 걔가 준영이를 어떻게 생각하냐면 준영이가 내 이상형이라고 그랬대잖아요. "제 친구의 이상형이 준영이래요" 그러면서 그렇게 장난도 잘 치고 그랬었다고. 둘이 사귀냐는 소리 들을 정도로 그렇게 지냈었다고, 그 인터뷰 중에 그런 게 있더라구요.

사실 준영이가 제일 싫어하는 말이 뭐냐면 "걔 잘살아? 걔 공부 잘해?" 이걸 싫어했거든요. 친구에 대한 말도 잘 안 했어요. 그 친구의 좋은 점만 얘기를 했어요. 〈비공개〉 준영이는 ○○이가 학교 갔다 와서 선생님 욕을 하면 "너는 너를 가르치는 선생님 욕을 하고 그다음 날 가서 어떻게 배우니?" 이렇게 얘기를 했어요. 선생님 욕하는 것도 싫었어요, 걔는.

친구들 얘기도 잘 안 해서 몰랐는데, 준영이 간 다음에 연락한 친구 중에 해상고를 가가지고 지금 선장이 될라고 공부하는 애가 있는데, 졸업하고 견습 기간이 있대요. 8개월인가를 배에서 살아야 되는데 자기가 진도 그 사고 현장을 돈대요, 요즘에. 그래서 너무 아프다고 그러는데 그건 걔가 겪어야 할 저기기 때문에 제가 뭐라고 할 말은 없는데, 그렇게 그런 친구가 있는지도 몰랐다가 준영이 친구를 통해서 얘기를…. 제가 친구들을 다 좋게 생각해요. 나는 그렇게 하고 간 준영이한테 너무 고맙고… 우리 준영이가 내 아들이지만 그거는 되게 고맙게 생각하고 있어요. 준영이가 그걸 가르쳐준 거 같아요, 남을 욕하지 말고 내 현실에만 하라는 거. 그래서 아까 말했던 그 활동 안 하시는 분, 나한테 상처를 주시는 분… 우리 준영이 같았으면 목표가 있다면 거기에 흔들리지 않고, 그분들 욕 안 하고 갔을 거라는 생각을 해요. 우리 준영이를 보면서, 제가 친구들을 통해서 이렇게 보거든요. 느끼고 그래서 저도 그렇게 살아야겠다, 그런 생각을 했어요. 우리 준영이한테 그런 걸 많이 배웠어요.

16
마무리 인사

면담자   핵심적인 말씀을 많이 해주셔서 1차 인터뷰는 이쯤에서 마치려고 합니다. 다음 인터뷰에서는 팽목 얘기를 해야 될 것 같아요. 그 팽목 얘기는 굉장히 중요한 내용이라 저희가 조심스러워요.

준영 엄마   저는 부탁드리고 싶은 말이 어… 제가 이걸 하는 거는 하소연을 하자는 게 아니잖아요. 이건 기록이잖아요. 그러기 때문에 못 할 말도 없고, 안 할 말도 없고, 숨길 말도 없고…. 저는 제일 중요한 게 팽목항이거든요. 그들이 우리한테 보여줬던 거, 아이가 침몰하고 죽어가는 모습을 본 엄마들이 못 할 말은 없거든요. 그러기 때문에 핵심을 찔러서 해주실 질문 다 해주시면 저로서는 더 고맙구요. 제가 이게 아파서 못 하겠다는 말은 없어요, 사실은. 자식을 잃은 엄마가 더 아픈 게 어딨겠어요. 이거는 알려야 되는 거고, 기록을 해야 되는 거잖아요. 그렇기 때문에 저는 그런 건 없고, 지금도 많은 말을 했지만 핵심은 인양이거든요.

면담자   예.

준영 엄마   그쪽으로 많이 좀 해주시고요. 그리고 다음에도 더 말이 있겠지만, 팽목항에서 정말 제가 본 대로 할 말이 되게 많거든요. 그래서 못 할 말은 없어요. 준비하실 때 이거는 아파서 못 물어보겠다, 이런 거 저는 없거든요? 다 물어봐 주시면 저로서는 더 고맙죠. 이게 취지가 그거잖아요. 기록을 남겨야 되는 거고, 아픈 걸 그대로 하나라도 빠짐없이 남겨야 하기 때문에…. 뭐 준영이의 마지막 모습도, 그들이 보여준 모든 걸 전 다 말하고 싶거든요.

면담자   물론 당시 영상이 있긴 하지만 저희는 당시에 부모님이 경험했던 것이 자세하게 기록으로 남겨지면 좋을 거 같거든요. 또 어머님들과 인터뷰할 때 당시 옆에 있었던 분들이나 풍경,

이런 부분에 대해서도 자세하게 여쭤보겠습니다. 고생 많으셨습니다.

준영 엄마   네, 수고하셨습니다.

2회차

2016년 1월 22일

1
시작 인사말

면담자　　　본 구술증언은 4·16 사건에 대한 참여자들의 경험과 기억을 기록으로 남김으로써 이후 진상 규명 및 역사 기술에 기여하고자 합니다. 지금부터 임영애 씨의 증언을 시작하겠습니다. 오늘은 2016년 1월 22일이며, 장소는 안산시 정부합동분향소 내 불교방입니다. 면담자는 장미현이며, 촬영자는 김세림입니다.

2
4·16 참사 당일 아침의 일들

면담자　　　지난주에 어머니의 유년 시절 기억부터 가족 관계, 결혼 후 준영이가 중학교, 고등학교 다닐 때 이야기들을 해주셨습니다. 오늘은 수학여행 이야기를 이어서 진행하도록 하겠습니다. 15일 날 밤에 준영이와 전화 통화를 한 번 하셨잖아요? 그다음에 주무실 때 어떤 특별한 느낌이나 이런 것들은 없으셨는지요?

준영 엄마　　　특별한 예지몽이나 그런 것은 하나도 없었구요. 4월 15일 날 저녁에 준영이한테 전화가 왔었기 때문에, 6시쯤 [전화가] 와서 "못 간다" 그랬고, 또 "8시쯤 출발할 수 있다"고 그래서…. 근데 뭐 "안개가 껴서 못 간다"고 했다가 다시 또 "출항한다"는 것을 이상하게 생각을 안 했어요. 그 당시에 이상하게 생각했다면 제가 학교로 전화를 해봤었겠죠, 아니면 제가 거길 갔거나. 그걸 못 한 게 지금 제일 큰 죄책감으로 남아 있는 거거든요, 그렇게 안 했던 게. 제가 조금만 현명했다면, 조금만 더 깊이 생각했다면… 이런 아쉬움. 아쉬움이라기 보단 큰 죄책감으로 남아 있는 건데. 그때는 ○○이가 오빠는 중3 때 일본을 갔었고, 아무리 학교[수업] 연장으로 가는 수학여행이지만 자기는 비행기도 못 타봤고, 이렇게 배도 못 타봤는데 오빠만 두 번씩 간다고 어린 마음에 샘을 내는 거예요. 그래서 아이를 데리고 '서가 앤 쿡'이라는 레스토랑 가가지고, 스테이크를 좋아하니까 마음 달래는 그거로 이제 사주고 심야 영화를 보러 가려고 그랬는데 제가 운전을 못해서 밤에 데리고 오기가 좀 그렇겠더라구요. 그래서 집에 가서 그 '쿡[올레쿡 TV]'에 들어가면 영화를 볼 수 있으니까 "그거를 보자" 해서 이제 간식거리를 사갖고 와서 이렇게 그렇게 했지, 수학여행에 대한 그런 건, 불안한 건 정말 없었어요. 그리고 집에 와서도 애 달랠 생각만 했지요. 근데 한 10시쯤에 괜히 그냥 이렇게 천장 보면서 '우리 애기들 불꽃놀이 하겠구나'라고 생각을 했고, 제일 걱정된 게 우리 애가 열 경기가 있어요, 준영이가. 거기 좀 생소한 데고, 배를 타고 일본을 중3 때 갔다라고 해도 그때는 한 15명이 가는 그 컵스카우트 집단에서 간 거기 때문에… 얘가 적응을 할까, 환경이 좀 바뀌면 경기를 할 텐데… 3월 달에 경기를 했었거든요, 우리 준영이가. 그거를 걱정했었어요. 그래서 문자를 보내볼까 하다가 이것도 방해될 것 같애, 그래서 '내일 아침 일찍 문자를 해봐야겠다' 이렇게 생각을

130
·
준영 엄마 임영애

했어요. 그리고 다른 약을, 상비약을 보냈으니까 '괜찮겠지'라는 생각만 했지 다른 거는 없었고, 저는 꿈도 잘 꾸는 편이 아니에요. 준영이 보내놓고도 [여태] 준영이 꿈을 한 번밖에 못 꾼 상태거든요. 그래서 저는 그렇게 그거에 대한 거는 없었어요.

면담자   16일 아침에는 ○○이도 정상적으로 학교 가고, 어머님도 그냥 출근하셨던 거죠?

준영 엄마   예, 출근하고.

면담자   그러면 처음 소식을 접하셨던 건 언제예요?

준영 엄마   저는 이제 옷가게니까 준비, 정리를 좀 해야 돼요. 바닥에 먼지가, 옷이라 먼지가 너무 많아서. 그런 걸 정리하고 있는데 갑자기 같은 동료가 와가지고 평상시하고 틀리게[다르게], "언니, 오늘 커피 마셨어? 모닝커피 하자" 이러는 게 아니고 자꾸 인터넷을 보라는 거예요, 예. 그래서 저는….

면담자   아… 직접 말은 안 하고요?

준영 엄마   안 하고. 그러면서 제가 무슨 아침부터 인터넷을? 되게 바쁜 건 아니었지만 아침에 인터넷을 본다는 게 되게 쌩뚱맞았던 거예요. 그래서 저희가 뭐 연예인 이야기하던 것처럼 "왜 누구 이혼했대? 결혼했대?" 막 이렇게 물어보니까 걔가 계속 말을 안 하는 거예요. 그러더니 내가 인터넷 쪽, 컴퓨터 쪽으로 안 가니까 자기 그걸 딱 보여주는 거예요, 핸드폰을. 그래 보니까 그 넘어가고 있는데, 단원고 그런 건 안 보이고 진도항이라고, 이렇게 팽목항이라고 돼 있어서 저는 팽목항이 어딘지도 모르고 "내 아들은 제주도를 간 거기 때문에 이거 아니야" 그렇게 말하면서도 딱 그때부터 없었던 직감이 오는 거예요. 그래서 인터넷 쪽으로 달려갔죠.

그런데 반쯤 기울어진 사진, 기울어진 저기에 "단원고 전원 구조"라는 게 딱 눈에 띄었어요. 근데 그 당시에 무슨 생각을 했냐면 전원 구조가 눈에 들어온 게 아니라 단원고만 눈에 들어와서 '나 빨리 단원고로 가야겠다'. 근데 제가 단원고로 어떻게 갔는지 기억은 없는데 나중에 사람들의 말을 들어보면 가다 몇 번을 넘어지더래요. 거기가 6층인데 엘리베이터를 타고 갔는지, 계단을 내려갔는지 기억은 없는데 어쨌든 거기 가서 택시를 그렇게 말해준 동료보다 더 친한 동료가 있었거든요. 그러니까 언니[제]가 막 넘어지면서 가니까 걔가 따라왔어요. 걔가 따라와 가지고 학교를 가는데 막 그 학교 쪽으로 막 뛰더래요. 차 저기도, 차도 막 무시하고, 신호도 무시하고, 그래서 거기 있는 지점장까지도 놀랜 거예요. 그냥 막 후다닥. 지점장은 출근하는 거고 [그때] 저하고 마주쳤는데, 저는 지점장하고 마주친 것도 몰랐어요. 그리고 뛰고 있는데 걔가 어떻게 끄잡아 이렇게 잡았는지 기억이 안 나는데, 택시를 타고 거기를 갔어요. 걔가 태워서 택시를 타고 같이 갔는데, "단원고 가다 보면 이렇게 [진입로에서] 돌잖아요.

면담자   예.

준영 엄마   한 1년 내내 여기 무릎이 아팠던 이유가 그때 돌에다 부딪히면서, 거기 소나무에 쑤셔 박히면서 간 거예요. 걔 말로는 "준영아, 준영아, 준영아"만 외치면서 갔다는 거예요. 지금은 어렴풋이 기억이 나는데 그때는 정말 정신이 없는 거예요. 그때 뭐를 느꼈냐면 '죽었다'고 느꼈기 때문에, 제가…….

면담자   배가 이미 그때 좀 기울어져 있어서….

준영 엄마   예, 45도. 그때가 8시경이니까.

면담자   8시요?

준영 엄마   예. 그때가, 제가 알은[안] 게 8시 10분 정도였을 거예요, 정확히는 아니어도. 제가 워낙 9시에 출근인데, 그날은 행사가 [있는] 수요일 날이었어요. 행사가 있어서 8시까지 거길 갔어야 되는 거거든요. 제가 40분에 거기를 도착했기 때문에, 저기 직장을. 그리고 아마 그렇게 안 게 8시 10분 그 정도 됐을 거예요, 제가 그렇게 했을 때가.

면담자   스마트폰으로 보신 거죠? 기사를 봤었을 때 배가 이미 45도 기울어져 있었고.

준영 엄마   그 기사를 봤을 때는 단원고가 수학여행을 가는데 그림에 나타난 건, 인터넷에서… 근데 스마트폰에서는 제가 그거를 정확히 본 것 같지는 않아요. 그냥 "단원고 학생들이 수학여행 가는데 배가 침몰하고 있다" 이것만 눈에 들어왔어요.

면담자   그 기사는 인터넷을 통해서 보신 거죠?

준영 엄마   아니, 그 "단원고 전원 구조" 그거는 스마트폰을 통해서 보고 이렇게 기울어가는 거는 제가 거기서 본 거라고, 그 인터넷으로. 그때 단원고만 눈에 들어왔고, 그렇게 제가 넘어지면서 떨 때는 '죽었다'라고 생각을 했다고….

면담자   집에 들르지 않고 바로 직장에서 학교로 가셨던 거죠?

준영 엄마   아, 그럼요. 학교로 갔죠.

3
단원고 도착 이후의 상황

면담자   학교 도착하셨을 때 시간이 기억이 나세요?

준영 엄마   그때는…… 그때가 한 8시….

면담자   9시 전에 도착을 하셨어요?

준영 엄마   예, 9시 전에 도착을 했어요. 얘네 아빠는 회사에서 와가지고… 집에 있었어요. 야근 끝나고 온 거였거든요. 야간에 끝나고 와서 자느라 전화를 계속 못 받는 거예요. 그래서 준영이한테 하고, 얘네 아빠한테 하고, 계속 번갈아가면서 [전화를] 했어요. 너무 하다가 손도 자꾸 떨리고 힘들어 가지고… 제가 준영이한테만 하고 같은 따라간[같이 따라온] 친구한테 얘네 아빠 번호를 줬어요. "전화 좀 해줘라" 그러고 계속 문자 보내고. 그러는데 얘네 아빠는 계속 [전화를] 안 하는 거예요. 근데 얘네 아빠하고 저하고 그게 조금…… 제가 좀 서운했던 게 그거예요. 전화를 계속 했는데 안 받고 그래서… 자느라고. 야간 갔다 와서 완전히 막 귀 막고 안대하고 자거든요. 그래야지 예, 다시 가서 하니까. 그거를 이해를 하는데, 그때는 그런 [게] 이해가 되지를 않지요. 제가 '내 새끼가 죽는다'고 생각했었다 그랬잖아요. 그래 가지고 제가 택시를 타고 갔어요. 집에를 가서 얘네 아빠를 깨워가지고… 얘네 아빠 보고, 그때 너무 화가 났어요, 제가.

면담자   주무시고 계셨었는데.

준영 엄마   예. 그래서 깨워놓고 "오든 말든 알아서 하라"고 소리를 치고 저 혼자 또 내려와서 택시 타고 다시 단원고로 가고…. 얘네 아빠도 정신 챙겨서 왔는지 그 뒤에 왔어요. 바로 오긴 했어요. 바로 단원고 왔는데, 이제 얘네 아빠는 더 황당한 거죠. 자기도 그 죄책감이 지금도 있어서 얘기를 하긴 하는데, 그때 저는 '세상이 이제 끝났다' 생각을 했기 때문에 어, 제정신이 아니었어요, 그랬었죠. 근데 죽었다고 생각한 건 뭐였냐면 "침몰한다"고 딱 봤다 그랬잖아요. 딱 처음 보는 순간 전 그걸 느낀 거예요. 45도 돌아서 이렇게 기울었을 때는 저는 그때는 못 느꼈는데 "단원고 침몰한다" 이러는데 우리 준영이 얼굴이 확 떠오르더라구요. 그러면서 '우리 애기가 죽었을지도 모른다'는 생각이 들더라구요. 그때부터는 이성을 잃었지요. 그때 만약에 "전원 구조"라는 것을 내가 조금이라도 믿었고 '내 새끼가 살았다'라고 믿었으면 아마 정신을 그나마 차렸을 텐데 그때는, 아… 그때는 진짜.

근데 그래도 좀 희망을 가졌던 게 뭐냐면 행정실에 갔더니 그 행정 선생님이 막 전화를 이렇게 받고 있는데 생존자하고 통화가 됐다는 거예요. 누군지는 정확히 지금 몰라요. 그래서 강당으로 막 뛰어올라 갔어요. 강당에 사람들이 많이 모여 있었고, 그때는 위원장이라는 것도 없었지만….

면담자   그렇죠.

준영 엄마   그… 아, 1기 [가족대책위] 위원장이 누구죠? 김병권?

면담자   예예.

준영 엄마   그분이 워낙 이렇게 앞에 나가서 얘기를 하고 이러니까, 그때는 위원장이 아니셨지만, 그분도 이렇게 막… 그게 기억이 나요. 그분이 그 상황에 대해서 얘기를 하고 그러더라구요. 그런데 행정 선생님이 오서갖고 "전원 구조입니다" 이러는 거예요.

면담자   행정 선생님이요?

준영 엄마   행정 선생님이.

면담자   그때 그 강당 단상에 (준영 엄마 : 단상에 올라가서) 행정 선생님이 올라가서 얘길 하셨고, 그럼 그 단상 위에 교장선생님이나 다른 분도 계셨나요?

준영 엄마   아니요, 교장선생님은….

면담자   아직 안 오셨었어요?

준영 엄마   교장선생님은 없었구요. 제 기억으로는 행정 선생님 과 누군지 모르는데… 저번에 10반 생존자 선생님하고 인터뷰할 때 오셨던 좀 통통하신 선생님, 여자 선생님이 있었어요. 그 선생 님은 행정 선생님인지 모르겠는데 그분하고 남자분이 행정 선생님 이에요. 남자분이 올라가서 "전원 구조됐습니다" 했는데, 갑자기 김병권 그분이 "개소리 말라"고 "우리 애들 다 죽었다고. 누가 전원 구조했냐고, 어떤 놈이 했냐"고 그러면서 의자를 막 집어 던지고 그래서 저희가 아버님을 말렸어요. "우리 애들 살았다는데 왜 그러 냐"고. "아버님, 그러지 마시라"고. 막 그러고 [있을 때] 기자들이 쫙 깔렸었거든요. 또 다른 분들은 그 기자를 막 말리고… 찍지 말라 고, 구경났냐고… 예, 구경났냐고.

면담자   학교 도착하셨을 때 기자들이 이미 와 있었나요?

준영 엄마   와 있었어요. 저는 그때 이렇게 막, 아니 운다기보다 는 완전 반은 죽어 있는 상태였는데 자꾸 찍으니까 따라간[온] 제 후배가 "찍지 말라"고, 찍은 거 가서 막 뺏고 이러더라구요. "응? 지 금 그럴 상황이냐!"고 그러면서. 그런 상황이었어요. 그때 생각나 는 게 그분밖에 생각 안 나요. 부모님들이 되게 많았는데…. 제가 그분을 그때 '미워했다'라는 생각… 살았다는데 왜… 저도 '죽었다'고 생각을 했지만…. 그래도 행정 선생님이 "전원 구조"라고 했고 생존자하고 통화했다고 했고, 그리고 교감선생님하고도 통화를 했다고 했어요. 그리고 인근 섬에 있다는 그런 말까지 했었어요. 저는 준영이가 2학년 5반인 거를 알았었거든요. 번호 26번까지[26번이라는 것도] 알았는데, 이 후배가 몇 반이냐고 하는데 제가 "2학년 8반"이라고 했었나 봐요. 그러니까 2학년 8반 선생님 전화번호를 갖고 와서, 그 선생님을 잊어버리지도 않아요, 김웅현 선생님이시거든요. 그 와중에도 이분하고 통화를 하면 제가 살 거 같은 생각이… 해서 "애들이 살았다" 하면 살 거 같아서 그분한테 계속 전화를 했던 거죠. 근데 그분도 그때는 전화를 못 받으셨던 거고.

면담자　　　행정 선생님 얘기를 듣고는 '아, 애들이 구조가 됐나 보다'라고 생각을 하셨어요?

준영 엄마　　　거기서는 했어요. 제가 가기 전에, 단원고 가기 전까지는 "침몰했다"라는 말에…. '아, 잘못됐구나' 하다가 학교 가서 그렇게 했었고. 그리고 인터넷 봤을 때는 "단원고 전원 구조"라는 게 눈에 안 들어왔는데, 거기 가서 또 선생님들이 그렇게 얘기를 하고. 그리고 핸드폰에도 총 [문자가] 다섯 번이 왔어요. "애들이 전원 구조됐다", "인근 섬에 있다" 이렇게 오니까 '아, 그랬구나, 그랬구나' 하면서 제가 안도를 했어요. 그때 ○○이 전화가 왔어요. ○○이가 중3 때[라], 학교를 간 상태니까 울면서 전화를 했어요. 그래서 제가 "울지 말"이라고. "전원 구조라고 했다"고 그랬더니, "그럼 그거 텔레비전에 나오는 거, MBC에 나오는 거 맞는 거야?" 그래요. 선생님이 그거를 보여줬나 봐요. 그래서 "어, 맞다"고. "엄마도 처음에는 저기 했는데 전원 구조 맞다"고. "여기 행정 선생님도 그렇게 말씀을 하셨다"고 그러면서. 제가 끊고 나서 어유, 왜 살았다는데 김병권, 그때는 김병권인지 이름 모르고 뭐라 그랬냐면, "그 아빠, 빛나라 아빠 왜 저러냐"고 그렇게 얘기를 했어요, 엄마들하고 같이. 그러니까 그때는 이제 호명도 안 된 상태라 누구 엄만지도 모르는데 의견의 일치가 돼가지고, 전원 구조라는 의견이 일치가 됐기 때문에 그냥 뭐, 되게 오래전에 만난 사람들처럼 엄마들하고 얘길 했죠. 누구 엄만지 기억은 못 하지만 당시에는 "아유, 저 아빠 왜 저러냐"고. 빛나라 아빠라고 해서 "빛나라 아빠 왜 저러냐"고 막 이러고 그랬었어요. 그 기억이 되게 강해요. 왜냐면 전원 구조를 너무 믿었기 때문에. 아니라고 하는 사람이 그때는 욕을 먹을 때였거든요, 그 당시 그 짧은 시간에도.

그랬는데 그 학생들이 와가지고, 그러니까 3학년 선배, 1학년 후배가 와가지고, 이렇게 컵에다가 물을 다 (목소리 떨림) "진정하시라"고, "고정하시라"고 막 이렇게 하면서 물을 갖다줬어요. 그랬는데 그 애들이 교복을 입고 이렇게 왔다 갔다 하니까 울컥울컥하는 거예요. 내 새끼가 지금 되게… 죽었단 생각은 안 하고, 그 당시엔 죽었단 생각은 안 하고 '물속에서 또 얼마나 힘들까', 우리 준영이는 되게 깔끔한 애라 지금 물 묻어가지고… 막.

면담자　　　옷이 더러워져서 얼마나 싫을까?

준영 엄마　　예. 막 "싫다" 그러면서 수건으로 이렇게 닦을, 그럴 모습이 막 보이는 거예요. 그러니까 "여기에서 이럴 게 아니라 우리가 가야겠다"고, "진도를 가야겠다"고 엄마들이. 그래서 그 집에서 가까운 엄마들은 옷 같은 걸 다 갖고 왔어요. 저희는 그렇게 먼 거리는 아니었는데 당시에는 제가 집에 가면 그 내려가는 대절 차[버스]를 못 탈 거 같다는 생각이 들어서 준영이 아빠보고 "청심환만 어디서 사 오라"고 그랬던 것 같아요. 그 후배가 얘기를 듣고 가서 우리 애기 거, 거기서 기흉환이 있어요, 약국에 가면. 우리 준영이는 기흉환을 먹이거든요, 애기 때부터 열 경기가 있어 가지고 놀라면…. 그 와중에도 제가 그거를 사오라고 그랬던 것 같아요. 그래서 청심환하고 기흉환을 두 개… 이렇게 들고 갔던 것 같아요.

면담자　　　그 "차를 타고 가자"는 얘기는 강당에 모여 있던 부모님들 사이에서 나왔던 건가요?

준영 엄마　　예예. 근데 그 말을 누가 시작을 했는지 모르지만 저도 그 생각을 했거든요. 그 아이들을[선후배 학생들을] 보면서 "어, 우리 아이가 어떻게 됐는지 지금 빨리 내려가 봐야겠다. 얼른 가야겠다" [한 거죠]. 근데 사실 진도하고 팽목항하고 연결을 못 시킨 게 "팽목항이 어디야?" 다른 엄마들도 다 그랬었어요. 근데 "시청에서 차를 대준대요", "12시에 차가 온대요. 그러니까 빨리 내려가요" 막 이런 말이 들려왔고, 그때 시계를 보고 그럴 겨를, 생각을 못 할 정도였었거든요. 그냥 무조건 내려가야지 차를 타야 될 것 같았어요. 그리고 사람은, 엄마들이 엄청 많은데 제가 볼 때 차가 다섯 댄가 밖에 안 와서 저걸 못 타면 안 될 것 같아서, 정말 미친 사람들처럼 차를 타느냐고 막 다치고, 여기 잡아당기고 이러면서 차를 탔어요. (면담자 : 서로 막 타려고…) 타려고…. 순서를 지키는 게 없었어요. "뒤에 차와요. 뒤에 있어요, 있어요" 막 이러는데도. 기사 아저씨가 그랬는지, 뒤에 누가 그랬는지 "뒤에 차 있다구요" 이러는데도 막… 난 키가 조그마[하]니까…. 아저씨 다리를 이렇게 해서 저는 타고, 준영이 아빠가 못 탔잖아요. 그래 가지고 제가 막 소리 질렀어요, "빨리 타라"고, 타라고…. 근데 그렇게 안 해도 다 타고 갈 정도였는데 못 갈까 봐, 새끼 못 볼까 봐 그렇게 막 저기 한 거예요. 그리고 다른 아버님들은 차를 끌고 그냥 막 내달려 가시고. 근데 저는 사고 날 것 같더라구요, 안 될 것 같더라구요.

면담자   그렇죠, 그 상황에서 운전하는 건 너무 위험하죠.

준영 엄마   예. 안 될 것 같아서 그럼 '그냥 저 차를 타고 가자', 집에 가고 이럴 겨를이 없었던 거 같아요.

4
진도로 내려가는 버스에서의 기억들

면담자   그럼 그때 그 강당에서 계셨던 시간이 세 시간 가까

이 되는 거잖아요?

준영 엄마　　그 정도는 된 거 같애, 예.

면담자　　그때 이제 학교 안에서는, 제가 듣기로는 교장선생님이 와서 전원 구조에 대해서 다시 한번 발표를 하셨다고….

준영 엄마　　그때 저는 내려왔을 때인 것 같아요.

면담자　　아, 차 타러 나오셨을 때군요.

준영 엄마　　예. 처음에 행정 선생님이 그랬었고, 교장선생님이 나중에 했다는 소리는 제가 본 게 아니라 들은 거예요. 저는 그때 이미 내려왔었어요. 제가 첫 번째 온 차를 탔을 정도니까. 근데 5번 차, 끝에 있는 차를 타신 분들은 그걸 듣고 오셨겠죠. 근데 저희가 내려올 때 정확한 시간은 모르겠는데 "박지영 승무원이 시체로 왔다", 그렇게 된 상태였어요. 그때부터 "전원 구조"라고 했는데 한 명이 그렇게 됐다면… 무슨 생각을 했냐면 그게 학생이라면 제가 딴 생각을 했… '어, 이거 전원 구조 아니야. 아니었어' 이렇게 생각을 했을 텐데 승무원이라니까. '그래, 승무원이면 직업상 그럴 수도 있었겠다' 그 생각, 그 와상에도[와중에도] 그 생각을 해서 '우리 애는 살았어. 전원 구조야' 그렇게 생각을 하고 저는 그냥 차를 탔어요. 일단 탔는데 그 사람들이 다 탄 게 아니니까 계속 기다리는 거죠. 근데 학교서는 그런 상황이 벌어졌던 거 같더라구요. 그러고서 타고 가는 중에 차웅이가 그렇게 된 거예요. 거기가 어딘지 모르지만 가는 중이었어요, 가는 중에. 그래서 차웅이 엄마가 차에서 내려서, 3호찬가 그렇게 탔을 거예요, "다시 돌아갔다"라는 얘기를 들은 거예요, 차 안에서요. 진도 가는 상태에서. 거기서는 완전히 이제 막, 막 어떻게 해야 될지를 모르는 거예요. 학생이, 차웅이가 그렇게 됐다니까. 그리고 더 화가 났던 게 뭐냐면 이 구명조끼가 없었다는 거.

면담자   차웅이가 왔는데? 차웅이를 발견했는데요?

준영 엄마   예. 그러면 '그 안에 있는 애들은 입었을까?'가 제일 엄마는 (목소리 떨림) 걱정이 되죠. 그때부터는 무슨 정신이었는지를 모르겠어요. 그때부터는 이제 막 생사를 넘나드는 거죠. '죽었을 거 같다', '죽었다!'라고 생각했다가 '아니다, 살았다' 했다가 또… 자식을 갖고 그렇게 하는 게 막 미치는 거죠. 그게 지금도 분하고 억울하고, 그러는 거죠.

면담자   그 차가 다섯 대였는데.

준영 엄마   예, 다섯 대.

면담자   차가 같이 갔다고 들었어요.

준영 엄마   어, 왜냐면 처음에 출발은 이렇게 다 따로따로 했어요. 했는데 지금 기억나는 게 저쪽인 거 같아요. 여기가 어디지? 저기 아세요? 거기가 저 연극 보고 영화하는….

면담자   와스타디움이요?

준영 엄마	아, 와스타디움 앞에 있는 건물.
면담자	안산 예술의 전당이요?
준영 엄마	예, 거기에서 서서 다섯 대가 딱 모이기를 기다렸어

요. 우리는 그런 거를, 기사님들이 통화를 한 거를 모르고 "왜 안
가시냐고, 왜 안 가시냐"고 제가 소리를 질렀어요. 그랬더니 준영
이 아빠하고 뒤에 누구 아빤지 기억이 안 나는데 그 아빠가 "기다
렸다 같이 가는 거래요. 좀 기다려보세요, 어머니". 이러더라구요.
준영이 아빠도 "아, 기다렸다 같이 가는 거라는데". 근데 그게 조금
사이였거든요, 사실은. 근데 그때 너…무 길은 거예요, 그게. 그
래 갖고 저는 아저씨가 서가지고 담배를 피서가지고 아저씨 담배
필라고 섰는지 알고 막 소리를 질렀었어요. 근데 다른 기사분들하
고 다 이렇게 연락이 돼가지고 "같이 모아서 가자" [했던 거죠]. 그때
는 제가 기억을 못 한 게 '출발하는, 타는 대로 가지, 뭘 기다려서
모아서 가. 지금 나는 급해 죽겠는데…', 그분이 담배 피려고 서신
게 아닌 건 아는데 당시에는 제가 그렇게 생각을 했던 거예요. 그
래 갖고 제가 차에서 엄청 막 뭐라고 했었어요. "가라"고, "빨리 가
라!"고.

그분도 이제 그 상황을 아니까 뭐라곤 말씀 안 하셨지만 그때
는 막, 그때부터…. 제가 이 말을 왜 하냐면 그때부터 누구를 믿지
도 못하고 나 외에는 다 적으로 보이는 거예요. 준영이 아빠조차도
그랬어요. 제가 팽목항 거기에서 배 들어오는 거기 앉아서 준영 아

빠를 밀면서 "빨리 들어가라"고, "빨리 배 타가지고…" 그 물에 빠지라는 게 아니라 "바지선이라도 타서 내 새끼 어떻게 됐나 보고 오라"고, 나는 "내 새끼 여기서 기다리고 있을 테니까 바지선에 들어가라"고, 막 얘네 아빠를 밀치고, 제가 막 난리가 아니었었거든요. 그때는 막 옆에 앉은 누구도 다, 예, 누구도 다. 〈비공개〉 그리고 친척들하고 전화하면서, 이제 위로 전화, 아니 위로가 아니라 막 전화가 오겠지요. 확인 전화도 오고 막 오니까, 저는 그냥 차단을 시켜버렸어요. 차단이 아니라, 꺼버렸어요, 그냥. 왜냐면 그때 밧데리[배터리]도 많지 않았었고, 준영이랑 통화를 해야 되기 때문에 그냥 꺼버린 상태. 얘네 아빠한테도 이렇게 전화가 막 오고. [여기저기서] 흐느끼고 울고 그런 상황에 아라 엄마 막 싸우고 그러고 있는데, 텔레비전에서도 보도가….

면담자   차 안에 TV가 켜져 있었어요?

준영 엄마   예, 저희 차는 켜져 있었어요. 켜져서 가는데 우리 단원고 얘기가 나오니까 막 아픈 얘기죠. 진짜 내 얘기가 거기서 막 나오니까 어떤 분은 "꺼라, 보기 싫다. 내가 가서 확인할 거다, 저거 꺼라" 하고, "아, 왜 그러냐? 상황을 봐야 되는데" 하는 사람이 있고. 근데 그 당시에도 어떤 분들은 "언론이 다 거짓말을 하고 있다"라는 걸 알아낸 분이 있었나 봐요. 사실은 저는 그때 못 했거든요. '왜 언론이 거짓말을 해?'라고 생각을 했지, 그런 생각을 못 했는데 "다 거짓말이야! 지금 다 거짓말이야, 저걸 왜 보고 있어!" 막 이러시는 분이 당시에도 있었던 기억이 있어요. 지금 생각해 보면 '어떻게 저걸 다 아셨을까'라고 생각했는데, 그때는 그 얘기도 저 얘기도 그냥 막 그냥 다 가슴에 와닿지 않았고…. 저는 그냥 준영이만 생각을 했던 거 같아요, 가면서. '제발 좀 살아다오'. 그 전원 구조라고 하는데, 차웅이는 그렇게 됐다고 하는데, '너는 아니기를 내가 바란다'는 그런 기도하는 마음으로 갔었어요.

면담자   낮 12시에 출발했으니 거의 밤에 도착했을 텐데, 그 사이 가는 동안에 기사가 계속 나왔잖아요. 어머니는 그거를 보시면서도 아직 확인이 안 돼 있으니까 '내가 가서 봐야 되겠다'고 생각하셨어요?

준영 엄마   '봐야 되겠다' [했죠]. 그리고 같이 갔던 그 후배가 단원고에 남아 있었어요. 그 아이가 "언니, 언니, 2학년 8반이 아니라 준영이 2학년 5반이야?" 그래서 내가 "맞아. 우리 준영이 2학년 5반 26번이야" [했어요]. 그제야 이제 생각이 돌아오더라구요. 그래서 그럼 거기에서 우리… 계속 생존자 명단이 학교로 올라가니까 "우리 준영이 있냐?" 그랬더니 "준영이 없다"고 그래서.

면담자   몇 시쯤 확인하셨어요, 그거는?

준영 엄마   그거는 그 차 안에서 계속 가는 중이었기 때문에 그 후배한테 제가 그랬죠. "오준영, 오준영이야. 준형이도 아니고 오준영!" 걔가 모르진 않아요. 걘 어려서부터 애를 봤는데, 제가 생존자 명단에 없다니까 "준영이"라고, "준거 준에 헤엄칠 영"이라고 막 이렇게, 형으로 잘못 볼까 봐, 오씨라고 그러고 막 이랬어요. 근데 그럴 저기가 아니었어요, 왜냐하면 얘는 오준영이를 너무 잘 아는 애고, 생일 선물도 해주고 같이 밥도 먹었던 앤데. 당시에는 생존자 명단에 없다니까 '얘가 혹시 잘못 봤나'라는 생각을 그렇게 하면서 저는 차를 타고 갔고 걔 전화만 받았어요, 예. 밧데리도 없고 그래서 걔 전화받고 나면은 제가 이제 꺼냈다가 또 다시 확인해서 걔한테 문자가 와 있으면, 그 생존자 명단 [확인]만 했어요, 예. 그렇게 해서 간 거예요. 그리고 어둑어둑했을 때 그 체육관에를 갔어요, 진도체육관에.

5
진도체육관에 도착한 후 상황

면담자   오후 한 6시쯤이었다고 얘기를 하시던데요.

준영 엄마   6시, 예, 그 정도. 저는 5시 반으로 기억을 하는 게, 거기 도착해 가지고 생존자 명단부터 떼 갔을 거 아니에요. 이렇게 이렇게 들어가니까 칠판, 하얀 보드판에[이] 두 개가 이렇게 있어요. 그러니까 (목소리 떨림) 신원이 막 이렇게 써 있고 했는데 우리 아이 그게 없더라구요. 그래 가지고 위에부터 다시 다 보는 데 없는 거예요. 그래서 제가 못 볼까 봐 옆에 있는, 처음 보는 사람이었는데 "오준영 좀 봐주세요. 오준영 좀 봐주세요" 막 이랬어요. 근데 없었고… 근데 누가 뒤에서 그러더라구요, "생존자 애들이 저 안에 있다"고, "체육관 안에 있다"고. 그래 가지고 막, 막 뛰어갔더니, 지금도 안 잊어버리는 게 B라는 남자애가, 생존자 애가 있는데 우리 준영이를 안 대요. 준영이를 알았는데 걔가 되게 힘들어하는 것처럼, 그러니까 슬퍼서 힘든 게 아니라 거기서 살아 나오면서 몸이 완전히… 몸이.

면담자   지쳐서요?

준영 엄마   예. 지쳐 있는 거 같아서 더 이상 못 물어보고 담요를 싸고 있길래 자식 같은 마음에 담요를 이렇게 이렇게 앞으로 이렇게 해준 다음에 "얼른 가라"고 했더니 저쪽으로 가서 쉬는 거 같더라구요. 여자애가 이렇게 가는데 뒤에다가 제가 "준영이는 그럼 나왔니?" 이거는 물어봤어요. 그랬더니 그 아이가 "준영이 방에 들어가는 거 봤어요" 이러더라구요. 그래 가지고… 그때, 방에 들어간다는 그 의미가 뭔지 몰랐어요, 사실. 왜냐면 나중에 "가만히 있어라, 가만히 있어라" 그거를 들었지, 당시에 가만히, 이렇게 구명조끼 입고 복도에서 살려주길 기다리는 그런 상황은 제가 생각을 못 했어요. '재도 살아 나왔는데 내 새끼 살아 나왔겠지. 방으로 들어갔다 어떻게 했겠지'. 그 '방으로 들어갔어요'가 (목소리 떨림) 엄청 무서운 말인지를 그때 몰랐어요. 모르고 (울먹이며) '살았을 거야. 방으로 들어가서, 쟤는 어떻게 살려고 했을 거야'라고 생각을 했지, 그 '가만히 있으라'를 저는 모르는 상태였기 때문에 그게 또

준영 엄마 임영애

위안이 됐었어요. 그 말이 저한테, 우리 준영이한테 얼마나 무서운 말이었는지를 그 당시에는 모르고…. 그런 아이들한테는 애들이 너무 힘들어하니까 못 물어보고 '선생님한테 물어봐야겠다'라고 생각을 해서 갔는데 선생님들은 없었어요.

면담자   체육관 안에 선생님들 아무도 안 계셨어요?

준영 엄마   다른 분들이 있었다고는 하는데 아무도 본 사람이 없고, 제가 거길 막 누비고 돌아다녔거든요? 그때도 김병권 그분이 막 앞에 가가지고 저기 하고 그 사람들하고 얘기하고, 그때 누가 누군진 모르겠는데 막 그러고. 그때 교감선생님도 계셨다는 분도 있어요. 교감선생님은 그 당시에 안 계셨었는데, 왜냐면 그분이 조사를 받으러 갔거든요, 제가 알기로도. 교감선생님도 있었다 하는데 그거는 정확히 모르겠어요. 상황은 저는 선생님만 찾으려고 했었고, 담요 쓴 애들 몇 명뿐이 없었고, 그 아이한테 가서 물어볼 수가 없었고, 남자애보다 여자애들이 더 많았기 때문에.

면담자   준영이를 잘 모를 거라고 생각하셔서요?

준영 엄마   모를 것도 모를 거지만 아이들이 너무 떨고 있었어요. 그래서 물어보기가… 아이들이 저기, 살아 온 게 얼마나 고마운데 내가 가서 상처 줄까 봐…. 그리고 나도 엄만데 어, 그 아이에게 되게 크게 각인될 거 같더라구요, 예. 상처가 엄청 클 거 같더라구요. 그리고 내 새끼도 살아 오면 물어봐도 되니까. 저는 그냥 그 아이들한테 묻기보다 선생님들 좀 뵙고 싶었는데 못 뵀어요. 그래서 제가 어떤 아이한테 다른 거는 못 물어보겠고 "선생님, 선생님은 어디 계시니, 어디에 계시니?" 누구 선생님이라고 따지지도 않고 그냥, 5반 선생님 그런 게 아니라 "선생님들은 어디 계시니?" 그랬더니 "저기요, 저기요" 하는데 가리키는 데는 선생님이 안 계셨어요. 무슨 호텔방도 아니고 체육관에 방이 따로 있는 것도 아닌데, 애들이 "저기요, 저기요" 하는데 선생님은 안 계셨어요. 그래가지고 다시 또 나왔어요. 보드판에 나와서, 그래서 정확히…. 제가 왜 아까 5시 반, 그런 생각을 했냐면 '빨리 팽목항으로 가자'.

면담자   팽목항이 있다는 얘기는 들으셨던 거죠?

준영 엄마   그렇죠. 계속 "팽목항, 팽목항" 하는데… 사고 지점이 팽목항이라고 들었는데. 저는 사고, 여기 팽목항에 가면 우리 그 배, 사고 난 배가 딱 눈으로 보이는 덴 줄 알았던 거죠. [팽목항에서] '배 타고 1시간 반 가는 곳에 우리 아이가 있다'는 생각은 못 하고… 팽목항에 가면 그 배가 보일 줄 알았어요. 예, 그렇게 막연하게 생각을 했던 거죠. 그리고 누구한테 그거 설명을 해달라고 할 상황도 아니고, 누가 나한테 앉아서 차근차근 팽목항은 이런 곳이고, 진도 어디고, 이렇게 얘기해 줄 사람은 아무도 없었어요. 그래서 거기를 갔죠, 거기를 갔는데….

면담자   팽목항에 가자는 얘기도 부모님들 사이에서 나왔나요?

준영 엄마   부모님들 사이에서 어디서 한 것도 아니고, 저도 거기 나와서 선생님도 뵐 수 없고 어디 들을 수도 없으니까 '그럼 그 사고 지점에 가자, 팽목항에 가자…'. 사고 난 데가 팽목항이잖아요. "그럼 팽목항에 가요". [그렇게] 그래서 여기가 이렇게 있으면, 나무가 심어져 있었던 거 같은데 이걸 건너서 이 택시, 아니 버스가 여기 있었어요. 그래서 이쪽으로 가야 되는데 막 이렇게 질러가지고 타고, 타서 딱 봤는데 그때가 5시? 6시는 안 됐고 5시 3, 40분 된 거예요.

면담자   단원고에서 타고 온 버스를 다들 다시 타셨던 거예요?

준영 엄마   예예, 다시 탔어요.

면담자   기사님은 계속 계셨던 거네요.

준영 엄마   계셨던 거 같구요. 그분이 뭘 했는진 모르지만 그걸 타가지고 가면서 시간을 왜 봤냐면 '거기 팽목항, 아니 거기 바다에 가면 애기가 보일까, 어두워서 보일까, 빨리 더 늦기 전에 가자' 이러면서 시간을 봤기 때문에. 그렇게 가서 봤는데 그게 이제 아닌 거예요, 거기서부터 '세월호가[오하마나호가] 아니었다, 세월호가[애들이 타고 간] 배였다…'[고 안 거죠]. 거기서 뭐 계속 "세월호, 세월호" 해서 "세월호가 뭐예요?" 내가 그렇게 물어봤어요. 우리 애기들은 오하마나호 그거 타고 가기로 했었고 검색도 제가 했었던 배였기 때문에 그렇게만 알았는데 자꾸 "세월호"라 그래서 "아니, 세월호는 누가 타고 간 배냐"니까 우리 "아이들이 타고 간 배"라고 그랬던 거예요. 그래서 5반에 준민이 엄마는 준민이가 "엄마, 배가 그 오하마나호가 아니에요? 저희 그때 일본 타고 갔던 배가 아니에요?"라고 했다고. 같이 여행을 갔었대요, 준민이는. 근데 "그 배가 아니에요"라고 하더라구요. 우리 준영이 같은 경우는 [전에] 그 배를 타고 간 게 아니라 다른 배를 타고 갔었어요, 그보다도 훨씬 작은 배를. 그래서 걔가 했던 말이 뭐냐면, "엄마, 이 배는 엄청 커, 엄청 커. 우리 일본 갔던 거보다 엄청 커".

면담자   15일에 전화했을 때 그렇게 말했었죠?

준영 엄마   예예. "엄청 커. 그래서 안전할 거 같애" 이렇게 얘기를 했었고, 배에 대해서도 그런 얘기는 안 했었는데 준민이는 "그 얘기를 했다"고 나중에 얘기를 하더라구요. 그래서 저희도 그 배 바뀐 거며, 정말 뭐 애들이 왜 방으로 들어갈 수밖에 없었던 거며, "가만히 있으라"고 했던 거며… 그때 거기서부터 조금 조금 알게 된 거죠.

6
팽목항 도착 후 목격한 것들

면담자   그러니까 진도체육관에서 팽목항으로 버스를 타고 가시면서 이제 배가 바뀌었다는 걸 아셨네요?

준영 엄마   아니요. 그때 갈 때는 무슨 생각을, 그때는 아무것도 모르고 그 생각만 하고 갔어요. '여기서도 이렇게 어두운데 바다에 가면 더 어두워서 못 보는 거 아니야?' 그랬더니, 아유 뭐… 그때 누가 조명탄 얘기도 하고. 남자들은 군대 갔다 오신 분들이 그런 얘기를 막 하시는데, 다 들어오지는 않는데 '아, 그럼 밝게 볼 수는 있겠네'라고만 생각했죠. 사실 전 그런 조명탄이 뭔지도 몰랐거든요. 근데 그런 게 있다더라 이렇게 얘기하니까 '아, 그렇겠지' 막 이러면서 그렇게 하면서 갔어요. 그 못 볼 거만 생각을 했지…. 그걸 안 건 그 다음 날이었어요. 바뀐 거며 그런 거 다, 그다음 날 팽목항 가서 알게 된 거고, 거기 갔을 때는 너무너무 기가 막힌 게 준비를 다 이렇게 드라마 촬영처럼, 세팅된 거 마냥… 자원봉사자분들이 다 와 있어요. 자원봉사들이 와서 텐트를 다…. 이걸 미리 알고 텐트를 쳐놓은 거 마냥 되게 많아 갖고, 담요가 다 와 있었고. 담요 하나씩을 다 이렇게 주는 거예요, 자봉[자원봉사자]들이 저희를[에게].

면담자   16일 저녁?

준영 엄마   아니, 16일 밤에요.

면담자   그죠. 16일 어두워져서 팽목항에 도착을 하셨는데, 그게 시간적으로 굉장히 멀다고 느끼셨나요?

준영 엄마   아, 저는 멀다고 느끼죠.

면담자   그러니까 진도체육관에서 팽목항까지 가는데도 굉장히 시간이 오래 걸린다고 생각하셨나요?

준영 엄마   너무 멀었죠. 지금 생각해 보면 가까운 거리더라구요. 근데 그때는 다 멀었지요. 내 새끼를 보기 전까지는 그 상황이 얼마나 멀었겠어요. 처음 본 기사한테 제가 뭐라고 할 정도로 멀게 느껴졌죠. 그리고 팽목항 가면 금방 볼 줄 알았는데 그것도 아니었잖아요. 그러면은 걔네들이 "구조는 하고 있다" 그러고 MBC는 계속 "전원 구조"라고 했었고, KBS에서는 "사투를 벌이는 구조를 하고 있다"는데, 그게 사실이었다면, 정말 구조를 하고 있다면은 그거를 저희한테 보여줘야 되잖아요. 그런데 그 자봉[자원봉사자]도, 제가 아까 말했던 것처럼 그 자봉들이 텐트를 거진[거의] 쳐놓은 상태였어요. 의료 시설까지 온 상태였어요, 그 당시에.

면담자   처음에 팽목으로 들어갔을 때 텐트가 쳐져 있고, 거기에 자원봉사자도 있었어요?

준영 엄마   예예. 차는 어디다 세워 놓냐면 지금 분향소 자리에 세워놨어요. (탁자를 짚으며) 그럼 저희가 이렇게 걸어와서 여기에 있잖아요. 그럼 여기에, 그 우리가 애 찾아올 때 있었던 것만치는 아니지만 텐트가 있었어요, 준비가 돼 있는 것처럼 돼 있었어요. 그리고 저희가 막 울고 그랬을 거 아니에요. 그러면 자봉들이 와서 담요를 이렇게 "추우시니까 덮으라"고, 다 그렇게 담요까지 다 준비해서 주고 그랬었거든요.

면담자   언론사들이 엄청 많이 와 있었죠?

준영 엄마   언론사는 말도 못하게 와 있죠. 근데 그 당시에 언론

준영 엄마 임영애

이 죽은 언론이라고 생각을 안 했기 때문에 언론사에서 많이 구조 가[보도됐으리라] 그렇게 생각을 했어요. 구조가 안 되고 있다는 것도 사실 그 당시에는….

면담자   생각을 못 하셨죠?

준영 엄마   가서 왜 구조를 안 해요? 사람인데, 내 새끼도 있는데, 그 국민들인데 왜 구조를 안 해요? 그리고 대통령이 7시간이 비었는지 안 비었는지 그걸 알지는 못하는 상태잖아요. '뭔가를 하고 있겠구나' 지금 한 명이, 오준영만 그 배 안에 있는 게 아니고, 그때 304명이라는 것도 왔다 갔다 해서 모르지만 우리 단원고 아이들만 쳐도 몇 명인데, 그 아이들이 있는데 왜 안 구하겠다는 생각을 했겠어요? 대통령 7시간이 왜 비어 있다고 생각을 하겠어요? 부모 입장에선 그게 아니죠. 거기 도착했을 때부터 뭐 "구조가 안 되고 있다" 엄마들은 그랬다고 얘길 하는데 저는 무지했는지 어쨌는지 모르지만 그런 생각도 못 했고, 언론이 썩었다라는 것도 몰랐고, MBC가 "전원 구조"라고 하고 KBS가 "사투를 벌이고 있다"니까 나는 그렇게까지 이렇게 될 줄은 정말 몰랐던 거예요.

정말 아무것도 모르는 상태에서 '내 애, 애가 있으니까 살리겠지. 구해주겠지' 이렇게만 생각을 했었는데, 그게 깨진 게 바로 다음 날이었어요. 왜냐면 그다음 날까지 갈 것도 없고 그… 그렇게 하고 나서 밤 11시, 12시 다 돼가지고 해경 배를 내줬어요. 그래 가지고 막 우리가 기자들을 막 이렇게 뿌리치면서 그 배를 탔었거든요. 거기에 일곱 명밖에 못 타는 거예요, 해경 배에 부모님들이. 근데 기자가 타는 거예요. 그러면은[그래서] 부모가 못 타는 거예요. 지금도 저보다 키가 큰 준영이 아빠가 나한테 놀랬던 게, (탁자를 짚으며) 이게 배이고 여기가 물이에요, 이게 선착장이고 이게 배면 (양손으로 시늉하며) 여기로 빠지면 죽을 수도 있어요. 근데 제가 뛰어오르면서 기자 목을, 여기를 잡았어요. "니가 왜 타냐?"고, "니가 왜 타냐?"고, "니가 왜 타서 부모가 못 타게 하냐?"고. "니가 더 보고 싶겠냐?"고, "우리가 더 보고 싶지" 제가 걔 목을 잡고 타서 그 사람을… 저는 운동신경도 없던 사람이거든요, 그 사람을 밀치고 준영 아빠를 태워서 갔거든요.

면담자　　　12시에 출발하는 배가 있다는 소식은 아버님이 듣고 오셨어요?

준영 엄마　　　거기서 막 다 그렇게 들렸어요. "배 타고 가야 되니까 빨리 그 저…", 애 들어오는 데[팽목항 한쪽의 접안 시설] 있잖아요, 애들 시신 들어오는 데, 그쪽으로 막 뛰었어요. 그때 담요 쓰고 있던 거 막 어디에 떨어지든지 말든지 막 미친 여자 마냥 막 뛰었어요. 준영이 아빠를, 제가 그렇게 듣고 준영이 아빠보고 소리 지르면서 "빨리 와! 빨리 와!" 소리 질렀어요. 그때는 막 저기, 준영이 아빠라고 부르지도 않고 그냥 빨리 뛰라고, 무조건 그러니까 준영 아빠가 막 뛴 거예요. 거기에 해경 배를 타고 그 사고 현장 간다는 건 제가 먼저 들었어요.

면담자　　　그러면 팽목항에 도착하셔서 밤 시간 동안에는 천막이나 이런 데서 계속 물어보러 다니셨어요?

준영 엄마　　　예, 저는 천막에도 있었구요. 부모들 자게끔 천막도 있었는데, 저희는 천막에 [잠자고] 있지를 않고. 추우니까 그 당시에는 되게 추웠거든요. 난로 하나 이렇게 켜놓으면 의자를 여기다 갖다 놓고 이렇게 앉아 있었어요. 그러니까 앉아 있었는데 저는 앉아 있을 수가 없었어요. 왜냐하면 무슨 정보라도 얼른 들어야 되니까, 뭐라도 들어야 되니까. 그리고 저는 뭘 모르겠는 거예요. 이 상황을 어떻게 제가 해야지 준영이를 빨리 구할 수 있는지 그거를 생각해 봐야 되는데 어떻게 해야 되는지를 모르겠는 거예요. 그래 갖고 인터넷, 그때도 거기 이 잭(jack) 그게 다 준비가 돼 있었어요. KT에서도 오고 그래서 일단 그거부터 꽂아갖고 이렇게 '정보도 보고, 찾아봐야겠다' 생각해서 거기 꽂아놓고선 계속 서 있었어요. 빨리 보려고 꽂고선 이렇게 보기도 하고, 우리 저기 친척들에게 전화도 하고. 그러고 그 일하는 그… 뉴코아에, '거기 과장님께서 그런 쪽으로 좀, 뭐 예전에 청와대에다가도 뭘 쓰시고 그랬다'는 얘기가 갑자기 생각이 나서 그분한테 "우리 애 좀 살려달라"고. 과장님하고 말 한마디도 안 해봤거든요? 근데 그분한테 제가 막 문자를 보냈어요. 그리고 친척 쪽에 고위 관리는 없었지만 그래도 경찰도, 그러니까 경찰이라기보다는 그만두신 분이 있었는데, 그냥 생각이 직업군인인 분도 도움이 될 것 같아서 그런 분들한테 계속 문자를 [넣었어요]. 〈비공개〉 과장님이 "지금 구조가 안 되고 있는 걸 제가 알리겠습니다" 이렇게 말씀을 하셨어요. 그분은 저보다 더 많이 알고 계시더라고요, 그 밤에. "제가 구조 안 되는 거를 제가…", 저도 구조 안 된다고는 알고 있었지만, KBS에서 "사투를 벌이는 중"이라니까 '그나마 좀, 그래도 하겠지'라고 생각을 했었는데 그분이 "제가 구조 안 되는 거를 청와대에도 알리고 모든 SNS에 다 알리겠습니다" 이렇게 얘기를 하는 거예요. 그래서 어, 제가 지금 배를 타고 갈 거라고 그러면서 "제가 보고 그 현황을 말씀드리겠다"고 그렇게 하고 저는 그 배를 이제 타고 갔죠, 그분한테 하고서는. 근데 얘네 아빠가 거기 앉아 있더라구요, 그 난로 옆에. 근데 그것도 꼴도 보기 싫었던 거예요. 그래 가지고 좋게 말도 안 하고 "빨리 와!" 막 소리 지르고 거기로 그냥 막 뛴 거예요. 내달려서, 내달려 뛰어서… 배를 타려고 했는데 일곱 명만 타라는데 기자가 타면 못 타겠더라구요. 그래서 제가 잡아 떼고 탄 거죠. 〈비공개〉

7
세월호 근처까지 가보고 알게 된 것들

면담자   그러면 그 배에 타신 일곱 명이 전부 부모님이셨어요, 기자는 안 타고요?

준영 엄마   예예, 기자는 저희 배에는 안 탔어요. 제가 끌어내렸어요, 예. "기자가 타면 우리가 못 탄다"고 그렇게 말하면서. 근데 애네 아빠 생각에는 "[기자] 하나라도 타서 그걸 찍어야 되지 않냐?"고 했는데 저는 "부모가 빨리 타야지" 한 거고. 거기서도 시간이 너무 시간이 길게만 느껴져 가지고 '얼른얼른해서 간다' 이 생각밖에 없었는데 기자가 타니까 이게, 그 어머님이 못 타고 애네 아빠도 못 타고 있는 상태… 저는 어떻게 껴서 탔는데 애네 아빠는 항상 느리더라구요. 그때 내 생각이… '나는 마음이 급해 죽겠는데, 빨리 빨리 해서 내 새끼가 살았는지 죽었는지 얼른 알고 싶은데, 밤이 다 돼가는데 살려도 어떻게 나오냐고요, 애가' 막 이런 말만, 생각만 한 거예요.

근데 사고 현장에 갔더니 선수만 딱 나와 있고…. 저기서 어떻게 사냐고… 저기서. 그때부터 이제 보도가 안 되고 그 과장님이 말했던 거부터 생각하면서, 이제 그때부터 이 억울한 거는 이루 말할 수가 없죠, 뒤로 넘어가게 생겼죠. 그때 비도 오고 막 이러는데, 그 비 다 맞고 바깥에서 계속 엉엉 울었으니까. 근데 울 수밖에 없는, 할 수가 있는 게 그거밖에 없는 거고. 배 거기에, 아니 그게 뭔지는 모르겠어요. 그 사람들이 그냥 배 한 대만 왔다 갔다 거기만 돌고 있는 거예요. 그때부터 이제 MBC고, KBS고 "내 죽여버린다"고 그랬죠, "내 기자 새끼들만 보면 난 진짜 죽인다" 내가 막 그때부터. 그 밤 1시에 막 친척들 전화가 오는데 제가 뭐라 그랬냐면, "도움 안 되니까 전화하지 말라"고, "울려면 전화하지 말라"고 내가 이제 그때부터 악이 받쳐가지고. 사람들이 다 그러더라고, "처음에는 안 그러더니 그 뒤부터는 악에 받쳐서 이제 준영이 엄마하고 말을 못 할 정도로…".

　제가 그때부터 이제 그걸 다 알아버린 거예요. 그리고 그날 아침에 "세월호가, 배가 바뀌었다" 막 이러고 있는데 저녁때쯤, 17일 저녁때쯤 되니까 안행부에서 와서 [대통령이] 자기 왔다고 기자회견, 저기 사진을 찍으려고 포즈를 잡고 서 있는 거예요, 사람이. 그래 가지고 제가 막 욕했어요. "응? 저 바다를 보라고, 거기 가서 보라"고 막 욕을 하면서 "아이들 어떻게 돼 있는지 보라"고. "니가 지금 여기 와서 기념사진 찍겠냐"고 막 이러면서 저기 하고 있는데, 그 사건 그 찍는 그 사람 옆에 수행원들이 있을 거 아니에요? 그 수행원들이 "아니, 사진 찍을 수도 있지, 뭘 그래?" 이렇게 말을 한 거예요. 그래서 제가 그냥 거기 달려드는데, 준영이 아빠는 아니었던 것 같아요, 누가 말린 거 같아요. 누가 말린 거 같은데 부모도 아니었던 거 같아요. 그냥 무조건적으로 막 여기를[팔을] 콱 잡고 말리더라구요. 그러니까 못 움직이는데 그때는 무슨 힘이 있었는지 제가 막 팔로 치면서 "니 새끼가 저 배 안에 있어도 너 여기 왔다고 기념사진 찍겠냐"고 막 이렇게 했는데…. 그때 제일 아프게 들렸던 게 뭐냐면 그사이에서, 잡음인지 무슨 말이 있었냐면, "강남 아이들이면 안 죽었다", "국회의원 아들이면 안 죽었다" 그러니까는 이 부모가 그걸 들었을 때는, (떨리는 목소리로) 지금 들어도 마음이 아픈데 '그래서 우리 애기가 저렇게 된 거야?' 그러니까 막….

　그때부터는 [팽목항에] 이제 다 자리가 잡혔어요. 숙소 만들고, 저쪽에 유가족 거 쫙 만들어놓고, 작은 거 쫙 만들어놓고 여기는 밥, 여기는 뭐 의료진, 다… 자리가 그때는 완전히 다 잡혔어요. 어느 정도였냐면 20일 날은 그 뭐죠? 유전자 검사하는 거까지도 쫙 잡혀 있는 상태였어요. 그랬는데 저는 그때 숙소도 안 들어가고 그 텐트에도 한 번도 안 들어가고, 어디 있었냐면 애 들어온다는 거기에 계속 앉아 있었어요. 그래 가지고 지금도 자봉하시는 요섭 씨라고 있는데, 그분이 "그때 어머니를 기억한다"고, 계속 한 번도 안 저기 하고[들어가고] 보라색 그거 후리스[플리스] 입고 거기에 앉아 가지고 계속 아이만 기다리고 있었던 거, 전화만 보면서…. 그때는 잠수사들 밥 못 먹고 이런 거는 알지도 못했었어요. 근데 지네들은 와가지고 거기서 컵라면 먹고, 예. 그리고 그 청장[서해지방해경청장] 그 김수현, 그, 그놈은 맨날 잡으러 갔어요, 저희가. 맨날 저기 해가지고 그 사람은 계속 잡으러 가고, 김한식[청해진해운 대표이사]인지 그놈도 계속 잡으러 가고. 그냥 맨 "최선을 다 하겠다"는 얘기만 했었고….

면담자   그러니까 그 사람을 만나려고 어머니가 계속 찾으셨어요?

준영 엄마   저뿐만이 아니라 그때는 [가족대책위] 위원장이셨죠? 당시에는 위원장이셨고, 그분이 계속 잡으러 다녔었고, 아빠들이 다 잡아다 앞에다 놨어요. 지금 상황 보고를 해줘야 될 거 아니에요. 근데 그런 것도 없이 그랬던 거예요. 그래서 바지선 탄 부모들이 배를 사서 갔어요. 배를 [타고] 갔는데 "잠수사들이 밥도 못 먹고 애들 구하고 있는데, 그랬다"고 막…. 근데 그 잠수사라는 분은 우리한테는 (떨리는 목소리로) 진짜 유일한 희망이었었잖아요. 민간 잠수사들… 사랑한다고 말만 했지 가서 구할 수도 없는 부모… 대신해서 [수색]해주는 잠수사들이 밥 못 먹고, 빵도 못 먹고… 빵도 없어서 못 먹고, 뭐 그런…. 거기 잠수병 같은 거야 우리가 어쩔 수는 없지만, 거기 영양제도 그 사람들보고 사 먹으라 그랬대요, 3000원짜리 영양제도. 영양제가 아니라 그게 무슨 "질소가 너무 많이 들어가서 그런 거였다"고 하는데, 그것도 "니네가 사 먹으라"고 그랬다는 게 말이 돼요? 뭐 그런 상황도 나중에 이렇게 듣는 거예요. 그렇게 구하지도 않으면서…. 구하는 사람한테까지도 그랬을 때에는 안 구한 거잖아요. 근데 이 부모들은 무슨 생각을 했냐면 해경이나 그렇게 오잖아요, 그러면 잘못 말을 했다가, 내 마음 모든 걸 드러냈다가 억하심정에 아예 그것도 안 해줄까 봐….

면담자　　　어머니 그 16일에 배를 타고 가서 선수만 나와 있는 거 보셨을 때 구조는…?

준영 엄마　　　안 한다고.

면담자　　　예. 그러니까 구조는 안 하고 있고, 잠수사들이 아이를 데리고 오는 걸로 생각을 하셨어요?

준영 엄마　　　예. 그럴 수밖에 없는 상황이었던 게 에어포켓 얘기가 계속 나왔었거든요. 근데 엄마들은 사실 그걸 모르잖아요. 군대 갔다 온 아빠들이나, 배에 대해서 아는 아빠들은 "[에어포켓이] 없다"고 그러더라고요. 그리고 그때는 그냥, 그들 하는 행동들이 (목소리 떨림) 구조는 없고 그냥 이 위기만 모면하면… 그 사람들한테는 위기였겠지만 나한테는 목숨이었잖아요. 근데 그 사람들은 '목숨이라고 생각을 안 한다'라는 걸 저는 거기 가서 느꼈어요. '아, 이 사람들은 국민이라고는 생각도 안 하고, 목숨이라고 생각도 안 하고 얘네는 그냥 버려진 애들'이라고만 생각하는 것처럼밖에, 그렇게[밖에] 안 보였어요, 하는 짓들이.

그리고 또 더 황당했던 건 20[일] 날 유전자 검사를 하라는 거예요. 근데 그것도 그 팽목항에서. 제가 지금 하는 말들이 어디 누가 올라와서 '이렇게 해주세요', '이렇게 하세요', '어떻게 되는 상황입니다' 그런 게 말을 한 게 아니라 어디서 다 주워들어서 내가 뛴 거예요. '지금 사고 현장을 가니까 준비하세요'라고 한 사람도 없었고. 그걸 몰라서 못 뛰어간 부모들도 있었으니까.

8
유전자 검사와 교감선생님의 자살

면담자   그러면 다 옆에서 그냥 들으신 거예요?

준영 엄마   예. 거진 옆에서 듣고 뛰고, 옆에서 듣고 뭐 하고, 애들 올라온다 뭐…. 근데 그게 한 4일, 5일 되니까 올라오는 아이의 인상착의가 그때부터 이렇게 그 팽목항 대합실, 화장실 있는데 거기에 뜬 거예요. 우리 아이가 149번인데, 인상착의를 그 보드판에 쓴 건 한 3일 지나서부터 예, 그렇게 됐어요. 그리고 이렇게 말로 전달받아서 한 게 아니라 "그냥 뭐 한다더라" 이렇게 하면 그냥 막, "뭐 한다더라"만 듣고 그냥 뛰고 이랬던 거예요. 그리고 20일 날 유전자 검사도 누가 얘기를 하더라고요. 그래서 제가 "유전자 검사를 왜 하냐"고 그랬어요. 사실 유전자 검사라는 게 그렇잖아요, 뼛조각 같은 거나 아니면 죽어서 내 애를 못, 내 새끼를 못 알아볼 때 하는 게 유전자 검사라는 거잖아요. 그거를 20[일]날, 내 새끼 배 안에서 죽었는지 살았는지, 죽었다고 생각은 하지만 그래도 부모잖아요, 한 가닥의 희망은 있는데 유전자 검사를 하라는 거예요, 20일 날. 안 한다고 했어요, 처음에, 예. 안 한다고 하니까 준영 아빠가 왜 안 하냐고. 근데 그때 무슨 생각을 [했냐면] 이렇게 뒤에서 누가 나를 확 잡아끄는 생각이 든 게 뭐냐면, 소름이 확 돋은 게 뭐냐면, "왜 안 한다고 하는데" 하는 준영이 아빠 눈빛이[에서] (목소리 떨림) '못 찾을 수도 있다'는 생각이 드는 거예요. '준영 엄마' [하며] 말은 안 했지만 '준영 엄마, 지금 유전자 검사 안 하면…'.

면담자   '안 하면 못 찾을 수도 있어' 그런 눈빛?

준영 엄마   어, '못 찾을 수도 있어' 이런 눈빛이었던 거 같아요. 그때 진짜 그렇게 말은 하진 않았어요. 근데 완전히 막 소름이 확 돋으면서 너무 무섭더라고요, 그때. 그래 가지고 제가, (양손 끝을 짚으며) 이 여기가 다 마비가 되는 거예요. 차차 마비가 되면서, 이렇게 뒤로 넘어갈 거 같더라고요. 근데 준영이가 안 돌아왔으니까, 거기 이 책상 이, 이만한 저기 책상 그거를 계속 붙들고, 거기서 계속 한 30분을 제가 버티고 서 있었던 거 같아요. 여기서 쓰러질 거 같았어요. 그런 다음에 준영 아빠가 그 몸, 그 잘 움직이지도 못하는 사람을, 여길 계속 주물러가면서, 그 유전자 검사 거기에 넣어놨어요, 넣었어요. 거기서 유전자 검사했는데, 입에 저기[구강 상피 채취]를 했잖아요? 그냥 거기, 그 다… 저만 그런 게 아니라 엄마들이 다 정신이 없으니까. 그분들이 "벌리세요" 이렇게 하고 그냥 그랬던 거 같아요. 그리고 자꾸 떨어뜨려서 그 와중에도 그게 너무 화가 났던 거예요.

면담자   검사하시는 분이 계속 떨어뜨리시는 것이요?

준영 엄마   예, 예. 검사하시는 분이 자꾸 떨어뜨리는 거야. 그리고 그거를 다시 해야 되는데[되니까 그걸 다시] 집어넣는 거야. 그래서 제가 또 성질이 나가지고…. 근데 준영이 아빤 제가 울컥울컥 막 성질을 내니까 쫓아다니면서 말리느라고 정신이 없었어요, 이 준영이 아빠는. 정말 자기는 준영이 그것도 되게 저기 했지만 내가 너무 확 튀어가지고, 막 할 때 눈이 뒤집히는 것 같아서 나 말리느라고 정신이 없었다고 그렇게 말을 하는데. 그때도 제가 또 막 뭐라 했어요. "저렇게 해서 이거 하면 뭐 하냐? 자꾸 떨어뜨리면 어떻게 하냐?"고. 근데 그 사람 생각은 여기 바닥, 땅바닥이 아니고 이 바닥이기 때문에 괜찮다고 했는데, 저는 그게 아니었던 거예요.

면담자   다 못 미더워 보였던 거죠, 전부가.

준영 엄마   예. (울먹이며) "당신은 유전자 검사가 어떤 의민지 아시냐?"고, "애가 배 안에 있는데 유전자 검사를 하라는 게 나한테 어떤 의민지 아시냐?"고, "저거 안 찾아준다는 얘기냐?"고. 제가 막 거기서 소리 지르고 또 그랬어요. 그래 갖고 얘네 아빠가 다시 끌고 와가지고 유전자 검사는… 그분한테 가서 "준영이, 오준영 유전자 검사는 된 건가요?" 그랬더니 "됐다"고, 그렇게. 된 건지 안 된 건지 모르겠는데 어쨌든 그렇게 하고 얘네 아빠가 저를 끌고 나온 기억은 있어요.

    그때 유전자 검사, 그게 저한테는 되게 힘들었어요. '안 찾는다는 거구나, 이제 안 구한다. 전원 구조라고 해놓고도 안 구했고, 사투를 벌인다고 하고도 구하지 않고 도망만 다니고, 이제 안 구한다는구나. 이제 믿을 놈도 하나 없구나. 내가 그나마 조금 더 희망을 가졌다는 거, 그것도 이제 없구나. 내가 침몰했다고 했을 때, 죽었다고 했을, 죽었다고 생각했을 때, 그냥 죽었다고 생각할걸. 저것들을 내가, 믿은 내가, 내가 내 새끼 또 죽였구나'라는 생각뿐이 안 들었어요. 그리고 와가지고 21일 날이 되니까… 20[일]날 밤에, 그 밤이죠, 그 밤에.

면담자   유전자 검사를 한 날 밤에.

준영 엄마   [유전자 검사를] 한 밤에. 그분이 갑자기 생각이 안 나네, 누구 아빤데. 그 김병권이랑 같이 다녔던 분이거든요. 그분이 해화 아빠. 해화 아빠가 마이크에다 대고 "우리 애들 다 죽었다"고 그렇게 말을 하시는 거예요.

면담자   팽목에서요?

준영 엄마   예, 팽목에서. 유전자 검사한 그 저녁에, 정확히 시간은 모르겠는데. 그때 제가 뭐 아침을 먹은 것도 아니고 점심을 먹은 것도 아니고 저녁을 먹은 것도 아니고, '내 새끼 배 안에 있으니까 난 물 한 모금도 안 먹는다'는 생각으로 있었기 때문에. 그게 막 어두워지면 저녁이고, 잠을 안 자니까 이게 조금 동이 트면 새벽이고 이런 거였거든요. 정말 옛날에 시계 없어서 삼경이고, 사시고, 이렇게 했던 것처럼 그렇게 살았기 때문에 정확한 시간은 모르는데… 유전자 검사는 낮에 했고. 저녁에 해화 아빠가, 밤은 아니었어요, 해화 아빠가 마이크를 들고서 그렇게 얘기를 하는 거예요, "우리 애들 다 죽었다"고. 그러니까 어떤 엄마가 막 거기 널브러져 가지고 울고, 막 소리 지르고 이러는데, 제가 유전자 검사했던 것도 힘들었었는데, 그냥 거기서 쓰러져 버렸어요, 예. 쓰러져 버렸는데 그러고 나니까 "청와대 가야 된다"고, "내 새끼 살려주라"고 청와대 가야 된다고 엄마들이 가다가, 진도 그 앞에서.

면담자   예, 다리에서.

준영 엄마   대교에서 막혔잖아요. 그때 전 쓰러져 있어가지고….

면담자   같이 못 가셨구나.

167

준영 엄마　　　준영이 아빠도 못 가고 그랬었어요, 그날. 근데 저는 그때 모든 것을 다… 처음에 생각했던 '우리 아이는 돌아오지 못하겠구나'라는 걸 거기서 느껴가지고 그 얘기를 듣는 순간 그냥 그냥 넘어갔어요, 넘어가고. 나이 차이 많은 우리 큰언니도 거기 와 있었는데, 그 생각이 나요. 우리 언니가 "얘 다리가 굳어져, 굳어가요!" 막 이렇게 소리 지르면서, 그 뒤론 기억이 안 나요, 쓰러지면서 그것만. "얘, 영애 이거, 이거 굳어가요! 손 굳어가요!" 막 소리 지르면서 이렇게 끌고 간 기억밖에 안 나요. 그 뒤로 아침에, 새벽에 일어나니까 엄마들은 그렇게 가서 그렇게 돼[진도대교에서 막혀] 있다고. 얘네 아빠는 여기 엄마 때문에 못 갔는데, 저기 하니까[쓰러지니까] 막 여기저기 막 뛰어다녔다고 하더라고요. 그때는 저희 언니도 그냥 완전 실신 상태였고. 다 그러던 상태였는데, 얘네 아빠 혼자 그렇게 막… 소식도 들어야 되고, 저도 걱정되고 그러고 있다가 새벽녘에 나왔어요. 새벽, 그러니까 21일 새벽이죠? 새벽에 정신이 어떻게 해서 나왔는데 기자가… 어, 거기 진도대교 못 갔나 봐요. 못 가고 거기 상황을 찍어서 또 올렸어야 되나 봐요. 어떤 기자가 새벽녘에 이렇게 해서, 어떤 상황인지도 궁금하잖아요. 이렇게 나오니까 그 기자가 딱 오는데, 와가지고 "지금 심정이 어떠냐?"는 거예요. 지금 진도대교 가고 어쩌고 그러는데… "일로 오시라"고, "가까이 오시라"고. 제가 그래서 저기 "심정이 궁금하시냐?"고, "지금 상황이 어떤 상황인지는 아시냐?"고 그랬더니 머뭇머뭇거리는 거예요. 그래서 그냥 "인터뷰하실 생각하지 마시고 제 영정 사진 좀 찍어달라"고. "그냥 확 죽어버리고 싶으니까. 심정 같은 거물어보시니까 제가 하는 말인데 제 영정 사진 좀 찍어주실래요?" 내가 그렇게 말을 했어요.

그랬더니 "아, 죄송합니다, 죄송합니다" [하더라고요]. 내가 "당신들 죄송할 거 없다"고, "당신들 여기가 어떤 자린 줄 아냐?"고, "내 새끼 살아서 들어올 자린데 저 차 다 빼라"고, 거기 새벽녘에 소리소리 지르고 막… 수현이 엄마도 그때는 막 소리소리, 거진 거기 못 간 엄마들 나와서 난리, 난리쳤던 거 같아요. 그러니까 그때는 '건드리면, 잡히면 죽는다'였어요. 그리고 모든 걸 믿지도 않고. 그리고 제가 말했던 게 "니네 신났지? 니네 신났지, 어? 니네 기사 써서 돈 벌어 신났지? 니넨 좋니? 넌 좋니?" 막 그렇게. 억하심정으로 내가 그렇게 다, 그냥 못을 박았던 거 같아요, 그 사람들한테. 그리고 그때는 자원봉사한테도 감사하다는 말보다는… 이렇게 "식사하세요", 이렇게 하나라도 멕여야 되니까 안 그럼 다 쓰러져 죽을 거 같으니까. 막 이렇게 하는데 그 말도 되게 짜증 났어요, 사실은 그런 말도. 지금은 정말 고마우신 분들이고, 그분들한테 뭐라곤 안 했지만 그 자체가 짜증 나서 그쪽을 가지를 않고 계속 그 바닷가 쪽에만 있었어요. 그래 갖고 여기에 생기는 그런 모든 것들이 다 그 갑판, 바닷가에 생겼는데….

그러고 있다가 교감선생이 돌아가셨다는, 그것도 자살이라는… 그래서 그때 또 분노했어요, 왜 끝까지 책임을 안 지시는지. 그때는 해경도, 정부도 책임을 안 지는데. 박 대통령도 진도체육관만 왔다가, 우리는 온지도 모르고. 여기가 사고 현장이에요. 사고, 사건 현장인데 그냥 구명조끼만 달랑 입고 휙 돌고서는 그냥 갔잖아요. 자기는 다 보고받으면서. 김한식이랑 응? 걔들, 다 보호를 다 받으면서, 배 타고서는 그냥 현장 한번 돌아보듯이 하고 갔잖아요. 거기에, 팽목항에 오지는 않았어요, 팽목항 그 부모들 있는 곳에. 오고 안 오고를 떠나서 하나도 최선을 안 보여줬잖아요. 그리고서 교감선생님은, 왜 그 이준석은… 그때부터 이제는 다 하나씩 알게 되는 거예요. 이준석은 보호 아래 아파트에 CCTV까지 꺼가면서 보호해 주고, 그 애들하고 그같이 사투를 벌였던 교감은 데려다가 그렇게 해서…. 그리고 저도 당시에는 몰랐었지만 제가 거기 진도체육관에 가서 보니까 그 산에 경찰들이 엄청 많았었거든요? 근데 그거를 발견을 못 했다는 거 자체도 저는…. 거기 올라가서 자살하는 거를 발견을 못 했다는 것도… '못 한 건지, 눈을 감아준 건지도 모르겠다'는 그런 의심도 들었어요.

면담자   교감선생님이 자살하셨다는 소식을 처음 들었을 때 원망이 크셨어요?

준영 엄마   그때는 거진 부모들이 그렇게 가졌는데, 저 같은 경우는 '저거는 자살이 아니다'라고 생각을 했어요.

면담자   처음 들었을 때부터요?

준영 엄마   예, 처음 들었을 때.

준영 엄마 임영애

면담자　　　그때 이미 정부에 대한 불신이 있으셨기 때문에?

준영 엄마　예, 그때는 완전히 불신이 컸고. 처음에 유전자 검사 한다 그랬을 때부터 쟤들은 우리 애들 안 구할 거, 아니 구조도 안 하고 수습도 안 하고 아무것도 안 할 거라는 생각을 했기 때문에 정말 자살이라고 생각을 안 했어요, 예. 저는 그분이 왜, 제일 의문점이 지금 특조위에 올라가 있는 조사, 그것도 첫 번째가 뭐냐면 다른 배는 출항 안 하는데 왜 인천항에서 우리 세월호만, 그땐 이제 오하마나호였지만[로 알고 있었지만] 왜 출발했느냐, 그게 관건이거든요, 왜? 그리고 다른 학교도 있었는데 굳이 강행해서 갔느냐, 그게 저기였는데 그걸 갖고 계신, 키를 갖고 계신 분이 교감선생이었거든요. 근데 교감선생 자살에 어떤 부모가 '어, 선생님이 얼마나 괴로우셨으면 돌아가셨을까', 이렇게 생각하는 부모가 몇 명이나 있겠어요. 저는 그때 그렇게 생각을 할 수가 없었어요. 근데 어떤 엄만지는 모르는데, 학부몬데 그 말을 하시더라구요. "아우, 너무 얼마나 힘드셨으면 그렇게 돌아가셨겠어?" 그러길래 제가 그분한테 그랬어요. "어머니, 그 생각밖에 안 드세요? 교감선생 돌아가셨다는데, 딱 그 생각밖에 안 드세요?" 딱 그랬죠. "지금 키를 잡고 계신 분이 교장선생님도 아니고 부모도 아니에요. 아니에요". 그리고 선생님들[도 아시겠지만], "거기에 잠복근무하는 사복경찰이 많다"고 그랬고. 제가 들으라는 식으로 그랬어요. "여기에서 책임져 줄 놈이 한 명이라도 있는 거 같으세요?" 제가 막 그랬거든요, 거기서. "어떤 놈이 책임을 져줄까요? 우리 부모 다 버림받았어요. 저희 자식들 쓰레기처럼 다 버림받았다고요, 어머니!" 제가 막 거기서 그러면서, 그냥 들으라고 막 그랬어요.

거기서 좀 젊다고 하는 사람이 삼촌이라고 하면 "누구 삼촌이냐?" 대라고 그래서 누구 2학년 뭐 [누구 삼촌이라] 그러면 그 부모 데려다가 삼자대면시킬 정도로. 전 그때 악에 받쳐가지고 "너 사복 경찰, 너 경찰이지? 쌍놈 새끼 할 일 더럽게 없다"고 막 소리 지르고, 난리, 난리를 쳤어요. 그때는 정말 어, 화풀이라고 보시면 어쩔 수는 없지만, 저는 그때 어떻게 해야 되는지를 모르니까 나에 대한 자괴감이 엄청 심했어요. '엄마라는 게, 부모라는 게 이렇게밖에 못 하는구나. 그냥 죽어가고 있는 거 보고, 쟤네들이 안 하는 거 보면서도 내가 어쩔 힘이 없구나…' 근데 그 와중에 그 얘기를 들은 거예요. "강남 사는 애였으면 안 죽었겠다", "국회의원 아들이면 안 죽었다"고. 그리고 저기 "우리 이 안산에 그나마 똑똑한 사람 있으면, 부모가 있었으면 저애들 안 죽었다" 이런 말을 막 들었거든요. 그래서 제가 '할 수 있는 게 아무것도 없겠구나', 저에 대한 원망이 되게 컸던 거 같아요, 남에 대한 원망보다는.

그런데 이제 정부가… 단면을 봤었잖아요. 대통령도 그랬고, 그 이준석도 그랬고. 이준석 나왔는데 뭐 "엉덩이가 아파" 그런 기사가 나온다는 자체가 저는 '아, 이게 완전 쓰레기구나…' 내 새끼가 어떻게 됐는지, 골든타임 다 놓치고, 에어포켓 있다는 것도 다 거짓말이고, 뭐 다…. "구조 안 된다"라는 거 한 줄은 안 쓰고 무슨 이준석 엉덩이 아파 가지고 병원, 그런 기사가 막 인터넷에 올라와서…. 저는 그런 것도 안 보고, 아무것도 안 보고, 정말 그때는 '그 냥 죽으면 딱 좋겠다'는 생각밖에 안 들었어요. '그냥 죽거나 미쳐 버리면 딱 좋겠다'. 이런 모든 거에 원망스러움보다는 너무 힘이 없 는 엄만데, 아빤데, 그게 제일 힘들었어요.

9
준영이의 수습과 장례 과정

면담자   그런 상황에서 ○○이와 연락은 하고 계셨어요?

준영 엄마   어, 21일 날 거기에서 난로 하나 놓고 의자 하나 해 서 있는데, 제가 이제 16일부터 한숨을 못 잔 상태고 먹지도 않는 상태였기 때문에 깜빡 잠이 들었었나 봐요. 근데 21일 날 아침에 "엄마" 이 소리가 나는 거예요. 그래서 저는 그게 준영이 목소리라 생각해서, 꿈이었었죠. 근데 딱 깨고 나니까 준영이가 올 거 같더 라고요, 느낌에.

면담자   21일 아침에요?

준영 엄마   예, 21일 날 새벽에 잠을 [자다가].

면담자   그때 기자랑 싸운 날이셨지요?

준영 엄마   기자. 예, 그래 가지고 싸우고 그러고 나서. 기자하 고 좀 그렇게 했었잖아요.

면담자	그러고 나서 잠이 드셨던 거예요?

준영 엄마   예. 그러고 나서 "엄마" 그러는 소리에 깼어요. 이렇게 시계를 봤더니 6시밖에 안 됐더라고요. [아침] 6시밖에 안 돼서 전화를 하려다가 '애가 자고 있을 것 같다'는 생각이 들어서 어, 9시까지 기다렸나? 그래 가지고 전화를 했어요. 그 당시에 전화를 다 걸는데 우리 ○○이 전화만 안 걸으셨더라고요, 선생님이. 학교에서 다 걸어요, 중학교 때는. 근데 애 것만[애만] 가지고 있으라고.

그래서 제가 ○○이한테 전화를 했어요, "선생님한테 얘기를 해서 차를 타고 와라", 이따가 저녁 시간에…. 5신가 언제 차가 진도체육관까지, 팽목항까지는 안 왔는데 진도체육관까지 하루에 몇 번 왔어요. 5시로 기억을 해요, 저는. "그걸 타고 오라" 그랬더니 "왜, 왜요? 오빠 나왔어?" 이러는 거예요. 그래서 "엄마가 꿈을 원래 안 꾸는 사람인데 오빠가 엄마를 부른다. 그래서 지금 깼는데, 아니 6시에 깼는데 오빠가 올 거 같으니까 선생님한테 잘 말을 해서 내려와라" 그렇게 한 다음에 그 아까 [진도로 함께 내려온] 후배한테 전화를 했어요. "××아, 저기 우리 ○○이 좀 태워 보내라"고. 그때는 올림픽기념관에서 차가 떠났어요, 분향소에서 안 떠나고. 그래서 올림픽기념관에서 애 좀 태워서 보내라고 그랬어요. ××는 왔다가 갔거든요, 팽목항을. 그래서 5시에 보냈더라고요. 애가 저녁에, 이제 진도체육관에는 아빠가 가서 데리고 왔어요. 그렇게 해서 ○○이가 21일 날 밤에 왔지요? 밤에 왔는데 제가 그랬어요. "너를 여기 이렇게 부르고 싶진 않지만 가족을 많이 생각했던 오빠고, 가족 반지도 같이 하자고 했던 오빠고, 이름까지 별명까지 다 져주고, 내 가족이었던 오빠기 때문에 니가 와 있으면 오빠가 빨리 올 것 같은… 그래서 엄마를 부른 거 같다. 너한테도 힘들겠지만, 너도 힘들겠지만 여기 같이 있어줬으면 좋겠다" 이렇게 얘기를 했었거든요. 그러니까 걔가 제일 먼저 와서 한 말이 "밥을 좀 먹으라"고, "오빠 올 때까지 버틸라면 밥 좀 먹으라"고. 그래서 그때 라면 먹은 게 첫 끼였던 거 같아요.

면담자 21일 밤에요?

준영 엄마 예, 21일 밤에 같이 이렇게 하면서. 그때부터 더 막 이제 이게 확 뒤집어지는 게, 가족이라는 (목소리 떨림) 그 마음에… ○○이도 오고 하니까 준영이가 이제 올 거라는 생각에 되게 많이 했는데 아, 준영이랑 비슷한 애가 22일 날 아침에 나왔어요. 얘네 아빠는 준영일 거라고 막 손을 떨고 그러더라고요. 그래서 거기를 보러 가는데 저는 안 오더라고요, 마음이.

면담자 아닐 것 같으셨던 거예요?

준영 엄마 아닐 것 같더라구요. 인상착의는 정말 비슷했어요. 이 충치 치료한 거며, 뭐 모든 게 다 비슷하고, 옷도 좀 비슷하고 했는데, 아빠는 손을 막 떨고 ○○이도 막 저기 하고. ○○이를 아빠가 막 안고 그러더라고요. 근데 아닌 것 같더라구요. 우리 준영이가 보내는 그런 거가 없는 거 같았어요. '그래도 한번 가보자, 그러니까 가보자', 그러고서는 가는데 가는데도 별 느낌이 없으니까 준영이 아빠도 너무 이상했는지 "왜 그러냐?"고. 그래서 "아니, 그냥, 아직 안 본 거니까 담담해야지" 하고 가는데도 정말 마음이 없었어요, 준영이라고 하는데도. 근데 거기 가서 아니라고 하니까 애네 아빠는 엉엉 울더라고요. 근데 저는 아니라는 걸 알았기 때문에 그런지…. 그냥 그 아이한테, 그 아이도 학생이었어요, 단원고 학생이었어요. 이름은 생각이 안 나요. 그래서 제가 그 아이한테 "미안하다"고, 나중에 엄마가 와서 (목소리 떨림) 따뜻하게 해줄 거라고, 그리고 그냥 나왔어요, 저는.

면담자　　그때 22일 확인하러 가셨을 때는 남녀를 확인할 수 있는 공간을 구분한 상태였던 거죠?

준영 엄마　　아, 예. 그때는 그랬어요. 그 첫날은 막 뛰어가 가지고, 그 비 오는 데서 애 이렇게 열어가지고 보고. 기자들 막 보니깐 막 기자 치우면서 보고 했는데 그때, 21일 막 애 바뀌고… 21일 날 바뀌었잖아요? 그때도 저희가 준영이인 줄 알고 봤던 아이가 원석이었던 거예요. 우리 아들인 줄 알고 그렇게 봤던 애들도 있었고. 그때는 그나마 이렇게 나눠놨어요. 나눠놓고 일반이 이쪽에 놓고 남녀 이렇게, 그렇게 했었어요. 이렇게 애들 해놓고 있다가 눕혀놨었어요. 하얀 천으로 이렇게 해가지고 눕혀놨는데 그, 우리 아이가 아니더라고요. 그러고 나서 23일 날 9시에 그게 떴어요. 거기에 뭐라고 그랬냐면 "직모 6센티미터에 60센티미터"로 나와요, 인상착의로. 다 이상하게 해놨는데 내 새끼 같더라고요. 그래서 준영이 아빠보고 "가자, 저거 우리 애 같다"[고]. 배에서 거기서, 9시 30분에 배에서 연락이 온 거예요, 그 인상착의가. 얘네 아빠는 아니라는 거예요. 근데 나는 긴 거 같은 거예요. 우리 형님도 "아니야, 인상착의가 아니야" 그러는데, 아니 우리 아들인 거예요. 거기에 "미상"이라고 돼 있지만 '내 새끼'라고 써 있는 것 같더라구요. 그러면서 제가 뭐라고 그랬냐면, 내가 얘를 제왕절개로 11시 40분에 낳았거든요. 내가 "우리 애기 11시 40분이면 볼 거 같으니까" [그랬어요]. 그때는 세수도 안 한 상태였고, 거기서 두유인가 뭐를 한 잔을 마시고 이를 닦고 세수를 하고, 그리고 우리 애기 온다고 11시에 거길 갔어요. 가서 정말, 11시 40분에 올라왔어요. [검안소에] 거기 그렇게 눕혀놨더라고요. 근데 정말 내 준영인데, 준영인 걸 알고 들어갔는데, 거기서 그 해주시는 분이 가톨릭에서 오신 염하시는 분들이래요. 그 천주교에서, 원령에서 오셨다 그러면서 아이를 만지면 안 된대요, 아이가 8일 동안 그 배에 있었고, 우리 준영이 같은 경우는 폐에 물이 너무 많이 들어가 있어서 구멍마다 다 피가 나오니까 준영이를 만지면 녹는대요, 살이. 그래서 "만지지 말라"는데 준영이 아빠는 그냥 가서 확 끌어안고 큰아빠도 끌어안고 하는데 안 되겠더라고요, 그렇게 하면. 내가 지키지 못했는데, 마지막까지 (목소리 떨림) 녹는다는 말을 듣고 만질 수가 없어서 "하지 말라"고 그런 다음에 제가 그분한테 "발과 손을 보여달라"고. 근데 여기[팔]는 이렇게 보였는데, 우리 애기가 반팔을 입어서 거긴 보였는데, 이 속에를 좀… 그때는 누구도 못 믿었어요. 괜찮다고 했는데, 내가 내 눈으로 정말 괜찮을 걸 보고 싶은데 내가 만지면 녹는다니까 이렇게 걷으라고 했어요. 그래서 다 걷어서 본 다음에, 그전에 여기 다친 애가 나왔거든요, 예. 뼈가 다 보이는 애가 나왔는데도 괜찮다고 하더라고요, 거기서는. 나는 못 믿겠더라고요(울음). 홀딱 다 벗겨보고 싶은데, (울먹이며) 그런 걸 싫어하는 애예요, 만지는 거. 그래서 "내가 너 못 만지게 할 테니까 여기만 보게 해달라"고 그랬어요. 그런 다음에….

면담자   확인 때문에 그러셨던 거죠?

준영 엄마   죽었다고 해도 너무 아파서 가면 안 되니까. 그래서 다 본 다음에 이 손끝을 보니까 여기가 상처가 있는 거예요. 알아야 될 거 아니에요. 그래서 물어보니까 "어, 아이가 죽기 전에 벽을 타려고 했던 거 같다"고. 애들이 거진 그렇다고 하더라고요. 그러니까 어떤 애 발은 이렇게 돼 있더라고요, 새끼발을 들고. 우리 애는 그 정도는 아니고 그냥 이렇게 됐더라고요[꺾여 있더라고요]. 그래서 "폐에 물이 들어가면 어떤 고통이냐?"고 그랬더니 숨이 다 막혀 죽는 그런 저기라고. 그래서 "그럼 아픔을 많이 느끼냐?"니까 순간적인 아픔을 많이 느꼈을 거라고 그러더라고요. 제가 모르니까, 그러니까 준영이 아빠가 독하다고, "거기서 서서 그걸 다 물어보냐"고. (울먹이며) 근데 죽은 건데(한숨), 좀 덜 고통스럽게 죽길 바라는 엄마 마음이었죠. 그래서 그냥 그렇게 확인을 하고 왔어요. 눈물도 안 나더라고요(울음), 그 당시는. 너무 내가 '정말 미약하다'

생각을 했기 때문에, 내가 줄 수 있는 게 눈물밖에(울음). 그때 진짜 눈물도 안 나왔어요. 지금이야 이렇게 하는데 그 당시에는 울면은 아, '내 죄를 다 사해달라'는 거 같고, 미안하다고 말하면 내 지은 죄를 다 사하는 것 같은 느낌이 들어서, 그래서 그 말조차도 할 수가 없었어요. 그래서 그냥 "내가 너를 버린 나쁜 놈들, 내가 다 진실 밝히고 그다음에 엄마 따라갈게" 이렇게 인사했던 거 같아요. 그렇게 하고 나와서 ○○이가 어리고 하니까 사람들이 이제 "왜 보여주냐?"고 했는데….

면담자   ○○이도 같이 들어갔어요?

준영 엄마   예. 큰엄마도 못 가게 하고 신부님들도 못 들어가게 했는데, 제가 손을 꽉 잡고…. 아빠도 못 들어가게 했어요. 그래서 제가 손을 잡고 가서 오빠의 모습이 어떤 모습이든 오빠는 아마 동생이 보고 싶었을 거라고, 제가 그 얘기를 하면서 데리고 갔는데 ○○이가 그걸 나중에 얘기를 하더라고요. "오빠가, 영혼은 너를 못 봤기 때문에 아직 안 떠났어. 죽은 지 8일이지만 너를 못 봤고 엄마를 못 봤고 아빠를 못 봤기 때문에, 영혼이 떠나지 못했을 거야(울음). 내가 아는 아들은 그래. 너가 어떤 모습이든, 너가 보기에 너무 충격을 받을 모습이든 그래도 니 오빠 오준영이니까 가서 보자"고 제가 끌고 들어가서 봤어요.

근데 지금 안 본 형제자매들은 더 힘들어해요. 오빠한테 더 죄책감을 가져요. 오히려 ○○이는 그걸 고마워해요. 그리고 엄마가 그 아직도 (목소리 떨림) 영혼이 안 나갔기 때문에 나갈 수가 없다고 그러면서 봐야 된다고 했을 때, 그것 때문에 힘들 줄 알았는데 오히려 지금 더 고마워하고, 예. 지 안에 더 살아 있는 오빠로 남겨지는 거 같아요. 그래서 저는 그때 그거는 잘했던 거 같아요, 다른 건 몰라도. 저는 그때도 그렇게 생각을 했던 거 같아요. '준영이는 못 지켰지만 ○○이만은 내가 이대로 이렇게 할 수는 없겠다. 많이 내가 힘들고 좀 상황이 그렇더라도 나중을 생각해서 ○○이를 대해야겠다' 그 생각을 좀 했었어요, 그때.

그래서 오히려 더 담담해졌어요, 처음보다. 아까 "막 넘어지면서 갔다"라는 말을 강조한 게 그때는 이성을 잃을 정도였을 때는 그나마 '애가 살았다'라는 생각을 했었고, 아이의 그 일이 딱 벌어져서 마지막 모습을 봤을 때는 내가 엄마기 때문에 더 담담해졌던 거 같아요. 내가 그냥 걔의 큰엄마나 작은엄마나 이모였다면 보고 나서 더 슬펐을 텐데 우리 아이가 단순한 사고나 내가 실수를 해서, 유전적으로 암을 물려줘서 죽었다면 나는 지금 헤어 나오질 못해요. 근데 그게 아니잖아요, 지금은. 나도 잘못을 했지만, 가난하고 못 배워서 잘못을 했지만 그것만이 전부가 아니었잖아요. '내가 밝혀줄 건 밝히고 내가 용서받을 건 받아야 된다'는 생각을… 오히려 저는 그때 되게 담담해졌어요. 근데 저만 그런 게 아니라 준영이 아빠나 우리 큰엄마가 저보고 "독하다" 그랬어요. 오히려 더 담담해졌고, 오히려 그래서 준영이 아빠보고 장례를 이틀만, 애가 좀 많이 상해 있었기 때문에 이틀만 장례하고 그 뒤에는 슬퍼하기보다는 "우리 애가 왜 죽었는지 난 알아야겠다" 그래서 그다음 날 장례 치르고 여기 와서, 분향소 와서 마스크 쓰고 피켓 들고 "이제 가만히 있지 않겠다, 하겠다" 그거부터 시작하면서 지역 서명으로 간 거예요.

면담자   그러면 23일에 준영이를 만나서 바로 데리고 올라오셨나요?

준영 엄마   23일에 올라오지 못했어요, 유전자 검사 때문에. 21일 날 아이가 바뀐 게 있었잖아요? 그리고 20, 21일 날 저희가 그거를 진도체, 진도대교에서 한 다음에 22일 날 스물여섯인가 서른여섯 명인가 이렇게 막 많이 나왔어요. 그래 가지고 병원이 없었는데, 또 다른 애들 같은 경우는 "하루 정도 더 냉동실에 넣다" 이렇게 했는데 저는 그걸 못 하겠더라고요. 그래서 그러면 "안산이 [장례식장이] 없으면 시화라도 해서 그날 치르게 하자" 이렇게 해놓고 다 준비를 하고 있는데 유전자 검사를, 그 애를 상온에다 놓고…. 거기에 냉동고가 없었어요. 자기들 말로는 "냉동고에다 애를 넣는다"고 그랬는데 23일 날 아침에 제가 우리 애기를 봤잖아요. 11시 40분에 봤는데, 애가 밤에 갔어요. 24일 날 [저녁] 7시에.

면담자   안산 도착 시간이요?

준영 엄마   도착을 한 게 아니라 출발을 한 거예요.

면담자   많이 늦어졌네요?

준영 엄마   네, 그렇게 [제대로] 안 됐어요. 체계가 안 잡혔어요. 그 16일 날 다음 날도 아니고 8일이 지난 23일 날 아침에 봐서 24일 날 7시에 애를 데리고 나와 여기[안산에] 밤 12시에 도착을 했어요. 근데 그 아이를 상온에다가 놓고 그렇게 해서, 아이를 나중에 열었을 때는 더 부패가 된 거예요(한숨). 그래서 제일 먼저, 센트럴 병원 왔을 때 제일 제가 먼저 말한 게, 거기 밤 12시에 사람들이 다 지키고 있는데 '감사합니다'부터, 그 말을 한 게 아니라 "우리 애기, 빨리 냉동실에 넣어주세요" [그랬어요]. 23일 날 찾아서 24일 날 밤까지 너무 부패가 됐는데 근데 저는 냄새가 안 났어요, 우리 애한테서. 관을 붙들고 왔어요, 제가. "택시를 타고 뒤에 따라오라"는데 "왜 택시를 타고 따라가냐, 내 새끼랑 같이 가겠다" 해서 ○○이하고 준영이 아빠하고 저하고 셋이 관을 붙들고 갔어요, 혹시나 움직일까 봐.

면담자   앰뷸런스 타신 거죠?

준영 엄마   에, 앰뷸런스 그거 타고 그냥 왔어요. 그러니까 저희들 편의를 돕기 위해서 앰뷸런스…, 애기는[준영이는] 애기대로 가고 나중에 택시를 하나 잡아줬는데 아, 저희가 "그럴 필요 없다"고.

면담자   그냥 한꺼번에 앰뷸런스 타고….

준영 엄마   [택시는] 다른 분한테 양보하고 저는 이제 그거를 타고 왔죠. 그렇게 오는데 다른 분들은 뭐 "냄새가 났다" 그러는데 저는 전혀, 우리 ○○이도 냄새 안 났고. 그리고 와가지고 오자마자

준영 엄마 임영애

한 말이 "우리 아이 냉동실에 넣어주세요". (떨리는 목소리로) 그 말을 할 수가, 진짜 부모로서 하기가 힘든 말인데. 나중에 들어보니까 뭐 자기[준영이] "냉동고에 이름을 쓰라"는…. 저는 제가 쓰고 싶은 심정이었어요. 왜냐면 애들이 또 바뀔까 봐, 애들이 또 잘못할까 봐. 근데 그게 "인권침해고 뭐 그렇다"고 하니까 저는 더 이상할 말은 없지만, 그 사람들이 내 아이의 이름을 쓰는 것조차 싫었어요. 정말 쓰라면 내가 썼을 것 같은 그런 심정이었어요. 그게 이게 부모가 할 말이 아니잖아요. '냉동고에 내 아들 이름을 쓰고 싶었다'는 게요. 근데 정말 쓰라고 한 게, 그게 인권침해고 그게 마음 아픈 건데, 오히려 저는 그냥 이 사람 모두에게도 누구에게도 내 새끼를 조금이라도 맡기고 싶지가 않은 거예요. 제가 그때 무슨 말을 했냐면 "내가 염을 배울걸. 끝까지 내가 보낼걸" [그랬어요]. 남한테 맡기고 싶지가 않은 거예요. 이제 그게 마음 아플 수 있죠. 냉동고에다 이름을 쓰라는 거, 근데 저는 그 정도로 믿을 수가 없고 이제는 아이를 조금도 맡길 수가 없는 거예요. 그래서 애네 아빠가 친척 다 불러서 3일장을 [하자고] 얘기했는데, 그냥 2일장 했어요.

면담자   26일 오전에 발인했다고 그러셨죠?

준영 엄마   예예. 아침에 고맙게도 친구들이… 친구들이 어리잖아요, 고2, 고3. 다른 부모 입장에서 생각할 때 장례식장 가는 거까지는 좋은데 어린 나이에 너무 상처가 될까 봐. 그게 또 참사였잖아요, 그냥 사고도 아니고…. 그래서 힘들어할 줄 알았는데 어머님들이 흔쾌히 [허락]해서 아이들이 관을 들어줘 가지고, 제가 지금도 되게 감사하게 생각해요. 부모님들이나 친구들이나, 친구들이 한다고 해도 부모님들도 다 와주셨거든요. 정말 그거는… 제가, 준영이 친구가 그렇게 됐다면 그 친구한테는 미안하지만… 하지 말라고 했을 거 같은데 그렇게 해준 것도…. 정말 자식은 다 그런 거예요, 자식의 존재라는 게. 근데 되게 감사했어요.

면담자　　25일에 친구들이 장례식장에 왔네요?

준영 엄마　　(울먹이며) 예, 발인 날 그거를 하고 화장터에 갈 때까지, 우리 관을 다 들어줬어요, 그 친구들이 다섯 명이서. 그 친구들이 다른 친구도 그렇게 잃었거든요, 준영이뿐만 아니라, 예. 이렇게 했는데… 와서 해주고. 근데 그때 저는 고맙단 말도 안 했고, 어떻게 하라는 뭐 이렇게 인사도 안 하고, 애들하고 될 수 있으면 안 마주쳤어요. 아빠는 이렇게 다 챙기고 용돈도 주고 그런 거 같은데, 제가 될 수 있으면 안 했던 게 창피한 말이지만 아이가 보고 싶어서 그런 것도 아니고 다른 건 없었고, 음… 그때 무슨 생각이 들었냐면 (떨리는 목소리) 걔네한테 내가 상처를 줄 거 같은… 독한 마음이 너무 많아서 제가 될 수 있으면 친척들도 많이 피했고…, 와도 피했고. 그때는 모든 말이 다 저한텐 칼이었어요. 제 자체가 칼이었어요. 그래 가지고 정말 누가 나한테 좋은 말을 해주는데도 좋은 말로 들리지가 않아 가지고, 피해의식이 엄청 많이 있었기 때문에. 그때는 제가 ○○이한테도 말을 제대로 안 했어요. ○○이한테 '이렇게 해라', '저렇게 해라'는 말도 안 했고, 될 수 있으면 ○○이를 피했고, 말을 안 하려고 했고, 누가 와서 조문을 와도 얘기를 안 했어요. 그들의 말이 다 위로라고는 느꼈는데 위로로 들리지가 않아서. 제가 친구들한테는 항상 고마운 마음을 갖고 있는데, 그때도 제가 '밥을 먹었니? 어쨌니?' 챙겨주지를 않았고 될 수 있으면 피했어요.

그때는 내가 하는 모든… 숨소리조차 독으로 들릴 것 같더라구요. 내가 독이 그렇게 많았어요, 그때에는. 그리고 저기, 그때 받은 상처는 아직도 제가 갖고 있는데, 이제 그거를 씻으려고 노력은 하지만…. 시작은 엄마도 그렇고, 저희 큰언니가 "애들 다 같이 많이 죽었는데, 너만 죽은 거 아니지 않냐?"고. 그것도 저한테는 위로가 안 됐었고, 우리 형님이 "정신을 차려야지 애가 편하게 간다"라는 것도 좋으신 말씀인데 그것도 저한테는 힘들었고, 어차피 사람은 죽는 거라는 그런 얘기를 하시는, 그 기독교 분들도… 그게 다 독으로 다가와서 저도 다 독설로 할까 봐. 제가 그 팽목항에서 다 독설을 했었거든요? 근데 그분들은 잘못을 했잖아요. 그러니까 독설을 받을 수 있는 사람들이지만 친척들은, 지인들은, 준영이 친구들은 그러면 안 되는 거잖아요. 그러니까 되게 그때는 말도 안 하고, 그래서 저기 ○○이한테 우리 아들 친구가 그랬대요. "어머님 실어증 걸린 줄 알았다"고.

면담자   아, 말을 계속 안 하시니까요.

준영 엄마   안 하고, 거기[준영이 친구들이] 왔다는 얘기 들었는데도 안 갔었어요. 그래서 그렇게 이해를 했다더라고요.

면담자   어머니는 '내가 지금 말을 하면 여기 이 사람들은 가해자가 아닌데 상처를 주겠다' 생각해서 그러신 거고요?

준영 엄마   [말을] 안 했어요. 근데 팽목항에서 했던 거는 그들은 나한테 가해자였거든요. 내 새끼한테도 가해자였거든요. 그렇기 때문에 말을 해도 나중에 후회를 덜할 거 같았는데 이 사람들한테는… 그때는 정말 속에 독밖에 없었어요. 스스로 '내 숨소리조차도… 되게 독스럽다'라는 생각을 할 정도였으니까. 그때는 '말을 하지 말아야겠다'라고 생각을 했어요. 그리고 그 사람들한테도 제가 '냉동고에 내 새끼 이름을 내가 쓰고… 정도로 그렇게 사람을 못 믿었다'는 게…. 그 사람들이 뭔 죄가 있겠어요. 그 센트럴병원의 그 사람들도 얼마나 아파했었는데…. 그렇게 할 정도로 제가 독이 엄청 많았었어요. 근데 이제 이 말을 하는 이유는, 그게 풀어지는 건 뭐였냐면 제가 처음에 와서 그걸 했다고 그랬잖아요, 피케팅을 여기에 와서.

10
바로 시작한 진상 규명 활동

면담자   그게 며칠이었어요? 26일이 발인이었는데.

준영 엄마   27일 날.

면담자   바로 나오셨네요?

준영 엄마   예, 27일 날 바로 나왔어요, 분향소에. 분향소에 나와서 그때는 '뭐를 하겠다'라는 체계가 안 잡혀 있었고… 부모님들이 다 올라온 상태가 아니라, 지금처럼. '뭐를 할 거야?'라고가 없었기 때문에 일단은 분향소로 모여야지 아이들도 오고, 오는 아이들도 맞이할 수 있고. 근데 이제 그 독이 어[디]서 빠졌냐면, 사실 독이 다 빠지진 않았지만 어서 빠졌냐면, 인양. 그러기 전에, 아이가 올라오질 않았었어요, [그때까지] 5반에 두 명이나 안 올라왔어요. 성현이랑 건우랑 안 올라왔어요. 그래 가지고 제가 팽목항을 내려갔었어요.

면담자   성현이랑 건우요?

준영 엄마   큰 건우. 우리가 건우가 둘이 있어 갖고.

면담자   네, 8반에도 건우가 있죠?

준영 엄마   아니, 아니 그 건우 말고, 8반은 임건우, 우리는 큰 건우 김건우거든요. 김성현, 성현이가 준영이랑 되게 친했어요. 그래서 배에서 찍은 사진이 거진 성현이랑 같이 있는 사진이었거든요. 아, 제가 그래서 팽목항을 내려갔어요.

면담자   27일에 분향소에서 피케팅을 하셨다고 했잖아요? 그 다음에 내려가신 거죠?

준영 엄마   예. 피케팅하고 한 일주일 있다가 팽목항을[으로] 간 거 같아요. 거진 여기서 일주일을 제가 했던 거 같아요. 서명도 여기서 받았었거든요.

면담자   예예.

준영 엄마   그때는 이제 저기 서명이었죠, 그 특별법. (면담자: 4월에요?) 그걸 받았어요. 근데 크게 대외적으로 막 이렇게 받은 게 아니라 조금씩.

면담자   처음에는 특검 청원하는 서명이었던 것 같은데요.

준영 엄마   특검인가? 그렇게 해서 아마 받았을 거예요. 그 서명 받고 어… 그러고 나서 팽목항을 갔었잖아요. 그런데 이제, 그때 갔을 때 다윤이 어머님도 계셨었고 은화 어머님, 현철이 어머님, 중근이 어머니, 지현이 뭐 다 있었어요, 거기서 안 나온. 근데 아까 말을 못 했는데 저희가 갈 때 그 부모님들이 "죽은 아이 찾아서, 아… 찾아서 축하한다" 그랬고 "저희 먼저 찾아서 미안하다" 그러고 왔어요. 그리고 그 23일 날 [안산으로] 바로 온 게 아니었었잖아요? 그 저녁에는 어머님들을 피해 다녔어요, 미안해서. 밥도 못 먹을 정도, 거기 가서 잘 수도 없을 정도로 그렇게 찾았는데도 그렇게 죄스러운 마음이 들었었거든요? 그 마음으로 이제 팽목항엘 갔던 거예요, 갔는데(침묵).

면담자   같이 내려간 분이 있으셨어요?

| 준영 엄마 | 다른 분들이랑 준영이 아빠랑 가고, 다른 분들도 몇 명이 갔어요. 몇 명이 갔는데 저희는 ○○이가 집에 있으니까 다시 또 올라왔죠. 다시 갔다 왔던 당일 날 이렇게 올라오는데 저녁에, 이제 밤에 올라오는데 생각을 했어요. '아, 내가 아이를 찾은 게 고마운 일이구나. 내가 축하받을 일이고 내가 미안한 일인데, 이게 길게 가면 어떡하지?' 그렇게 생각을 하면서 '아니야, 인양은… 인양되기 전에 아이들은 다 올라와, 무슨 걱정이야'. 그때 한 달 만에, 성현이가 한 달 만에 올라왔잖아요? 그 전이기 때문에 그 애들이 [수습되지 못하고] 지금까지 그 배 안에 있을 거라는 생각을 전혀 안 하죠. 그때 더 정부를 더 알았더라면…. 그렇게 당하고도 정부를 다 알은[안] 게 아니에요. '해주겠지. 할 거야' 그렇기 때문에 "우리는 올라가서 그 아이들, 전체 아이들의 진실 규명을 해야 돼"라고, 저희는 그때부터 시작해서 지역 서명[운동]을 이렇게 한 거예요. 그게 이제 지역 서명[운동] 하고 그런 거는 그, 김병권 그 1기[집행부]의 생각이었던 거 같아요. 그 정무 아빠도 그때 임원이셨거든요. 그분이 이제 간담회를 제안하신 분이에요. 간담회는 9월 달에서부터 시작했지만 당시에는 지역 서명[운동을] 한 다음에 7월 달에 국회 들어가서 어… 이제 "특별법 제정해야 된다"고 하고. 우린 그때만 해도 '인양은 할 것이다, 아니 한다'라고 생각을 했기 때문에 저희가 그 "특별법 제정을 해야 된다. 그 안에 제정을 해야 된다" 막 이렇게 한 거예요. 근데 그때 우리가 너무 뭘 몰랐던 거죠. |
| 면담자 | 인양 자체는 특별히 요구하지 않아도 당연히 생각하 |

섰다는 말씀이시죠? (준영 엄마 : 당연히 될) 될 거라고 생각했고, 그 전에 수습도 다 될 거라고, 미수습자가 있을 거란 생각을 못 하셨던 거죠?

준영 엄마　네, 네. 그때쯤 시연이 엄마랑 만나서 가끔 하는 얘기가, 그러면 그분들이 국회에 가신 그때는 활동하신 분들 많았으니까, "우리는 팽목항엘 내려가서 그분들을 더 보듬었어야 되는데 그걸 못 했다"라고. 우리 시연이 엄마나 나는 무슨 생각을 했냐면 '인양은, 인양이라는 걸 떠나서 우리 애들은 다 올라와. 어떻게, 왜 안 올라오겠어? [하루에 잠수사가] 뭐 네 번, 세 명 들어가서 한다잖아'. 그리고 그때 "민간 잠수사를 해체하라"고 해경이 그랬다는 건 저흰 알지도 못했기 때문에. 그럴 수가 없잖아요, 애가 배 안에 있는데. 그리고 지현이도 올라오지도 않고 다 그러고 있는데, 그리고 우리가 한 달 만에 성현이, 건우도 봐서 그때 막 다 막 장례식장도 갔… 그때는 오는 애들마다 다 다녔었거든요. 그러면서 우리는 그런 것까지는 생각을 못 했죠. '다 올 것이다'라고만 생각을 했었기 때문에 그 당시에는 특별법만 생각을 했던 거예요. 그래서 7월 14일 날 국회를, 지역 서명[운동]이 끝나는 날 들어갔죠. 그때는 특별법만 되면… 그리고 저는 특별법은 될 거라고 또 생각을 했어요, 막연하게. 그래서 제가 하는 말이 "우리가 너무 뭘 몰랐다. 당해도 당해도 몰랐다…"[예요].

　　그 전에는 '설마 그렇게 애를 전원 구조 안 하겠어? 그렇게 해서 애 버려놓고, 아니 그 애가 배 안에 있는데 안 건져주겠어? 설마,

설마⋯ 그렇게 또 당해놓고. 아니 사람이 죽어갔고, 내가 다시 살려내라는 것도 아니고 내가 내 새끼 왜 죽었는지 진실을 알려면 수사권, 기소권, 조사권이 필요하다는데 그걸 왜 안 해줘? 그걸 왜 안 해줄 이유가 뭐 있어? 그리고 자기네도 책임을 못 진거니까, 그럼 초기 대응을 못 했으니까 그거에 대한 책임감으로 해줘야지. 지네가 범인이 아니면⋯' 이렇게 생각하고 했던 게, 설마설마했던 게 지금 2년이 다 돼가도록 계속 당하면서도 부모들은 아직도 설마 해, 아직도 설마. 그게 저희들의 큰 문제점이에요. 왜냐면 이게 지금 잘못 돌아가고 있기 때문에, 사람 세상이 다 설마설마로 돌아가잖아요. "설마 그러겠어?"

면담자 설마 하셨던 게 다 사실이 되어버렸죠?

준영 엄마 다⋯ 이게 다 거꾸로 돌아가는 걸, 아이를 잃고도 못 느끼는 거예요. 어머님들이 그런 말씀 하시더라구요. "저희 아이가 그 세상을 가르쳐주고 갔다"고. 근데 가르쳐주고 간 건지는 모르겠지만 아직도 몰라요, 부모님들이 아직도. 지금 이렇게 됐으면 다시 인양으로, 거꾸로라도 가야 되는 거거든요. 근데 계속 '진실'이에요. 걔네들이 원하는 페이스대로 간다고 저는 생각을 해요. 제 말이 다 맞는 건 아니지만 정말 저희는 거꾸로 가고 있다고요, 지금.

그러기 때문에 지금은 우리가 놓친 것들이 너무 많아요. 안산부터도⋯ 안산부터 갔어야 되잖아요. '안산은 이해해 주겠지. 우리 안산 아이들이, 단원고 아이들이 이렇게 이렇게 됐기 때문에 이들은 정말 가능할[이해할] 거야'. 근데 이 사람들이 나중에 분향소에 불을 지르려고 했었잖아요, 안산, 안산 시민이…. 그분이 어떤 성향을 갖고 있는 분인진 모르지만 와서 욕을 한다거나 이런 게 다른 사람들, 다른 지역 사람들이 듣기에는 얼마나 창피한 일인지 몰라요. "니네들이 하는 꼬라지가 그러니까 그분들이 그러는 거야. 다 괜히 그러겠어? 유가족답지 않게 했기 때문에 그러는 거야"라고 남 얘기 하듯이 그렇게 하거든요. "유가족들 완전 갑질이야"까지도 나오잖아요. 내 안에부터 다독이지 못하고, 그냥 먼 저기만 봤던 거예요.

근데 그걸 저도 뭐라고 할 수 없고 누가 뭐라고 할 수도 없어요. 왜냐면은 저희는 정말 경황없이 왔고…. 근데 지금이라도, 지금이라도 저는 팽목항, 이 모든 게 다 중요하고 아프다고 덮을 건 아니에요. 교실 존치도 그렇고, 지금이라도 다시……. 〈비공개〉 근데 죽은 아이들이 그걸 원할까요? 죽은 아이들도 진실을 원하지만 그걸 [친구들과 함께 하지 못하는 상황을] 원하지는 않을 거예요. 친구들이 함께 돌아오고 그리고 졸업 이 문제도, 아이들이 [아직 다] 못 돌아와서 졸업을 못 한 걸, 저희가 교실 존치를 안 해주는 [데 대한] 억하심정 때문에 학교에, 교육청에 그래서 안 한 걸로 지금 비춰지는 건 우리에게도 잘못이 있는 거죠. 안쪽부터 못 가고 거꾸로 일을 했다는 게 나타나는 거죠. 지금은 이제 "경황이 없었다", "처음 겪는 일이라 그랬다" 이런 [건] 핑계가 되지가 않는 거라 생각을 해요.

그러기 때문에 제가 이 구술, 이것도 안 하려고 했었거든요. 아파서 안 하려고 한 게 아니라 저는 다른 생각을 좀 많이 갖고 있어서. 제 생각을 다 얘기한다는 것이 폐가 될 거 같더라고요, 이 세월호 가족들한테, 우리 가족들한테. 그래서 안 하려고 했었는데, 저는 이런 얘기는 꼭 해드리고 싶었던 거예요. '저희 유가족들도 이제는 경황이 없어서 그래서 그렇게 못 했다, 이런 핑계는 이제 대지 말고 자기 자식을 위한, 가슴에 담은 진실 규명이라면 다시 한번 생각을 해봤으면 좋겠다. 나도 엄마고, 세월호 유가족이고 하니까 다시 좀 새로 돌아가자. 네, 청문회도 했었고 그 아이들 졸업식도 했었으니까 늦었다고 생각하지 말고 다시 돌아가자' 그 생각을 해요. 팽목항에서의 저희가 뭐 느꼈던 그런 감정들, 그런 아픈 감정들, 이젠 다 그걸 덮어야 되는 거예요, 그거를. 그거는 내 가슴속에 덮고 내 이래서 이랬다 이런 거라기보다는 이제는 다시 시작을 했으면 좋겠다, 이 시점에서, 그런 생각을 하기 때문에. 저도 이제 되짚어 보는 마음으로 이렇게 하게 된 거예요.

11
우리가 버림받았다고 생각하지 않게 해주세요

면담자   팽목에 가셨을 때 여전히 진도체육관에는 미수습자 가족들이 남아 있었잖아요?

준영 엄마   예예.

면담자   5반 같은 경우도 한 달쯤 시간이 지나서야 친구들이 다 돌아왔는데, 그러니까 활동하고 계셨던 7월에는 그분들에게까지 생각이 못 미쳤던 거죠?

준영 엄마   많이 못 해줬던 거죠. 아이를 찾아서 오신 분들은 아예 팽목항을 한 번도 안 가신 분도 있을 정도였으니까. 그랬었던 거죠. 그리고 저 같은 생각을 했겠지요. '우리가 아니어도 아이는… 당연히 올라온다'고. 그러면은 저희가 '할 거는 진상 규명이다'라고 생각을 했겠죠. 그렇게 하기 위해서는 특별법이 중요하지 당연히 될 인양, 왜 그거를 얘기하느냐, 그때까지도. 미수습자[가족]들도 그렇게 생각을 했다는 거예요. 그렇게 생각을 했고 그 "특별법에 인양 좀 넣어달라"고 몇 번을 말했다는 거예요. 근데 이제 "인양은 어차피 되는 건데, 굳이 특별법도 될지 안 될지도 모르는데 그걸 넣냐" 이런 식으로 해서 특별법 그거만 했으니까 거기서 벌어진 상처가 큰 거죠.

면담자   그러면 어머니는 언제 생각이 바뀌셨어요?

준영 엄마   저는 처음부터 인양된다는 거 생각을 했었지만도 어, 다윤이 엄마나 그 내려가서 볼 때 그 심정을 되게 많이 생각을 하잖아요. 그리고 팽목항에 좀 가끔 내려간 편이었어요, 저 같은 경우는.

면담자   2014년 하반기에 계속 내려가셨던 거죠?

준영 엄마   예예. 내려가면서 했었고, 제일 많이 생각했던 게 '준영이가 저기 있으면' 그런 마음으로. 근데 '내가 생각하는 마음으로 저분들은 저러고 있을까?'라는 생각은 항상은 했었어요. 저 사람들은 '설마 구해주겠지라는 마음으로 있을까?' 저 같은 경우는 시연이 엄마하고도 그런 대화를 많이 했었고, 그렇게[그렇기] 때문에 저는 미수습자 얘기를 9월에 간담회에서 처음 시작하면서도 제일 많이, 중점을 두고 했었고. 저희들이, 가족들이 특별법을 하려고 국회에 가고 있지만 "제일 중요한 건 인양이다. 아직도 배 안에 있다"[라고 했죠]. 그때 지현이가 올라와서… 제가 울산에서 간담회를 하고 있는데, 이 핸드폰을 틀어놓고 하고 있었어요. 말을 하면서도 계속 이거를 이렇게 봤어요. 〈비공개〉 "언니, 지현이가 생일날 올라왔어" 이렇게 된 거예요. 그때 엄청 많이 울고, 그 울산 분들한테도 제가 다시 얘기를 했고 그런 상황이었거든요. 저는 계속 인양 쪽으로 많이 얘기를 했던 사람이에요, 처음부터가. 광주 재판에 갔을 때도, 광주 재판이니까 걔네들 저기[사건 책임자 형사소송] 하는 건데, 거기서도 제가 진술서에도 그렇게 썼었거든요. (떨리는 목소리로) "우리 아이들 이런 책임자 처벌도 중요하고 다 중요하지만, 지금 아직도 배 안에 있는 아이들, 그 부모의 심정, 하늘나라에 갔지만 가슴에 담지 못하는 그런 부모의 심정, 살아 왔지만 그 아이의 아픔을 고스란히 보고 있는 부모의 심정, 생존자, 미수습자, 그걸 다 봐달라"고 제가 진술을 했었거든요. 저는 항상 인양은 생각하고 있었어요.

면담자   은화 어머니나 다윤이 어머니한테 얘기를 들으면서 생각이 바뀐 부분도 있으세요?

준영 엄마　　　그건 아니고, '배 안에 사람이 있다'라는 건 정말 그
거는 말이 안 되는 거죠, 그건 말이 안 되는 거고. 준영이 친구를
떠나서 내 일이 아니더라도 아직까지도 '배 안에 사람이 있다'라는
거는 너무 끔찍한 말이고…. 그 얘기를 계속해야 되는 게 저는 더
아파요, 자식을 잃은 것도 아프지만 그 얘기를 한다는 자체가. 우
리가 제일 지금 뭐 한 게 "나는 버려졌다"고 얘기를 하잖아요. "나
는 내 새끼를 버렸고, 다 버렸다"고 하는데 '아니야, 버린 거 아니
야'라는 말이 위로가 되거든요. '어, 너희들 버림받은 거 아니야, 너
네가 가난하다고, 니네가 못 벌었다고, 니네를 버렸겠어? 그거 아
니야. 국회의원 아들이라고 살았겠고, 뭐 강남애들이라 살았겠
고… 그거 아니야. 니네는 버려진 게 아니야'라고 하는 그 위로를
저는 듣고 싶거든요. "네가 죽인 거 아니야. 니가 못나서 니 새끼
버림받은 거 아니야. 그리고 너도 버림받은 거 아니야"라고 말하는
걸 듣고 싶은데 세상은 계속 '나를 버렸다'라는 걸 알려주잖아요.
이 정부는 나한테 그렇게 얘기를 해주잖아요. 근데 '그거 아니야',
아니라고 얘기를 해줬으면 좋겠거든요.

　　근데 세월호 배 안에 애들이 있는 한은, 그 아홉 명이 있는 한은
버렸다는 걸[버려졌다는 생각을] 버릴 수가 없어요. 내 새끼가 그렇
게 될 수도 있는 상황이었거든요. 첫 번째 나온 아이는, 17일 날 나
온 아이는 그나마, 그나마 훼손이 덜 됐잖아요. 그나마, 그나마 계
속 그랬잖아요. 저 "8일 만에 나와서 아이 상했다"고 했는데 한 달

준영 엄마 임영애

만에 나온 아이, 그렇지 못한 아이도 되게 많았잖아요. 지현이도 그랬잖아요. 그런 아이들을 다 보면 제가 어떻게 버림받지 않았다고, '너 버림받지 않았어. 니가 가난해서 그렇게 된 거 아니야'라고 어떻게 제가 받아들이겠어요. 배 안에 아이가 아직도 있는데. 그래서 제일 힘든 게 그거예요. '내가 못나서 내 새끼 못 지켰다'라는 게, 죄책감이거든요. 4월 15일 날 "엄마, 나 무서워요" 했는데 어른들 믿으라고 그렇게 보냈던 죄책감을 씻을 수도 없는데.

면담자   아이들이 돌아오지 못한 것도 지금 자기 탓이라고 생각을 하는데….

준영 엄마   그렇죠, 그렇잖아요. '그래 사고로 그렇게 죽을 수 있어, 근데 구하지 않아서 그 안에 남아 있어. 그래서 사건이 됐어, 내 새끼가. 다른 것도 아닌 참사로 내 새끼가 죽었어' 그거는 씻을 수가 없는 아픔이거든요. 나는 그냥 그랬으면 좋겠어요. '우리 아이가 저의 유전자를 받아서 암으로 죽었어요' 난 이거는 말할 수 있을 거 같아요. 근데 '세월호 참사로 우리 아이가 죽었어요. 제가 (울먹이며) 가난하고 못나서 죽었어요'라고 말하는 거 하고는 되게 틀린[다른] 거거든요. 그렇게 되면 부모로서, 진짜 엄마로서 자식을 배에 이렇게 열 달을 품어서 내놨는데 내가 못나서 내 새끼가 죽었대요, 그거만큼 버림받은 거 없거든요. 근데 아직도 배 안에 사람이 있어요.

제가 "세월호 참사"라는 말을 어디 가서도 하기가 힘든데, 말할 때 "저는 세월호 엄마입니다, 646일째". 꼭 얘기를 하고 가요. 왜? 제가 제일 지우고 싶거든요. 부모가 제일 지우고 싶고, 부모가 제일 지겹고, 그만했으면 좋겠는 게 부모예요. 어느 부모가 내 새끼 죽은 걸 2년, 3년… 뭐, 다른 사람들도 30년 만에 누명을 벗는다지만 내 새끼가 죽었다는 얘기를, 잊혀져 가는 데서 얘기를 한다는 건 부모로서 정말 힘든 거거든요.

근데 인양 얘기는 이제 그만했으면 좋겠어요, 구해서. 이제는 [미수습자들이 돌아]와서 그 얘기만이라도 그만하면 좀 살 거 같아요. 숨통이 트일 거 같아요. '아직도 배 안에 아홉 명이 있다'라는 말만 안 하고 '내 새끼가 왜 죽었는지 진실 좀 밝혀주세요'라는 말만 해도 살 거 같아요. 어떻게 그 말을 지금도 할 수 있는지….

나는 '내가 너무 잔인하다'는 생각을 한 게 팽목, 저기 간담회 가서 "아직도 배 안에 아홉 명의 사람이 있습니다" 얘기하는데, 그 얘기를 할 수 있는 내가, 이렇게 떨림 없이 얘기를 하는 내가 참 무섭다, '이렇게 만든 정부는 나 몰라라 하는데 나는 이러고 다니고 있구나' 이게 제일 무섭거든요. 간담회 가서 우리 아이들이 왜 죽었는지, 304명이 왜 죽었는지 진실 규명만 얘기했으면 좋겠어요, 인양 얘기 아니고. 그 얘기 할 때마다 소름이 끼쳐요. '버림받았다'라는 걸 자꾸 느끼게 해줘요, 그 말이. 그리고 현수막을 이렇게 보면 "우리 아이들 진실 밝혀주세요" 할 때는 그냥 이렇게 가는데, "아직도 세월호 안에, 배 안에 아홉 명이 있다" 그러면 운전 못 할 거 같아요, 제가 운전은 못 하지만. 그것만 말 안 했으면 좋겠어요, 정말

준영 엄마 임영애

[미수습자들이 다들] 올라와서. 근데 안 올라왔는데 말 안 할 수는 없잖아요. 그게 제일 아파요, 마음이.

〈비공개〉

12
'세월호 엄마'로서 느끼는 안타까움과 희망

면담자　어머니도 유가족이시니까 미수습자 가족인 은화 엄마, 다윤이 엄마와 상황이 다르잖아요.

준영 엄마　그게 제일 힘들어요. 〈비공개〉 사실 생존자들이 〈나쁜 나라〉 거기에 그거[등장한 장면을] 빼달라고 했을 때 서운했어요. 근데도 우리 준영이 친구들 83명 졸업할 때는 정말 진심으로 축하해 줬거든요. '가서 기죽지 말고 아픈 학교, 단원고 나왔다고 기죽지 말고 내 아이들 몫까지…'. 정말 우리 아이들이 실업계가 아니고 인문계였었잖아요? 그렇기 때문에 다 대학을 가진 않았지만 그래도 절반은 갔을 거 아니에요. 그러면서 너희들이 대학생활을 얼마나… 공부도 하겠지만 그 대학생활에 대한 그런 선망이 있고, 저는 못 해봤지만. 아, 그런 게 있잖아요. 그런 거 진짜 예쁘게, 다른 대학생들처럼. 사실 우리 단원고 하면 '특례다' 이런 게 있잖아요. (떨리는 목소리로) 그러면은 맘이 아파요. (울먹이며) 졸업할 때 우리 아이들 '특례라서 기죽으면 어떡하지, 특례라고', 그런 게 사실 제일 마음 아프거든요. 사실 서운한 게 있으면서도 그게 제일 신경 쓰여요. "교실 존치 안 했으면 좋겠다" [재학생] 부모님들이 이렇게 얘기하는 거 서운하지만, 그래도 한편으론 '우리 애들 특례라고, 들어가 가지고 (울먹이며) 그냥 맴돌면 어떡하지?' 그게 제일 마음 아픈 거예요. 배 안에 있는 애는 배 안에 있는 애대로, 그 안에 있는 애들은 그 안에 있는 애대로 가슴에 담지 못하는 우리 아이들대로 되게 아픈 거예요. 지금 생존자, 미수습자 이렇게 나눠진 거 자체가.

근데 미수습자는 정말 우리가 안고 가야 될 가족이잖아요. 제일 아픈 가족이잖아요. 그래서 저는 저희 친오빠가, 제가 오빠 하나라 그랬잖아요, 장애인 오빠가 있었어요. 어렸을 때 이렇게 가셨기 때문에 그런 존잰 거 같아요, 보호해 주고… 되게 아픈 오빠. 이렇게 자식을 낳았는데, 둘을 낳았는데 하나는 건강하고 하나는 아프면 아픈 아이한테 [마음이 더] 가잖아요? 미수습자 가족은 그런 가족이라고 생각을 해요. 그런 자식이라고 생각을 해요. 큰애한테 저희가 항상 그러잖아요. '쟤 아프니까 제대로 보살펴 주고 신경 써줘라' 그런 거처럼 다수, '소수가 아닌 유가족이 미수습자를 해줘야 되지 않나' 그런 생각을 해요.

그리고 저희는, 생존자는[생존 학생들을] 이제 단원고 학생이라고 봐주지 말고, '그냥 학생'이라고 그렇게 거리를 뒀으면 좋겠어요. 요번에 아이들이 돌아오지 못해서 졸업식을 안 했다라는 거지, 졸업식을 저희… 안 간 거는 참 잘한 거 같아요. 괜히 졸업식을 아

준영 엄마 임영애

프게, 슬프게 하는 거 같아서. 저희 부모님들이 무슨 이유에서든 그 졸업식에는 정말… 근데 보도가……. 저는 마음이 그렇게 갔으면 좋겠는데. 아픈 졸업식 말고, 저희들 봐서 친구들 생각하는 그런 졸업식 말고 '정말 내가 단원고 3년을 잘 보냈다, 그래서 내가 받는 졸업식이다' 저는 이렇게 보도가 됐으면 좋겠는데. 사실 그렇게 유경근 그분이 대변을 그렇게 하셨잖아요? 제가 그걸 보면서 '좀 성급하시지 않으셨나' [했어요]. 그거는 맞는 거지만 부모잖아요, 저희도. 친구들이잖아요, 83명. 그래서 그런 식으로 좀 보냈으면 더 좋았을 텐데. 그 아이들을 보내는 그 축시도 좋고 다 좋지만 '너희들을 위해서 내가 가지 않겠다'[라는 마음이었는데]. 근데 잘못 비춰졌잖아요. 그리고 이제 생존자도 "우리가 안 간다"고 공표를 해놨기 때문에 마음 상했을 수도 있는 거예요. 그리고 거기 장관 오고 [출입이 통제되어] "표를 주고 들어갔다"[잖아요], 단원고 엄청 웃기게 됐잖아요. 그러니까 입장을 생각을 한다면, 서로 좀 이해를 했다면 그런 일은, 졸업식에 그런 일은 없었을 거예요. 누가 [졸업식] 번호를 주고 대문을 잠그고 그렇게 하겠어요?

근데 그 사람들만의 잘못일까요? 저희에게도 잘못은 있는 거예요. 그러니까 저는 그렇게 졸업식을 했으면 좋겠고, 제가 페이스북에 그거를 올리려는 찰나에, 제가 '아이들이 정말 그나마 다른 고등학교랑 똑같이, 똑같이 그렇게 졸업을 했으면' 하는 마음에 '저희는 안 갔으면 좋겠다'라고 얘기를 하려는 찰나에 그렇게 올리셨었어요. 그래서 그분을 막 욕하는 게 아니라 조금만 '그분, 그 생존자들 생각해 주고, 조금만 미수습자 생각하고, 조금만 유가족을 생각한다면 '조금 더 낫지 않을까' 그런 거죠. 누가 잘했다, 잘못했다는 아니에요.

면담자　　어려운 문젠 거 같아요.

준영 엄마　　그렇죠, 어렵죠. 근데 어려운데 저희는 엄마잖아요, 부모잖아요. 그러면은 먼저 그걸 더 생각을 해야 되는 게 그게 저희의 굴레인 거 같아요. 저는 그렇게 생각했어요, 저는. 저도 그렇게 생각이 많은 사람은 아닌데 화나면 다혈질이에요. 딱 일단 질러보고 보는 성격이었거든요. 근데 '세월호 엄마가 된 이상은 조금은 더 생각을 해야 된다'라는 생각을 하고 있어요.

면담자　　아이들의 입장을 생각해서.

준영 엄마　　그렇죠. 준영이가 내 안에 있을 때에는 그냥 임영애로다가 많이 살았어요, 사실은. 준영이가 이렇게 크게 18년을 살면서도 저는 그래도 '임영애' 그리고 '뉴코아의 매니저'… 그렇게 그렇게 살았지만, 지금은 이제 '준영이 엄마'로 살아야 되니까요. 그러니까는 좀 많이 생각을 해야 되는 입장에서 저도 인양을 그렇게 많이 생각하게 된 거고….

제가 지금 생각하는 게 다 옳다는 건 아니에요. 그렇지만 [생존자, 유가족, 미수습자] 이 세 개로 나뉜 것 자체가 우리한테는 정말 십자가 같은 거거든요. 십자가에서 조금은 더 생각을 해서 조금이라도 행동을 한다면 바깥에서 볼 때 '그래도 저 사람들은 내분이 좀 있다고 하더라도 해결할 수 있어'[라면 좋겠는데]. 근데 지금 사실 해결 못 하거든요. 이거 너무 곪았어요. 조금만 생각하고 생존자들 [대]해줬다면 생존자하고도 사이가 좋을 텐데… 지금 생존자 부모님들하고….

면담자   보지도 않고?

준영 엄마   예. 보지도 않고 생존자 부모님들은 우리를 욕하고, 우리도 그렇게 되고, 미수습자도 그렇게 되고, 그렇게 되는 거예요. 그래서 이제는 누구 엄마로, 세월호 엄마로, 그게 제일 중요한 거 같아요.

면담자   세월호 엄마라고 생각하면 좀 입장 차이가 줄어들겠네요?

준영 엄마   그렇죠. 저는 그거를 좀 많이, 그렇게 했으면 좋겠어요. 그리고 광주 거기[5·18희생자 단체] 갔을 때도, 거기도 그분들이 제일 많이 하시는 말이 그거였거든요. "일치가 되지 않으면 아무것도 안 된다. 니네들이 말하는 진실 규명 그거 되지도 않고". 선배면 선배시잖아요, 그리고 "뭉치지 않으면 [안 된다]. 그리고 지금 치고 받고 해도 감정까지는 상하지 말아야 된다" 그렇게 말씀을 하셨어요. 저기 밀양[송전탑 건설 반대 투쟁]도 이번에 10년이 되셨거든요. 아, 12월 26일. 그랬는데 그분들도 그렇게 말씀을 하셨어요. 자기네들도 이간질을 시키는 사람도 있었고, 분열이 되고, 10년 동안 그렇게 저기 많이 왔는데 "그래도 버티게 하는 거는 우리는 가족이

다"라고 하셨거든요. 그분들이 하시는 말씀이 "나는 생존권이다. 내가 먹을 터전을 말하는 건데 니네는 자식을 죽였기, 자식을 잃은 거기 때문에 니네가 더 싸워야 되는데 분열되는 모습을 바깥까지 보여준 거는… 너희들은 힘들다, 그러기 때문에 일치를 해야 된다. 간담회도 좋고 하지만 너희들은 일치를 하지 않으면 [안 된다]". 예, 예, 그게 제일 중요하고, 그것만 잘했어도 저희가 조금 더 낫지 않았을까? 결과물을 갖고는 뭐 말할 순 없지만 그래도 좀 더 낫고 덜, 덜 힘들지 않았을까? 사실 그게 힘들었어요. 경찰이 막는 건 당연한 거죠. 그리고 정부는 숨겨야 되니까 막는 것도, 왜곡하는 것도, 저희를 오히려 쓰레기 취급을 하는 것도 다 맞는 거죠. 그거는 당연하다고 생각을 했고, 그러기 때문에 저희가 싸워야 된다고 생각을 했기 때문에 부모들이 직장 다 그만두고 할 수 있는 건 다 했던 거잖아요.

근데 가족이 이렇게 되는 거는 생각지도 않던 데서 막 터지는 느낌이 들어서 되게 힘들어요. 미수습자 [가족이] 하는 말들도 이해하면서도 칼날로 다가오고, 생존자의 눈빛도 칼날로 다가오고, 같은 유가족끼리도 활동 안 하고 또 나뉘어져 있잖아요. 그리고 너는… 나는 이런 게 또 있어요. '나는 추운데 피케팅하는데 너는 그거 안 했잖아. 나는 몇 번 했는데' 그게 어쩔 수 없이 나오는 거예요, 사람이니까. 그런 걸로도 상처를 되게 많이 받거든요.

근데 제일 중요한 건 그냥 세월호 엄마… 그거를 잃지 않는 거 같아요. 이제는 준영이가 아니라 '우리 애들, 우리 아이들', 이렇게 하는 게 저한테 되게 큰 힘이 돼요. 처음에 아니, 이렇게 아이들이 많이 했어도[희생됐어도] 제 눈에 들어오는 거는 준영이거든요. 그랬는데 지금은 준영이도 들어오지만, 엄마니까 들어오지만, 그래도 우리 250명의 아이들 이렇게 할 때, 어… 아프죠. 그렇게 많은 아이가 간 건 아픈데 오히려 그게 저한테는 큰 힘이 돼서…. 그래, 한두 명도 아니고, 이 250명의 준영이와 그 친구들의 힘이 나한테 있는 게 더 큰 힘… 250개의 날개가 있는 거 같은 그런 느낌을 받을 때는 '부모들도 같이 세월호 엄마, 이런 마음을 잃지 말고 이렇게 갔으면 좋겠다' 그걸로다가 저는 오히려 더 버티는 것 같아요.

그리고 그 힘을 주는 게 뭐냐면 시민들이에요. 저 혼자 뭐 '260, 250명 생각하고 날개를 달았다' 생각하면 해봤자잖아요. 근데 나가 보니까, 어우, 정말 내가 날개 260개를 달은[단] 거 같애. 왜냐면 시민들이 저렇게 일어나 줄 거란 생각을 못 했어요, 솔직히 말해서. 아까 팽목항에서 [상황을 이야기할 때] 말을 못 했는데 정부도 저를 버렸고 해경들도 버렸고, 저희들을 감시하는 것은 그 사복경찰밖에 없었는데 3일 되니까 '기적의 노란리본'이라고 이 카톡에 계속 뜨는 거예요. 그때 엄청 정말 '뭐를 얻은 거 같다'라는 그런 게 있었어요. 저희 가족들은 정말 정신 못 차리고 독으로만 있고 저도 그랬는데, 노란 그 세계, 그 '기적의 리본' 하는데……. 그 '버림, 버림받았다'는 생각을 많이 했다 그랬잖아요? 그나마, '그나마 아직은 버림받지 않았구나', 그거를 느꼈었거든요. 그때 진짜 놀라웠어요.

지금 이렇게 하면서 [높은 사람들이] 노란 리본을 만드는 건 괜찮아요. '그럴 수 있다'라고 생각을 해요. 근데 그들은 다 버렸잖아요, 와가지고. 자기들 왔다는 표시로 기념사진이나 찍고, 먹지도 못하는 분들, 부모 앞에서 밥 먹고 막 그러는 걸 보면서… 해경은 맨날 잡아와야지 서 있고, 그런 걸 보고 할 때 그게[노란 리본을 한 시민들] 제일 감동적인 거예요. 그래서 간담회 가면 팽목항에서 제일 힘들었던 거를 이렇게 물어보세요. 그럼 아이가 죽었는지 살았는지 몰랐던 그거랑 제일 힘을 받았던 거는 다른 분들은 다 '자봉'이라고 생각을 하시더라구요. 그런데 저는 그 노란 리본이었다고…. 저희 단원고도 그랬고, 촛불집회에서도 또 해주셨어요.

면담자　　　지역에서도 많이 했죠.

준영 엄마　　　예, 지역별로. 17일 날 그걸 들으면서 그때 정말 많이 울었거든요, 팽목항에서. 그때는 아이를 잃은 슬픔이 아니라 이제 포기[하려고 했을 때] 이 아이가 죽어서 돌아오더라도 '나는 버림받지 않았구나'라고 느끼게 해줬던, 그런 촛불집회. 그래서 제가 촛불집회 그거를 찍어 이렇게 캡처해 가지고 계속 보고 있었거든요. 그게 큰 힘이었어요, 그 노란 리본…. 지금도 노란 리본을 계속 많이 달아주고 계신데, 그때의 노란 리본은 아직도 잊을 수가 없어요. 그래서 제가 세월호 엄마로 살 수 있고, 힘을 낼 수 있고, 250개의 날개로…. 제가 생각을 할 수 있는 거는 시민들의 힘이 되게 컸던 거 같아요. 그래서 간담회를 계속 가서 '알려야겠다' 했죠.

준영 엄마 임영애

13
간담회 자리에서 접한 반응들

면담자　　간담회 얘기로 자연스럽게 넘어가면요, 아까 말씀하셨던 미수습자나 인양 얘기를 할 때 혹시 좀 다른 생각이나 그런 반응을 접한 적은 없으셨어요?

준영 엄마　　그런 큰 반응을 느끼진 않았는데…. 처음에 가서 제가 인양 얘기를, "우리 아이들이 빨리 돌아왔으면 좋겠다"는 얘기를 했는데, 그분들도 돌아올 건데 그게 중요한 건 아니라는 생각을 하셨는지 제가 그 [인양] 얘기를 하면 질문은, 인양에 대한 질문은 없었어요. 특별법이 어떻게 되냐, 그래서 "부모들은 지금 무엇을 하고 있느냐?". 그리고 그때는 뭐 박영선의 특별법 제정이 중요했기 때문에 그렇게 얘길 했었고, 저희가 처음에 인양 얘기를 했을 때는 별 반응이 없었어요. 지금[이나] 인양에 대해서 많이 물어보시고 관심을 가지시지, [당시에는] 그분들도 이제 저와 같은 생각이었던 거죠. '어? 아직도 안 됐어?' 이런 식으로 하시는데, 그 당시에는 인양에 대해서 질문도 없었고 제가 말을 하면 '그런가 보다'라고 생각을 하셨고…. 어, 그래서 그때는 '미수습자'라는 말을 쓰지도 않았고 '실종자'라고 썼기 때문에 '미수습, 수습을 안 했다'는 거기까지도 생각을 안 하셨어요. 그 말의 차이가 엄청 크잖아요. 그때는 그런 게 없었고, 저희한테 "힘을 잃지 않았으면 좋겠다"에 중점을 [두고], 간담회를 좀 많이 그렇게 이끌어가시더라고요, 그 대책위에

207

2회차

서. 지역대책위에서 그렇게 많이 이끌어가셨고, 저도, 준영이 아빠도 인양 얘기는 한마디도 안 했어요. 다른 분들도 그랬었고, 저는 그렇게 했었죠. 왜냐면 저한테 다가온 거는 '그런 아픈 건 빨리 그부터 해결을 해야 되겠다'는 생각을 했었고. [선체 수색 당시] 네 번이나 들어갔는데 지현이를 못 보고 또 들어간 데서 지현이를 찾아왔으니까 '뭔가가 잘못되고 있다'라는 생각을 했기 때문에 이제 계속 설마, 설마 하면서도 그런 [다른] 얘기를 많이 했었던 거였었기 때문에⋯ 그랬었는데 별다른 반응은 없었어요, 인양에 대해서는. 지금에서나 인양에 대해서 반응이 있지, 시민들도 없었고. 가족대책위도 그거에 대해서는 별로 없었고, 4·16연대[4월16일의약속국민연대]의 힘⋯ 그거 후원받는 거, 그런 거에 대해서 관심이 되게 많았고.

제가 지방에 가가지고 후원금을 뭐 3000원인데 만 원씩 내고 이렇게 그러는데, 제가 돈 받으러 다니는 모금함 같은 생각이 들어서 거기에 좀 반감이 되게 많아서 4·16연대 쪽 얘기를 안 했었고요, 저는요. 다른 분들은 많이 했었는데 저는 좀 많이 욱해 있었어요, 그 4·16연대 대책위 분들한테. 저희가[한테] 꼭 그 얘기를 하라는 거예요, 4·16[연대] 후원.

면담자　　후원 회원으로 가입해 달라고요?

준영 엄마　　가입하면 3000원을 내는데, 그거 말고 만 원 주면은 그냥 다른데 더 쓰게, 그렇게 "그런 말을 하라"는데 저는 그게 너무 싫었어요, 그 팸플릿 가져가서 하는 게…. 그때부터 저는 조금 다르게 더 돌아갔던 거 같아요. 생각이 좀 다르니까, 틀린 게 아니라. 그러다 보니까 그렇게 됐었고 어, 지금 기억에 남는 게 제가 두 번째로 간 곳이 울산인데 기억에 남는 게 지현이 그거랑[수습과] 같이 맞물려서 했기 때문에… [지현이가] 그날 올라왔어요. 그날 첫 간담회였는데… 울산.

그렇게 한 다음에 제가 진주를 갔어요. 그 진주에서 저희들이 "감사합니다. 아프게 해서 죄송합니다" 그런 말을 많이 했었는데 어떤 청년분이 일어나서서 "저희도 같은 세월호 유가족이다. 저희도 언제 당할지 모른다. 저희[가] 비장애인지만 언제 장애인이 될지도 모르는 것처럼 나도 어떻게 참사를 당할지 모르는 나도 가족이다. 저도 유가족이다" 하면서 "미안하다는 말도, 고맙다는 말도 하지 말라"고, 그 말이 저는 아직도 가슴에 남아 있어요. 그분도 그 말씀을 해주시고 다른 분들도 하셨지만 처음 들었을 때 그게 되게 예, 그게 마음에 와닿았었고. 제가 사실 간담회 가서 한두 시간 이렇게, 말을 잘하는 언변가도 아니고, 전문가도 아닌데 말한다는 게… 되게 죄스럽거든요, 그 말 한다는 자체가…. 처음에는 '나는 내 새끼 얘기를 하지만 듣는 사람은 어떨까'라는 생각을 되게 많이 했기 때문에 주눅이 들어 있는 상태였는데 그렇게 두 번째 간담회에서 그렇게 얘기해 주셔서 어… 저는 큰 감동을 받았어요, 그때 너무. 그래서 제가 그때 그분한테 또 감사하단 말을 한 거예요. "그렇게 말씀해 주셔서 정말 감사하다"고, 제가 마지막으로 한마디만 하겠다고, "감사하다"고, 그렇게 말을 했던 기억이 나요. 정말 그 원동력으로 지금까지 하고 있지 않나… 다 시민들의 힘이 아니지 않나, 그런 생각을 했어요. 그렇게 안 했으면, 그리고 반응이 다 안 좋으셨으면 전 못 할 수도 있어요. 왜냐면 안 그래도 주눅이 들어 있는 상태거든요. 죄책감도 많고… 독도 많고, 어떻게 될지도 모르는, 내가 나를 다스리지도 못하는… 그런[그렇게] 되게 미약한데 그런 분이 없었으면, 그렇게 해주시거나 그렇게 환대를 안 해주시면 저희는 못 할 수도 있어요.

저희가 뭐 말을 잘하고 해서 그렇게 공부를 해서 2년 시간이 지나서 간담회를 잘한다, 이거는 아니에요. 시민들이 그런 반응을 보여주지 않으시면…. 제가 청주에 간담회를 갔는데 거기 신부님께서 조중동[≪조선일보≫, ≪중앙일보≫, ≪동아일보≫] 얘기를 하시면서, 그쪽에 신문 막 이렇게 하시면서 "박근혜 대통령을 무조건 그렇게 욕하는 유가족이 싫다"는 거예요. 그렇게 말씀을 하시는 분도 있었고, 어… 제가 대구에서도 그런 분이 있으셨고… 하다가 탁 (탁자를 치면서) 얘기하다 가시는 분도 있고, 울산에서 처음에 할 때는 사회 보시는 분이 대책위 분이 아니고 '장애인연대' 분이 사회를 보셨는데 "잠시만요" 하고 말을 끊더라고요. 제가 말을 하고 있는데, "여기서 저희와 생각이 다르신 분은 나가주십시오"라고 하더라고요. 그분[사회자]은 눈치를 채신 거 같아요. 면사무소, 거기서 했거든요. 그랬더니 남자 세 분이 나가시더라고요, 세 분이. 그분은 그걸 아셨나 봐요, [나간 분은] 거기 공무원이셨나 봐요. 그래 가지고 저희와 다른 생각이 있으시면 나가달라고 하니까 나가더라고요. 진주에서도 그랬어요. 진주에서는 광장에서 했는데, 거기서 말을 하고 있는데 피켓을 막 발로 차시더라고요…. 그러면서 막 소리를 지르시고 그러는데 그냥 끝까지 얘기를 했어요. 저는 "저분이 틀린 게 아니고, 나도 틀린 게 아니고 생각이 다르기 때문에 나는 그냥 내 새끼 죽어서 왜 죽었는지만 알고 싶은 거고, 저분은 그게 듣기 싫다면 어쩔 수는 없는 거 아니냐, 나는 하던 말은 꼭 하겠다" 그리고 말을 다 하고 내려왔죠. 제가 뭐 잘못해서 붙잡혀 가더라도 저는 정당했으니까. 그런 경우도 많고 음… 그런 거는 있어요, 있는데….

그분들의 반응보다 정말 진주에 계신 분처럼 그렇게 하시는 분, 우리 아이들 250명을 생각하면서 쓴 『성서』[필사]를 다 보여주시는 분도 있고, 그런 분들 되게 많고. 자기가 한 번도 새벽기도를 안 갔는데 우리 아이들 때문에 새벽기도를 가셨다던 분도 있고요. 그리고 당시에 고등학교 1학년, 우리 애들보다 1살 어린, 한 학년 어린 아이 아빠가 그러더라구요. 자기는 그냥 내 새끼만 잘 키우면 되고 그렇게 살면 되고… 그분이 아버님을 일찍 여의었대요. 그래서 아버지의 사랑을 많이 주고 싶은, 그러니까 준영이 아빠랑 같은 생각을 하신 분이에요. 그렇게 살았는데, "세월호를 통해서 어떻게 살아야 되는지 다시 생각하게 됐다"고 하면서 이렇게 "아이들한테도 항상 분향소 가면 고맙다는… 미안하지만 고맙다고 생각을 하고, 그거를 잊지 않고 정말 자식을 위한 사랑을 보여주신 가족분들한테 고맙다"고 저한테 오셔서 말씀하신 분이 있어요. 저는 그게 좀 좋은 거 같아요, 바뀌었다라는 거. 저도 진짜 전엔 안 바뀌거든요. 천안함[침몰 사건] 그런 거 있을 때도, 리조트[붕괴 사고 있을 때도 안 바뀌었거든요. 그냥 불쌍하다고만 생각했는데, 난 내가 겪어서 그렇게 바뀌었는데, 이분은 저희를 보고 바뀌고 저한테 오히려 감사하다고 하니까…. 저는 간담회 가면서 그런 걸 많이, 저도 생각이 많이 바뀌었고 아까 말했던 것처럼 입장을 조금만 더 생각하고 세월호 엄마로 생각하자는 것도 거기서 많이 배운 거 같아요. 그분들은 당하지 않고도, 간접적인 걸 보고도 그렇게 마음을 해주고.

어느 성당을 갔더니 "유가족을 환영합니다" 이렇게 썼는데, 어느 날부터 '유'가 없어진 거예요. '가족'이라고 쓰여 있는 거예요. 그걸 보면서 아… 진짜 생각을 조금 바꿔서 해줬는데 제가 너무 큰 감동을 받는 거예요. 그래서 '세월호 엄마가 된 이상은 조금 더 생각을 하자. 생각하고, 생각하고, 그 생각한 거를 또 생각하자'라고. 아까 말했던 게 간담회 다니면서 더 저기 했던 거예요, 어디 가면. 아직도 "고 오준영"이라고 하는 분도 있어요. 왜냐면 고 오준영이니까. 근데 그게 부모에겐 아프거든요. 근데 그걸 더 생각해서 가족에서 '유'자를 빼주는 분도 있다는 거죠. ['고'자를 붙이셨던] 그분을[에게] 뭐라는 건 아닌데 그, 그렇게 해준 거에 대해서 되게 그렇게 생각하고. 그리고 다른 어디 가니까 질문을 안 하시는 거예요. 제가 "왜 질문을 안 하시냐"고, "저희한테 궁금한 거 없으시냐"고,

"언론이 다 그렇게 얘기해 주진 않았을 텐데 언론에 안 나온 거, 정말 궁금하신 거, 정말 우리가 뭘 먹고사는지도 궁금하신 거 없느냐"면서 물어보시라 그랬더니 "아플까 봐, 아플까 봐" [하시더라고요]. 그래서 제가 "조금만 더 생각을 해줘서 저한테 말할 기회를 주시면 제가 한을 풀고 갈 거 같다"고, "그렇게 아플까 봐 안 물어보지 마시고 '아, 저 엄마가 얼마나 말을 하고 싶겠어, 자식 죽여놓고…' 그러니 얘기를 좀 하게 해달라"고 그랬더니 그제서야 질문을 "어떻게 먹고사느냐, 직장이 없는데 어떻게…" 그런 걸 막 물어보시는 거예요.

그러니까 저는 생각 차이가 그렇게 나는 거 같아요. 저는 처음에 "자식을 잃고, 이렇게 자식을 지키지 못하고"라고 했는데 어느 날부터 '죽여놓고'로 바뀐 거는… 뭐냐면 더 삭막한 말이잖아요. 제가 더 느끼려구요, 이제 제가 너무 막연하게 생각을 했던 거 같아요. 근데 '죽여놓고'라는 말은, 내가 죽인 건 아니지만 나도 책임이 있다는 거잖아요, 부모로서. 그래서 저는 그렇게 얘길 해서 나를 다스리려고 그래요. 그게 아픈 말이지만 저를 계속 채찍질하듯이 가려고요. 처음에는 제 감정을 안 건드리려고, 그래서 애들도 안 보고 제 독을 안 풀려고 했는데 지금은 어느 정도는 생각을 하면서 풀려고 해요. 그게 내가 살길이고, 나를 나는 계속 다져야 되기 때문에…. 그 '부림 사건'이나 다른 사건 같은 것도 30년 만에 [진상 규명]되는 거는 그분들도… 그 부림[사건 피해자]의 부인을 제가 만났었거든요, 합천 가서. 그분한테서 그걸 배웠어요. "너를 다스려야

213

2회차

된다. 먼저 나를 다스려야 한다". 한복을 입고 머리가 흰데 남편은 돌아가셨다는 거예요. 그거, 그 밝혀지는 거 못 보고. 그때쯤 밝혀졌었거든요. 그거를 말씀을 해주시는 거예요.

면담자 　자기가 자기 마음을 다스려야 된다?

준영 엄마 　"다스리지 않으면 되지 않는다". '지키지 못했다' 이런 거 아니라 사실은 사실대로, 아픈 건 아픈 대로…. "팽목항이 아파서 말을 못 해? 왜 못 해? 너 아니면 누가 그 얘기를 해줄 건데?" 그러는 거예요. 팽목항에서의 상황을 더 절실히 알면 그 사람들이 더 많이 알기 때문에, 보도나 이런 거보다는, 남들 얘기보다는 그 부모가 겪은 심정을, '자식이 배 안에 있다'는 심정을 듣고 싶어 한다고. 다른 부모들은 "아파서 못 하겠어요. 안 하겠어요" 이렇게 말하는데, 그 어머님이 그 말씀을 하시더라고요. "나는 내 남편 그렇게 감옥에 있다가 자기의 그 죄를 다 벗은 것도 못 보고 죽은, 나도 한이 있는 여잔데 나도 가서 얘기를 한다" 그러시면서 "왜 그 얘기를 못 하느냐?"

면담자 　얘기를 해야 한다….

준영 엄마 　그리고 "니가 니를 다스려야 한다"고, 사투리를 되게 강하게 쓰시면서 얘기를 하셨는데 그게 아프지 않았어요. 그 말이 되게 아프지 않고 그 '내가 나를 다스려야 된다'라는 걸 그때 알았어요.

면담자   근데 보통 부모님들이나 주변에 계신 분들은 그런 얘기를 또 부담으로 느끼기도 하실 거 같아요.

준영 엄마   안 하죠, 그분들한테는 전 [얘기를] 안 하는데. 저는 느낀 대로 하는 거죠. 사람이 어떻게 다 똑같을 수 있겠어요. 다 자기방식이 있는 거죠. 스트레스 해소 방법도 다 다르잖아요. 저 같은 경우는 자는 경우, 자거든요. 그게 정신상태에는 안 좋다고는 하는데 저는 그냥 다 회피하는 성격이었어요. 누구는 빨래를 한다거나, 누구는 노래를 한다거나, 근데 저는 그게 더 스트레스가 받는 거예요. 내가 화가 나 있는데 계속 빨래를… 더 노동을 한다는 자체가, 이렇게 다 틀리잖아요.

준영이 아빠 같은 경우는 거진 먹는 걸로 푸는 성격이거든요. ○○이 자체도 달라요. ○○이는 뭔가에 집중을 해야 돼요. 우리 준영이가 좀 자는, 저하고 같은데 스트레스 방법도 그렇게 다 다른데 내 상처를, 내 트라우마를 [치유]하는 방법도 다 다르죠. 그래서 그거를 누구한테 강요는 안 하는데, 저는 간담회 다니면서 오히려 더 많이 그걸 느꼈고, 오히려 저한테는 그게 맞는 거 같아요.

14
준영이 동생의 아픔과 극복 과정

면담자   이제 ○○이가 중3이었잖아요.

준영 엄마   예예.

면담자   장례를 치를 때가 봄이었고, 12월에 입시가 있었는데, 그때 이제 "본인이 되게 애를 많이 썼다"고 아버님이 그러시더라구요, 혼자서 공부도 열심히 하고. 아버님은 그걸 되게 마음 아파하시더라고요. 표현을 안 하고 스스로 극복하려 했다고요. 그 동생 얘기는 지난번에도 많이 해주셨는데 조금 더 부탁드립니다.

준영 엄마   아, 지난번에는 이렇게 끼어가는 말이라서 자세히는 안 했는데 ○○이 같은 경우는… 아빠는 그렇게 받아들였었나 봐요. 근데 저 같은 경우는 어… 제가 처음에 ○○이한테 "너도 오빠를 잃어서 아프지만 나도 자식을 잃어서 아프다, 그러니까 내가 너를 못 보듬어서 그게 너한테 큰 아픔이 더 될 수도 있는데 기대치를 갖지 말아라". 그러니까 너무 아프고 힘들면 내가 엄마니까 얘기를 하는 건 좋은데 "내가 알아서 널 보듬을 수는 없다", '나도 자식이니 엄마가 보듬어주겠지'라는 기대치를 갖겠지만 제가 그걸 못 해줄 수도 있다고, 왜냐면 저도 정상은 아니니까. 걔가 그게 상처가 될까 봐 제가 미리 말을 했어요. 했는데 그게 걔는 처음에 되게 아프게 다가왔고 무섭게 다가왔다는 거죠. 근데 나중에는 "고마웠다"라고, ○○이랑은 그런 대화를 많이 했었어요. 그리고 제가 간담회를 계속 다니다 보니까 애를 많이 못 보살펴 주고 지가 학교를 갈 나이었잖아요. 근데 저는 그렇게 생각해요. 입장이 바뀌어서 우리 ○○이가 그렇게 됐으면, 성격이 그렇게 됐다면[그렇기 때문에] 저는 간담회를 못 다녔어요. 우리 ○○이는 극복할 성격이었고, 우리 준영이는 동생을 잃었는데 엄마가 저러고 다니면 정말 못 견디는 성격이에요. 너무 힘들어서 견디기 힘든 성격이거든요. 걔는 어디를 여행을 갈 때 불안해서 엄마 배를 계속 만지고 자야지만 이게 극복이 되는 아이이었어요. 너무 힘들었고, 들어오면 뭐 다른 애들도 엄마를 찾지만 우리 애는 엄마의 뒷모습을 보면 안 돼요. 엄마 얼굴을 딱 봐야지만 안심이 되는 그런 아이었거든요. 그렇기 때문에 ○○이는 그만한 그릇이었어요. 저는 그 아이를 알기 때문에….

면담자   그렇게 말씀을 하셨던 거예요?

준영 엄마   예, 그렇게 말을 했던 거고 행동도 그렇게 했었어요. 근데 준영이 아빠는 아직도 그거를 되게 마음 아파는 하고는 있어요. 아이가 너무 자기 스스로 극복을 했고, 학교 들어가는 것도 처음에 단원고를 가겠다는 거예요. 근데 아빠는 그거를 "응, 그렇게 해". 저는 어이가 없더라고요. 그래서 제가 아이한테 "왜 단원고를 가냐"고 그랬더니 "오빠[가] 모, 못 한 공부도 해야 되고…". 그래서 제가 "니가 단원고에서 공부를 하는 게 오빠에 대한 예의, 예의라고 생각을 하냐"고, "그게 도리라고 생각하냐"니까 자기는 그렇게 생각을 한다는 거예요. 그래서 "주위에서 자꾸 그렇게 말하니까 너 그런 거 아니냐?"고 제가 그렇게 따지듯이 물어봤더니, 자기도 그런 마음이 조금은 있었나 봐요. 주위에서 뭐 오빠가 못 한 공부까지….

그러니까 지가 단원고를 간다고 생각을 했던 거 같더라고요. 그래서 제가 종이 갖고 오라고 그랬어요. 그리고 니가 하고 싶은 거 쓰라고 그랬더니 "방송 피디"라는 거예요. 그래서 "너 단원고 가서 방송 피디 될 수 있을 것 같애?" 그렇게 말을 했어요. "그래 너는 그래 방송 피디가 되고 난 공무원이 되자고 그렇게 오빠랑 약속했던 거 너 그 약속은 생각 안 하니? 그럼 니가 어디를 가야 방송 피디가 되겠어?" 그랬더니… 실업계를 가야 되거든요, 저기 인문계가 아닌. 그러다 보면 디미고예요. "디지털미디어고등학교를 가야 된다" 그랬고 지가 그걸 생각하고 있었는데, 계획을 그렇게 세웠었는데 오빠가 그렇게 되니까, 남들이 그러니까 단원고를 간다는 게 사실 좀 엄마로서 어이가 없었어요. 그래서 "야, 니가 그렇게 사는 게 오빠한테 잘하는 거고 그런 거야? 너는 너답게, 너답게 사는 거라고. 그래, 나는 나답게. 내가 엄마니까 진실 규명을 한다고 이렇게 살아가고 있지만, 너는 동생답게 니가 하고 싶은 거, 오빠랑 약속했던 걸 하는 게 오빠한테 잘하는 거지, 니가 단원고를 가는 것을 오빠가 바랄 거 같냐"고 그렇게 얘기하고 결론은 안 냈어요. 저는 원래 결론을 안 내리거든요. "니가 해라. 니가 갈 거니까 니가 해".

면담자　　　본인이 최종 결정을 내리라고요.

준영 엄마　　어, "니가 최종 결정을 해" 그렇게 얘기를 했어요. 그러고 나서 다음 날 아침에 학교 가려고 밥을 먹고, 다 차려놓고 저도 빨리 가야 되는 간담회가 있어서 가는데, 그러고 말을 안 하고

준영 엄마 임영애

나가는데 문자로다 "저 디미고 갈게요" 이렇게 보냈더라구요. 아빠는 "자기 스스로 걔가 그렇게 했다"는데, 그거는 아니에요. 부모로서, 엄마로서 캐치를 해서 그렇게 했었고, 그때부터 이제 공부를 하려고 지가 노력을 하더라구요, 예. 자기가 그냥 포기를 하려고 했었나 봐요. '힘들다'라는 포기를 하려고 했었나 봐요. 디미고는 점수가 좀 많이 나와야 돼. 높아야 되는데, 여기 단원고는 조금 포기한 상태에서도 갈 수도 있는 거니까. 그냥 '엎어진 김에 쉬어간다'라는 그런 느낌을 받았는지 공부를 안 한다고 생각을 했던 거같아요. '그냥 그 실력으로 갈 거다'. 근데 그게 또 바뀌었잖아요. "저 디미고 갈게요". 그때부터 학원 가서 끊고 또 막 공부를 열심히… 새벽에 자나 싶으면 앉아서 공부하고 그렇게 하고. 저 멘토링을, 자기가 "멘토가 있었으면 좋겠다"고 그러면서 멘토를 지 스스로 만들어서 하고, 귀찮을 정도로 학원선생님을 따라다니고 막 그렇게 하더라구요. 온마음센터에서 상담하는데 "지금 저한테는 상담이 [아니라], 공부가 더 필요하다"고. 상담을 거절하는 전화도 옆에서 듣고 이러면서 저는 그냥 '잘 하고 있다'고 생각을 했어요.

지가 저렇게 아프다, 저렇게 하다가도, 잊고 있다가도 아프면 울 수도 있는 거고… 그냥 당연하게 받아들였어요. 엄마들도 화나면 욕하고 울면서 '애가 아프면 어떡하지? 울면 어떡하지?' 이거를 고민한다는 게 저는 그게 더 우스운 거 같더라구요. 그냥 길거리 가다가 오빠 닮은 사람 있으면 울고, 그리고 오빠랑 같이 초등학교도 같이 다녔고 그랬기 때문에, 그 길을 또 걸어서 중학교를 가야 되는 길에 얼마나 생각이 나겠어요. "남들이 뭐라고 욕해도 그냥 울어" 손수건 챙겨주고 그랬었거든요. "생각나면 울고, 소리 지르고 싶으면 질러. 엄마도 욕하고 싶으면 욕하고, 지르고 싶으면 지르고 하거든. 너도 그렇게 해. 세월호 동생이기 때문에 못 할 거 없고, 안 할 거 없고. 남들은 또 며칠 지나면 너 세월호 동생이라고 생각도 안 해. 의식하지 말고 그냥 해".

그렇게 말했는데 아빠는 그게 되게 마음이 아픈 거예요. "왜 모질게 왜 얘기를 하냐?"고. "그럼 모질지 않으면, 그렇게 얘기를 안 하면, 아빠도 질질 짜고 있고, 엄마까지도 그렇게 되면 쟤는 누가 일으켜 줄 거냐?"고, 저는 그렇게 생각을 했던 건데 우리 ○○이는 그게 맞았던 것 같아요. 그래 가지고 그 디미고 갔을 때, 그 합격증서를 지 오빠 거기다 놓고 진짜 참았던 눈물을 하루 죙일 울더라고요. 그냥 놔뒀어요. 아빠한테도 그냥 "보기 힘들면 나가"라고 그랬어요. 정말 그냥 이… 짐승처럼 울어대더라고요. 그런 식으로 저는 그냥 풀게 내비뒀고, 그리고 그렇게 뭘 걸 때마다 물어봤어요. "오빠 사진을 여기다 걸면 니가 마음이 불편하니, 안 하니?" 그러면 "아니, 괜찮아. 나 괜찮아" [그래요]. 어떤 애는 "오빠 방문을 여는 게 싫다"고 그랬다기에 "넌 방문 여는 게 괜찮니?" 물었어요. 저도 그것 때문에 상처받을 거 같더라고요. 왜냐면 그걸 안 물어보고 내가 열어놨는데 지가 가서 문을 닫아버리면 내가 되게 서운할 거 같더라구요. 난 내가 상처가 받을까 봐 미리미리 말을 했어요. "내가 이거 걸었는데 이게 너 마음 불편할 거 같니? 안 할 거 같니?" 그랬더니 "안 불편하다"는 거예요. "나중에 그거 싫어서 떼면 엄마가 상처받으니까 너 그거 뗄 거 같으면 미리 지금 말해라"고 그랬더니 아니라고. 뭐 하나를 걸어도, 리본을 걸어도, 뭐를 해도 다 물어보고 저는 [그렇게] 했어요. 걔 상처받는 것도 받는 거지만, 방문을 열어놨는데 오빠 그거 보기 싫다고 문 닫으면 내가 큰 상처를 받을 거 같더라구요. 저는 거진 그런 거는 다 물어보고 했었어요. 처음에 저희는 숟가락을 아이 숟가락까지 놓고 밥을 먹었는데 그것도 물어봤었어요.

면담자　　　준영이 수저를 놓고 같이 드신 거예요?

준영 엄마　　예. "옆에 숟가락 놓고 먹어도 되냐"고 그렇게 물어봤더니 괜찮다고, "오빠 밥을 퍼놔도 괜찮다"고 그렇게 얘길 했었고. 누구는 "엄마, 난 분향소는 가기 싫어"라고 해서 분향소를 데려간 적 한 번도 없었고, 여기 앞에서 보면 "분향소 안 들어간다"고 그래서 엄마랑 실랑이하는 애들도 많아요. 근데 그런 게 더 큰 아픔이에요. 오히려 더 물어봐요, 저는. 그냥 더 물어보고.

면담자　　　안 하겠다고 한 건 안 시키시고요?

준영 엄마　　안 시켜요. 하늘공원도 어느 날부터는 간다 그러더니 요즘에는 안 간다 그러더라고요. 그게 또 부모처럼 마음이 바뀌어요. 그러면 아빠는 또 막 서운해서 뭐라 해요. "왜, 오빠가 싫은 거냐? 잊은 거냐?" 뭐 어쩌구 그러는데, 그럴 필요가 없는 거거든요. 그래서 준영이 아빠한테 얘기를 해요. "왜 어른들 감정 위주로

다 하느냐. 쟤가 표현을 안 해서 안 아픈 거 아니고, 쟤 가슴속에 뭐가 있는지도 잘 알지도 못하면서…". 나도 모르거든요. 그래서 물어보는 거거든요.

동생들의 트라우마, 당연히 있지요. 없으면 그게 형젠가요? 당연히 있는 거 아는데 왜 그거를 아프다고 놀라고 쟤가 슬프다고 그걸 감싸려고만 그래요. 그냥 내두는 거예요, 그냥. 상처 나면 저는 그때, 옛날에 저희 아버지가 상처가 나면 여름에는 절대 이렇게 봉하지를 않았어요. 그땐 대일밴드도 없었지만 반창고라는 걸 붙이질 않았어요, 공기에 계속 이렇게 닿으면서 상처가 나으라고. 저는 ○○이가 그 상태인 거 같아요. 덮는다고 해서 걔 상처가 아물어지고 엄마가 계속 위로를 한다고 해서 아물어……. 애 나이가 지금 18살이고 그때 17세였는데 그 나이는 충분히 견딜 수 있어요, 예. 저는 할 수 있다고 생각하고, ○○이가. 그리고 ○○이한테 항상 사랑한다 말보다 "난 널 믿어"라는 말을 많이 해줬거든요, 그 당시에. 카톡에도 그렇게 많이 "나는 너를 믿는다"고 해줬더니 그 애도 지금은 저한테 "나는 엄마를 믿는다"는 말을 많이 해줘요. 근데 서로가 사랑 안에서 믿는 거니까 되게 큰 힘이 되는 거 같아요. 아빠는 계속 애한테 "미안하다"는 말을 많이 하는데 저는 그런 표현은 아끼라고 얘기를 해요. "그건 가슴에 두고 있으라"고. "걔가 그렇게 생각 안 할 수도 있는데 아빠가 자꾸 그렇게 해서 더 생각하게 할 수도 있으니까, 그냥 내비 두라"고, 전 그냥 대하듯이 대해요. 그리고 ○○이한테도 치킨을 이렇게 먹게 되면 "오빠 갖다줘", 그리고

준영 엄마 임영애

개를 시켜요. 그럼 닭다리 두 개를 이렇게 갖다 사진 앞에 놓고. 거진 ○○이를 저는 시키는 편이에요.

면담자　　그런 방침에 대해서 아버님이 생각이 조금 다르셔서 서운해하거나 그러진 않으세요?

준영 엄마　　아니요, 그런 건 없어요.

면담자　　아… 그런 건 없고, 아버님이 어머님한테 좀 서운해 하실 수 있겠네요.

준영 엄마　　그런 건 있겠죠?(웃음) 그런 건 있는데 저는 그냥 다 입장을 생각하니까 어떻게 서운한 건 없는데, 준영이 아빠는 저한테 서운한 걸 말을 해요. 어… "○○이한테 조금만 더 이렇게… 방문을 잠그고 있으면 열고 엄마처럼 따뜻하게 보듬어주면 좋지 않겠냐?"고 그렇게 얘기를 하더라고요. 근데 ○○이가 오빠를 잃은 아이기도 하지만 지금 사춘기를 겪는 18세예요. 그러면 ○○이는 오빠가 아니라도 문을 닫고 혼자 있고 싶은 그런 시기예요. 중3, 중2 때 그게 왔었거든요. 근데 오빠가 그러면서 없어졌어요. 그냥 없어진 게 아니라 있는데 표현을 못 하고 살았어요. 그럼 걔도 그걸 풀 땐 풀어야 되는 거거든요. 그 아이가 그런 게 있어요. "내가 계속 믿는다"고 하는 것처럼 그렇게 방문을 잠그고 그때, 그때는 내가 가서 보듬지 않지만 지가 나와요. 나와서 장난을 쳐요, 엄마한테. 그러면 그 아이는 그거에, 제가 위로를 안 해준 거에 상처를 받진 않아요. 그거 때문에 아이가 더 상처를 받고 그러지 않고….

그리고 지 스스로 위로가 될 때가 있어요. 저도 준영이 아빠가
동거차도 가면 일주일, 또 간담회를 갈 때 이틀, 삼 일 있잖아요?
근데 그게 되게 필요해요. 제가 [저한테] '너는 어른이잖아' 하잖아
요? '너는 어른이니까 그거를 겪을 수 있잖아…' 근데 ○○이도요,
그 나이에 맞게 지가 저기를 해요[풀어요]. 우리 어른들은 그걸 못
풀면 술로 풀고 싸움으로 풀잖아요. 근데 걔는 그런, 술로 풀고 그
런 건 아니잖아요. 걔도 그 나름대로 혼자 있고 싶고 뭐에 집중하
거나 아니면 걔도 막 뭘 먹는다거나 뭐를 한다거나 이런 걸로 푸는
게 다 눈에 보이거든요.

근데 그거를 내가 꼭 보듬고 "너 아프지. 어떡해" 이렇게 해서
풀리는 그런 아픔이 아니잖아요, 이게. 걔가 항상 하는 말이 뭐냐
면, "오빠가 내 눈앞에서 그냥 교통사고로 죽었으면 나 믿을 수 있
을 거 같아" 이 얘기를 많이 하거든요. 얘는 참사라는 게 "오빠가,
우리 오빠가 얼마나 깔끔한 사람인데, 거기서 얼마나 힘들었을까?
8일 동안 그 배에서 얼마나 힘들었을까?" 이게 걔는 제일 맘이 아
픈 거거든요. 부모도 그게 제일 아픈 것처럼 얘도 그게 제일 아파
요. 그 얘기를 제일 많이 해요. 그래서 엄마가 진실을 딱 풀어주면
그거는 좀 살아질 거 같대요. 왜 죽었는지만, 좀 되게 노력해서 풀
어주면 그거는 조금 풀릴 것 같대요. 그래서 자기가 엄마, 아빠 간
담회 가는 거를… 이해한다고. 그렇게 말하는 애기 때문에 음… 그
거는 아빠가 너무 걱정할 거는 아니고, 그거에 대한 미안함을 가질
게 아니라 지금 여기서 포기하면 우리의 둘, 첫째 아이의 억울함도

못 풀고 둘째 아이의 그 소원도 못 들어주면 그게 더 슬픈 거거든요. 그게 더 부모의 몫을 못 하는 거거든요. 지금 우리는 큰애한테 큰 죄를 졌잖아요. 우리 아이들한테 다 큰 죄를 졌잖아요. 그럼 둘째 아이만이라도 그렇지 않기 위해서 걔한테는 그 얘기를 많이 해요. 안전한 나라, 그 얘기를 많이 해주거든요. 제가 예전에는 말로 다 다 안 될 거 같아서 그런, 기사에 나온 인권이나 이런 거를 애한테 보낸 적이 있어요. 근데 아이가 그런 걸 되게 고마워해요. 다른 추상적인 설명보다는 '그래, 너 슬픈 거 알아' 이런 추상적인 거보다는 현실적으로 "엄마가 이래서 하는 거야"라는 걸 보여주는 게 오히려 걔한테 큰 위로가 된다는 생각이죠.

면담자   들고 자기가 납득이 되면 믿음이나 힘이 더 생기니까요.

준영 엄마   예, 그걸 믿고 하는 거죠. 그리고 지가 제 말을, 단원고 그걸 듣고 "아, 디미고를 가야겠다" 하고선 되게 열심히 노력을 했고, 거기서 성취를 해서 오빠한테 그거를 보여주면서 막 울었던 모습을 제가 봤을 때 ○○이는 스스로 극복을 할 수 있는 아이라는 거를 제가 아는 거죠. 그냥 칭얼칭얼대면서 "그래도 저 단원고 갈래요" 그러고 단원고를 가거나 아니면 디미고를 갔다고 해도 노력하는 모습이 안 보이고 그러면 저도 다른 방법에 의해 트라우마를 [치유하려] 했겠지만 걔는 아니니까 그거에 맞게 했던 거 같아요. 저도 그냥 슬프면 슬픈 대로 울고 이렇게 숨기려고 하지 않았던 거 같아요. 그런 건 있었죠, 내가 무너질까 봐. 사람들 그러잖아요. "내가 크게 울지를 않아서 그렇지, 걔 때매 내가 아프면 안 돼", "애가 있어서, 그 애 때매 좀 숨기고 안 울고 그래". 그런 건 없었어요. 오히려 그냥 내가 울어버리면 다음 날 못 일어날까 봐, 내가 무너질까 봐 못 우는 거지, 애 때매 못 울고 아빠 때문에 못 울고… 전 그런 거는 없었어요.

15

가족대책위원회 활동과 운영에 대한 생각

면담자 형제자매들도 본인의 경험과 아픔이 다 다를 텐데요.

준영 엄마 다 다르죠.

면담자 예, ○○이는 그래도 상황에 맞게 부모님과 서로 관계를 맺어가면서 잘 가고 있는 것 같아요.

준영 엄마 그렇죠.

면담자 지금까지 간담회에 참여하게 된 계기와 과정에 대한 말씀을 들었는데요, 이제 특별법 제정 과정 등 활동 중심으로 얘기를 옮겨갈게요. 어머님은 중간에 본인의 변화와 함께 왜 변화가 생겼는지 등을 많이 얘기해 주셨는데, 좀 더 넓혀서 어떤 관점이나 세상에 대한 인식의 변화, 이런 부분에 대해 조금 더 구체적으로

준영 엄마 임영애

여쭤보려 합니다. 그 전에 혹시 간담회를 다니실 때 그 힘들었거나, 예상하지 못했던 일이 벌어진 경우는 없으셨는지요?

준영 엄마　　　힘들었던 거는 간담회 중에 준영이 아빠가 수술을 했어요. 디스크 수술을 했고 저도 4·16 있기 8년 전에 수술했던 게 재발이 됐어요, 도보한 다음에. 그래서 저는 작년 3월 달에 시술을 받고, 그 사람은 수술을 받은 게. 그러니까 중간에 그렇게 해버리니까… 3월 초에 그렇게 수술했는데 말일부터 또 간담회를 다녔으니까 몸에 무리가 오는 게 제일 힘들었고요.

　그리고 들리는 말들을 워낙 신경을 안 써야 되는데 저도 사람인지라 어… 다른 사람들이 이렇게 말하는 건 괜찮은데 활동 안 하는 가족들이 "그게 무슨 의미가 있느냐, 간담회가?" 그리고 지방을 저희가 좀 많이 다녔는데. "1시간 얘기하자고 6시간씩 가고, 그렇게 가는 그게 제정신이냐?"라고 이렇게 한다는 말을 듣고…. 근데 그 얘기를 하시는 이유는 뭐였냐면 돈이었어요. 왜냐면 거기를 가면 차비를 받잖아요, 가대위[세월호참사 희생자·실종자·생존자 가족대책위원회]에서. 그런 게 이제 문제가 돼서 이런 말이 나왔기 때문에 그게 저희한테는 아픈 거죠, 마음이 상한 거죠. 그래서 저희가 어느 경우도 있었냐면, 거기 6시간 갔다가 또 6시간 오고 하니까 너무 피곤하면 여관에서 아니 모텔에서 자게 되면 그건 그냥 소리 듣기 싫어서 저희 돈으로 하고. 그런데 기름값 같은 경우는 저희가 다 할 수가 없는 거예요. 이게 한 번에 그칠 일이 아니기 때문에 저희한테도 이렇게 쌓이고 쌓이다 보니까 경제적으로도 좀 힘들어지는 거예요. 그런데 그런 얘기는 또 듣기 싫고. 왜냐면 '임영애'가 그렇게 욕을 먹으면 괜찮은데 '준영이 엄마'가 거기 간담회에 가는데 "모텔 가서 자고, 뭐 밥값이고 뭐고 다 올리고 막 이랬다"고···. 톨게이트비도 올리지도 않았는데 그렇게 말이 나고.

〈비공개〉

　근데 지금은 이제는 '아휴, 대의가 있는데 그거 갖고 그러냐' 이렇게 생각을 하지만 처음에는 간담회 가서 말하는 거보다도 그게 더 힘들었던 거 같아요, 그런 문제가. 내가 하고 있는 일에 자꾸 문제를 제기하는 게···. 근데 그 문제가 뭐 진짜 법적으로 걸린다거나, '유가족에서 세월호 엄마'라고 했는데 세월호 엄마에게 걸리는 일이거나 나쁜 일이면 욕을 먹으면 안 하면 되는데 이건 '꼭 해야 된다'라고 제가 생각을 하는, '엄마로서 알려야 된다'는 생각을 하고 있다면 이것도, 간담회도 제2의 언론이거든요. 안 알려진 거 알리는 좋은 일인데, 우리 아이들한테 정말 해야 되는 일인데, 이걸 욕먹는다고 해서 안 할 수는 없는 건데. 계속해야 되니까 우리 자존심은 자꾸 건드려지고··· 그래서 조금 많이 힘들었던 것 같아요.

　시연이 엄마가 간담회 그거를 관리를 하거든요. 들어오면 이렇게 해주는데 제가 오죽하면 시연이 엄마한테, 시연이 엄마도 아프고 힘든 사람이잖아요. 전화해서 그렇게 하는 게 쉬운 일은 아니에요, 부탁을 하는 게. 그 엄마도 상처 많거든요. 근데 전화가 오면 "나 일주일에 그냥 한 번씩만 갈게". 제가 일주일에 다섯 번도 가고, 여섯 번도 가고 막 그랬었는데 상처를 받다 보니까···. 시연이 엄마도 그 마음을 아니까 해주는데 지금은 그런 건 없어요, 예. 처음에는 그랬었어요.

면담자   가족대책위 회비에 대해서 여러 의견이 있으시던데, 어머님은 어떤 생각을 갖고 계셨어요?

준영 엄마   이제 그게 돌아가야 되니까, 어느 모임이건 돈으로 돌아가잖아요. 저희는 진실로다가[진실을 밝히기 위해] 모였다 하지만 진실도 돈이 있어야 굴러가는 거는 당연한 거고 하니까. 저희가 가대위 회비로 6만 원씩 매월 내고 있어요. 그래서 돈을 너무 성급하게 걷었다 해서 안 하신 분들이 있어요. 그러니까 가대위 들어오지 않고 그걸 안 하고, 지금 하려면 그 전에까지 다 내야 되니까 들어오기도 지금은 힘든 거고. 준영이 아빠는 어떤 마음으로 거기를 들었냐면, 반대를 했었어요, 사실은.

면담자   회비 걷는 걸요?

준영 엄마   예, 성급하다고. 지금 그리고 어… 5만 원씩 그렇게 한다라는 것은 좀 힘들다고 생각을 했었는데, 그러면 가대위가 어쨌든 안 한다고 해도 다 돈을 내고 있는 상태기 때문에 얘네 아빠는 한 3개월 미뤘다 낸 거 같아요. 3개월 동안 고민을 했던 거죠. 근데 제가 뭐라 그랬냐면 "내자. 낸 다음에 가대위가 잘못 가고 있거들랑 얘기를 할 수 있는 여지를 줘야 되지 않냐?" 가대위를 들어가지 않는 건 돈을 안 내고 있으니까 못 들어가는 거잖아요. 협의회니까 내가 [성원이] 아닌 거잖아요, 돈을 안 낸 상태에는. 돈을 계속 안 내는 거면 모르지만 여기선 걷고 있는데 돈도 안 내면서⋯ 얘기를 할 수가 없으니까. 그리고 내 마음에 안 들게 가대위가 돌아갈 수도 있는 거고 그러면 말을 [해야] 하는데, "너는 돈도 안 내고 가대위도 들지 않는 상태에서 무슨 말을 하냐?" 해서 한꺼번에 세 달 치를 내고 들어온 거예요, 준영이 아빠 같은 경우에도. 아직도 그렇게 안 들어오시는 분이 있는데⋯ 저는 그거 선택은 잘했다고 생각을 해요. 왜냐면 돈은 저기⋯ 그쵸, 부담스럽죠. 그거를 꼭, 굳이 '해야 되나' 이런 마음도 사실 있는데, 일단은 총회도 나가야 되고요.

면담자　　회비는 회원의 책임과 의무, 총회 의결권 같은 자격과 연동되잖아요. 그러니까 부모님들 중에는 "회비를 안 냈던 사람한테 의결권을 주는 걸 제한하자" 이런 입장도 있으시고, 한편으로는 "다 같은 부모인데 뭐 그걸 어떻게 오지 말라고 하나" 이런 이야기도 있을 수 있죠. 자식을 잃은 부모라는 입장 때문에 또 다른 차이와 상황이 생기는 거 같습니다.

준영 엄마　　규칙이라는 게 어느 단체고 있잖아요. 인정으로 하다가는 정말 모임이라는 게 가지 않는 거거든요. 우리는 정말 딱 중심을 잡아주지 않으면, 가대위고 어디고 잡아주지 않으면 버틸 수가 없어요. 그러기 때문에 돈은 내는 거는 필요해요, 액수 면이나 시기상조였다라는 게 문제였지. 어디 회의이건 돈은 있어야지⋯, 우리가 간담회를 가도 저처럼 두 번 갈 거 한 번 가고 이러지는 않을 거 아니에요. 그리고 저희가 이거 플래카드 하나를 하더라도 돈을 내야지, "너가 위원장이니까 돈 내서 사" 할 수는 없으니까 그거는 하는 거고, 근데 액수나 시기 문제였었던 거지. 그거를 잘 조화롭게 못 한 거였잖아요.

그러기 때문에 지금에 와서 돈 안 내고 회의는 나올 수 있지만, 뭐 의결권 박탈 그런 건 아니지만 우리 같이 돈을 내고 가대위에 있는 사람 입장에서는 "너도 뭘 하고 싶으면 들어와서 가대위처럼 정정당당하게 돈 내고 해. 돈 내는 거 우리도 돈 아까워, 우리도 안 아깝진 않아. 자식을 잃은 부모지만 그 이전에 나도 사람인데 그거 아깝잖아. 그러면은 너도 돈을 내서 같이 활동을 하는 건데 그거에 타당성을 못 느끼고 필요성도 못 느끼면서 왜 들어왔어?" 이렇게 말할 수 있는 입장이죠. 거기서는 선을 딱 긋는 게 뭐냐면, 정말 같은 단체잖아요. 저희는 이제 단체가 돼버렸잖아요. 우리 피로 맺어진 가족이 아니에요. 선을 그을려면 딱 긋고, 특히 돈은 정말 깨끗하게 가야 되는 거거든요? (면담자 : 투명하고 공정하게) 그렇게 하려면 누구는 돈 안 내고 회원이 되고 누구는 돈 냈는데 회원이 되고, 누구는 60만 원을 내고 회원이 되고, 누구는 6만 원 내고 회원이 되고, 이렇게 돼서는 안 된다라는 게, 선을 그어야 되는 거죠. 너도 유가족이고 나도 유가족이고, 언제까지 그러고 살아야겠어요. 이거는 그냥 단체가 아닌 거죠. 정말 감정에 치우치면 죽도 밥도 안 되는 게 되는 거예요. 선을 딱 긋고 가야 되기 때문에 저는 그 입장이 당연하다고 생각해요. 맞다는 건 아니에요, 당연하다고 생각을 해요. 그 사람들도 생각을 다시 해서….

면담자   설득을 시켜야 된다는 거죠?

준영 엄마   그럼요. 설득을 해서 그렇게 막 '너는 왜 돈 안냈어?' 이게 아니라 '그렇지 않느냐?', 우리는 정말 선을 딱 긋고 가지 않는 이상은 여기에 치우치고 저기에 치우치고 그렇게 돼버린단 말이에요.

그리고 처음에 어… 제가 생각한 거를 말씀드리면 부모들이 얻어먹는 거에 너무 익숙해졌어요, 예. 뭐 시청에서 돈 주면 저기 하고 이렇게 좀… 처음에 그거 그럴 수 있어요, 나도 그랬거든요. 저도 그랬었어요. 그리고 국회 가면 그럼 저기 시청에서 차 대줘야지, 시청에서 점심 줘야지, 그리고 '안산 재난지역으로 됐는데 그거 안 해줄 거야?' 이렇게 생각을 했는데 안산 시민들의 그것도, [유가족들에게] '왜 그렇게 해줘야 되는 건데'라는 생각도 해줘야 되잖아요. 재난지역도 끝났잖아요. 그러면은 이제는 저희 활동비는 저희가 내야죠.

언제까지 그러면… 우리가 이거 5만 원씩 안 걷으면 계속 시청에서 해줘야 되는 거예요. 저 분과 차[량]도, 지금 분과 차[량] 타고 피케팅에 가잖아요? 쉽게 말하면 피케팅을 갈 때 피케팅 만드는 것 누가 만들어줄 건데요? 시청에서 다 해줄 수는 없는 거잖아요. 다 해도 그것도 말도 안 되는 거잖아요. 언제까지 저희가 갑이 될 수는 없잖아요. 그러면 저희의 돈이 있어야 되고 저희 재단이 있어야 되는 거예요. 그러면 그 회의 가입, 모든 회원이 되는 거잖아요, 우리 유가족이. 그리고 돈을 다 내서 그걸 끌어가는 살림살이가 하나는 있어야지 언제까지 저희가 김치 얻어먹고…. 저희 이제는 김치 해 먹을 힘도 있고, 이렇게 해 먹을 힘이 있는데 계속 교회에서 주잖아요. 근데 교회에서는 그런 봉사활동을 다른 데도 하니까 그렇게 받아먹으면서도 덜 저기 한데, 막 시민들한테 그러면 되게 부담스럽고, 하는 말이 저 은혜를 다 어떻게 갚냐고, 정말 우리는 자식을 잃고 큰 죄를 더 짓는 거 같다고, 민폐인 거 같다고 그렇게 생각하는 부모들이 많거든요.

그렇게 생각하는 사람들이 돈도 안 내고 그냥 이걸 꾸려갈 거라고 생각한다는 그거는 어불성설, 말이 안 되는 거죠. 어떻게 이걸 끌어나가요. 지금 피켓 만드는 것도 돈이 많이 들어요. 미수습자 옷 같은 것도, 그거는 저희가 자비로, 옷 이렇게 만들어 입는 거 저희 자비로 다 내는 거예요. 근데 간담회도 하물며 그렇게 하고 있는데 그 돈 받기도 힘들어 죽겠는데, 가면 영수증 그거 회계하는 사람한테 받아서, 그 회계하시는 분도 부모님이세요. 그런 것들이 얼마나 힘든데 돈, 그나마 돈도 없으면 어떻게 할 건데요. 다 시청에 손 벌려야 돼요? 다 시민들한테 후원금 받아야 돼요? 그건 말이 안 되는 거죠. 이제는 부모가 주체가 된다고 말로만 내가 내 새끼 진실 밝힌다고만 하지 말고, 이 밑바탕에 돈, 활동비든 뭐든 정말 컵라면 하나도 이젠 우리가 사 먹어야지요. 그러면 그거는 있어야된다는 거죠. '[유]가족인데 어떻게 그러냐', 그 감정은 이제는 접어야 되는 거죠. 아니면 자식 잃은 부모가 어떻게 나와서 이렇게 활동을 해요, 애 사진만 보고 울어야지. '자식 잃은 부모는 그렇게 해야 된다'고 다 생각을 하고 있잖아요.

그리고 저희가 경찰하고 싸우면 "유가족은 유가족답게 행동을 하라"고 국회에서도 그렇게 말을 했잖아요. 그 사람 말이 틀린 건 아니잖아요. 근데 우리는 그럴 수가 없잖아요. 참사잖아요, 사고가 아닌데 그러니까 저희가 일어날 수밖에 없는데, 정말 뭐 어떻게 자식 잃은 부모한테… 저도 자식을 잃었는데 왜 저는 돈을 내겠어요. 그거를 서로 생각을 해서 해야죠. 이제는 얻어먹고 그렇게 해서 하는 게 그게 아니죠. 왜냐면 자식 잃은 게 거지는 아닌 거잖아요, 그냥 자식을 잃은 거지. [그런데] 저희가 1년 넘게 그렇게 생활을 했던 거 같아요, 거기에 젖어 있는 거 같아요. 거기서 깨어 나와야 되는 거지. 유가족이기 때문에, 자식을 잃었기 때문에 오는 그런 혜택을 받고서는 이제 진실 규명할 수가 없어요, 거기서 벗어나야지.

면담자　　　　요즘은 반모임이나 간담회 가시는 분들과 자주 보시나요?

준영 엄마　　　간담회팀은 많지가 않아서 이렇게 "맨날 모이자", "우리 지역 간담회로 모이자…" 안산 간담회도 활동팀이 있어서 모이자, 모이자 말로는 그렇게 하는데 서로 시간이 없어요. 저도 어제도 [간담회] 갔다 오고 그랬거든요? 그러니까 시간이 없어요. 제가 시간이 되면 다른 분이 안 되시고 계속 그래서 그냥 안부만 전하는 반 톡방이나, 그리고 간담회 톡방이 또 있어서 그렇게 하기는 하는데 저희가 따로 만나고 그러지는 못해요, 마음은 있는데. 그렇게 하고 있고, 반모임이 있어요. 1반, 2반, 10반 반모임이 있는데 저 같은 경우는 이상하게 어제도 반모임이었거든요, 5반? 근데 또 간담회가 있었어요. 그리고 금요일에 자주 걸리는데 준영이 아빠가 동거차도를 갈 때 걸리고, 전 저대로 다닐 때 걸리면 여기 집에 오면, 낮에 하고 오면 7시이긴 하는데, 여기[분향소 유가족 대기실] 오면 되는데 너무 피곤해서 여기에 올 저기가…[여력이 없어요]. 한 번 왔었는데 오면은 이제 먹고 진짜 친목 도모만 되는 거니까, 어후 여기까지 와서 친목 도모 안 해도 내가 마음에 있으니까 집에서 쉬게 되지, 간담회를 하고 온 날은 그냥 집에서 쉬게 되지 여기를 오게는 안 되더라구요. 친목 도모도 중요한데 아직은 제가 너무 힘들어 가지고 간담회 하고 나면 집에서 쉬는 편이에요. 어제 같은 경우는 그렇게, 그리고 이렇게 맞물릴 때가 좀 많아요.

면담자 은화 엄마나 다윤이 엄마는 개인 연락 같은 것도 좀 오세요?

준영 엄마 따로 이제 시간이 날 때 "밥 먹자"고, 연말에 한 번 와서 먹었구요. 은화 엄마 같은 경우는 "언제 먹자"고 그러면 이렇게 먹는데 자주는 못 먹어요. 왜냐면 은화 엄마는 거진 팽목, 팽목항에 있고[있어서], 제가 팽목항에 가면 만나서 먹고. 또 이제 무슨 날이 있잖아요, 연말이다 무슨 저기 한다고 그러면 다윤이 엄마랑, 은화 엄마랑 아빠랑, 시연이 엄마랑 같이 이렇게 먹기는 하는데 그런 것도 이제 많게는 못 해요. 다윤이 아버님도 아프신 상태고 다윤이 어머님도 그렇고 그러니까, 서로가 이제 마음은 있어도 못 먹죠. 근데 유가족이 따로 만나시진 않으세요. 은화 어머님이 여길 아예 안 오셔서, 학교도 안 오시고. 아예 안 오셔서 유가족하고 따로 만나시는 분은 없는데, [그런 분들이] 몇 명 있는데, 그분들도 자주는 못 만나요.

16
어머님과 아버님이 각각 다른 활동에 집중하는 이유

면담자   긴 시간 말씀 주시느라 많이 힘드시죠. 어머님은 간담회라는 핵심 활동이 있으신데, 그것 말고도 어떤 활동에 참여하시나요?

준영 엄마   그거는 준영이 아빠가 많이 하는 편이에요, 가대위 활동. 크게 치면 '특조위[4·16세월호참사 특별조사위원회]' 있구요, 집회활동 이렇게 하는데 저 같은 경우는 지금 몸이 좀 많이 안 좋은 상태라서 집회를 가면 민폐가 되더라구요. 제가 갔었는데 뭐 팔목도 다쳐오고 발목도 다쳐오고… 그 뒤에 자꾸 제가 걸림돌이 되는 거예요. 그래서 집회나 이런 쪽은 아빠가 좀 가는 편이고, 그리고 이런 모든 게 발달된 곳이 다르잖아요. 뭐 이과, 문과 있듯이 준영이 아빠가 특조위나 특별법이나 이런 법 쪽으로, 예전에도 그런 쪽으로 많이 했기 때문에 준영이 아빠가 그 부분에 주력하고, 부부여도 나뉘어져 가지고 준영이 아빠가 특조위나 집회나 이렇게 대외적으로 움직일 수 있는 가대위 활동을 많이 하는 편이구요. 저는 지금 피케팅, 인양 피케팅을 좀 중점으로 하고 있고, 다른 분들이 특조위도 있고 존치, 인양에 대한 것도 많이 하시잖아요. 그거를 알리는 간담회에 저는 중점을 두는 거죠.

그리고 저 같은 경우는 다른 분들하고도 좀 생각이 많이 달라서 뭐라고는 안 하는데, 그분이 얘기할 때 제가 공감을 못 해서 부모들하고 대화를 많이 하는 편은 아니에요. 대신에 제가 아집이 생겨버릴까 봐 어… 이렇게 아빠의 얘기를 많이 듣는 편이고, 아빠는 많이 이렇게[대화를] 하는 편이에요. 되게 많이, 너무 과하다 싶을 정도로 이렇게 여기 부모들하고 같이요. 그렇게 하는 편인데 저 같은 경우는 그걸 다 수용할 수 있는 성격이 못 돼요. 그래서 제가 아집이 생길까 봐 그냥 아빠 말을 많이 듣고, 페이스북을 많이 들어가고, SNS 많이… 이렇게 인터넷도 많이 보는 편이긴 한데, 아빠는 전혀 그걸 안 하는 성격이에요. 거기를 "믿을 게 없다"고 그러면서 TV조선이고 뭐 이런 걸 보는 사람이 아닌데, 나는 저것도 봐야 된다는 생각에 그걸 보는 또 그런 관점이 있거든요. 그러니까 우리 집에서도 틀려요, 나와서도 틀리지만. 저 같은 경우는 거진 이렇게 많이 움직이는 편은 아니고 간담회 쪽만, 간담회나 인양 쪽, 그리고 준영이 아빠가 진상 규명 쪽에서 해서 특조위나 집회나 이런 쪽으로 많이. 그리고 공부를 하더라구요.

면담자   예예, 맞아요.

준영 엄마　　　예. 진상 규명 그 공부를 박종대 씨라고 수현이 아빠랑 하는데, 제가 거기에 껴서 얘기할 그럴 저기도 안 되고…. 그래 가지고 저 같은 경우는 거진 "그거를 하고 있다, 부모들이 그렇게 하고 있다"를 알리는 사람도 중요하기 때문에 그쪽으로 많이 듣고 해서 간담회를 가는, 그래서 간담회를 중점으로 하고 있어요. 다른 분들이 이제 "간담회만 하지 말고 이렇게 많이 활동을 해라" 하는데 저는 이것이 저한텐 딱 맞는 거 같고, 여기서 이거 하나라도 잘 하고 싶은…. 근데 저는 원래부터가 그래요, 이렇게 많이 이렇게 막 하는 게 아니라. 하나만 집중적으로 해야지 전 성과를 보는 거기 때문에. 그리고 그렇게 막 저기 하기에는 성격이 조금 자존심도 세고 그래 가지고. 근데 사실 버려야 된다고 생각은 안 해요. 저는 그냥 이대로가 딱 좋아요, 지금 이대로가. 그리고 준영이 아빠가 [활동을] 안 하고 있다면, 직장생활을 하고 있다면 제가 그만큼 더 뛰어야 되는데 준영이 아빠가 그만큼 해주고 있기 때문에. 저는 더 많이 활동을 하다 보면 ○○이를 완전 놓쳐버릴 수도 있거든요.

　　그래서 저는 이렇게 간담회를 하고 인양 피케팅하고 이렇게 하는 것만도…. 그리고 간담회도 지금 종류별로 되게 많아요. 성당도 가야 되고 교회도 가고 어떤 때는 절에도 가고(웃음). 이렇게 가다 보면 시민도 만나게 되고, 학생도 만나게 되고, 부모, 어머님들만 또 따로 만나게 되고, 민주노총도 따로 만나고…. 그럼 그냥 가서 하는 게 아니라 거기에 맞게 공부를 해야지, 내가 위안부[지지 모임] 가가지고 세월호만 얘기할 수 없는 거잖아요. 역사교과서[대책위]

가서 세월호만 얘기할 수 없는 거잖아요? 거기 얘기할라면 그분 것도 해야 되는데 제가 그만큼의 그… 되지 않기 때문에 준영이 아빠처럼은 못 하죠. 그래서 준영이 아빠한테 항상 하는 말이 "그렇게 해라" 이렇게 하는 거죠. 그리고 사람들하고도 말도 잘 해요.

근데 저는 목적의식이 없으면 말 잘 안 하거든요. 이거 구술 프로젝트처럼 이거를 얘기해야 된다는 이 목적 없으면 저는 이렇게 얘길 안 하거든요. 어머님들 하고도 마찬가지예요. 그래서 좀 생각이 다르다고 말을 많이 듣기 때문에, 그것까지 제가 다 공감시킬 수 없기 때문에 될 수 있으면 이렇게 많은 모임은 갖진 않아요.

17
간담회 활동 경험

면담자　　간담회 준비팀이라고 해야 되나, 공부반이 있다고 들었어요.

준영 엄마　　있었어요. 그게 수요일 날로 잡았는데 정말 간담회 공부팀이라고 다 나오셔요. 다 나오시는데 거기에서 간담회 가시는 분은 열 분도 안 돼요. 그러니까는 간담회를 가시는 분들은 거기를 참석을 못 해요.

면담자　　아, 간담회를 다니시다 보면 공부팀 모임과 시간이 맞지 않겠군요.

준영 엄마   저 두 번 했나? 그거 기록하는 걸로 해서 제가 가서 해야 되는데 계속 빠지는 거예요, 간담회에 때매. 그거를 매주 했는데 제가 계속 못 가는 거예요.

면담자   그 모임은 간담회를 가고 싶은데 아직은 내용이나 이런 거에 있어서 훈련이나 교육이 필요하니까 운영이 되는 거죠?

준영 엄마   그것 때문에 운영이 됐었는데 정작 [간담회] 가는 사람들은 빠지고, 다른 분들은 계속 교육만 받지 [간담회를] 못 나가는 거예요. 근데 그게 뭐냐면 교육하고 실전하곤 다른 거예요. 정말 그 교육이 뭐여야 되냐면 특별법에 대한 공부를 쫙 하든지, 특조위 공부를 쫙 하든지, 감성을 건드릴 수 있는 말을 가르쳐주든지, 하지 말아야 할 말을, 그리고 우리 가족들이 한목소리를 낼 수 있는…. 누구는 가서 '존치 안 해도 된다' 누구는 '존치해야 된다', 그리고 '인양이 중요한 게 아니다. 진실 규명이 중요한 거다', 누구는 '진실 규명이 뭐가 지금 중요하냐? 인양이 중요하지'… 이렇게 할 게 아니라, 중구난방이니까, 말을 모으는 교육을 하기로 했는데. 그게 잘 안 됐어요. 그거 피티[PPT] 자료도 만들어야 되고, 이제 책도 좀 만들어서 해야 되겠다는 의견도 다 나오고 했는데 그게 잘 안 되는 거예요. 안 되고, 교수님을 불러와서 얘기하는데 갑자기 '애도 정치, 국가 폭력, 그리고 의문사' 막 이렇게 나오다 보니까. 나도 '좀 배워서 간담회 가서 좀 얘기해야겠다'라고 왔는데 갑자기 애도 정치, 국가 폭력, 그리고 자본주의에 대해서 교육을 하니까 교육 패턴 잘못 잡은 거예요, 처음부터. 그래 버리니까 교육에서는 "좋은 말이네", 교수님이 하시니까 "좋은 말이네…" [하더라도] 그걸 듣고 가서 어떻게 간담회를 하겠어요.

면담자   그게 자기 말로 소화가 되어야 남한테도 할 수 있으니까요.

준영 엄마   예. 제가 어디 간담회 가서 국가 폭력에 대해서 얘기하고 애도 정치에 대해서 얘기할 수는 없는 거잖아요. 그러니까 이게 안 되는 거예요. 그리고 [시민들이] 물어보는데 거기서 물어보면 대답을 할 수가 없는 거예요. 그러니까는 오히려 간담회 교육보다 뭐가 더 효과적이었냐면 내가 하는데 처음 하는 분이 따라오셔서 (면담자 : 직접 하는 모습 보고) 두세 번 보고 배운 게 효과적이라 지금은 누가 그렇게 하자고 한 건 아닌데 그게 취소가 되고 이제….

면담자   아, 같이 이렇게 다니세요?

준영 엄마   예. [교육을] 일주일에 수요일마다 해야 된다고 했는데 요번에는 미뤄졌습니다, 이번에는. 의논이 없었고, 미뤄지다 보니까 어느 날 없어지고 이제 옆에 이렇게 사람이 붙어서 [간담회에] 가는 거예요. 근데 저 같은 경우는 혼자 많이 다니는 편이에요. 같이 가도 되기는 한데, 어… 그 사람이 잘 못 받아들이셔요.

면담자   함께 가시는 분이 어머님 말씀을요?

준영 엄마   예. 처음부터는… 근데 두세 번 들어오면 "어, 맞어"

하고 들어가는데 처음에는 자기가 저기를 이해를 못 해요. 저처럼 "내가 어떻게 말을 하지? 나는 못 해". 겁을 먹고 못 해요. 그래서 이제 두세 번 다니신 분하고는 많이 얘길하는데, 처음 와가지고는 제 얘기가 조금 힘드셨었던가 봐요. 그래서 다른 분하고 같이 가신 다음에 저하고 이렇게 하면은 그때는 또 하서요.

면담자　　　그러면 어머님도 처음 간담회 가셨을 때는 누구랑 같이 가셨나요?

준영 엄마　　　아니요, 저는 처음부터 혼자서 갔어요.

면담자　　　그럼 요즘은 처음 참관할 분이 계실 때 그분과 짝지어 주면 같이 다니거나 그러시는 건지요?

준영 엄마　　　같이 다니기는 하는데 될 수 있으면 저 혼자 가려고 시연이 엄마한테 얘기를 하죠. 근데 청문회 끝나고 특조위 얘기를 많이 중점적으로 해야 되고 〈나쁜 나라〉처럼 특별법을 중점적으로 얘기해야 될 때는 준영이 아빠랑 같이 다녀요.

면담자　　　아, 아버님이 계시니까.

준영 엄마　　　예. 그리고 지금 새로 할려고 하는 사람이 많으면 같이 가는데 그렇게 많지 않아요. 그리고 이제 할려는 사람들은 안산 쪽으로, 가까운 쪽으로 많이 다니시는 분들이고, 저는 지방으로 다니기 때문에. 그리고 아이가 아직 그거를 이해해 주는 부모들이 많지가 않아서… 예, 저는 또 애가 기숙사에 있고.

면담자   그렇죠. 아무래도 아이가 기숙사에 있으면 상대적으로 시간 운용이 수월할 거 같아요.

준영 엄마   그러니까 저 같은 경우는 지방으로 가게 되는 건데, 지방에 그렇게 가서 이렇게…. [그런데] 처음부터 하는 사람은 없어요. 그리고 준영이 엄마는 작년부터 9월 달부터 이 한쪽만 팠잖아요. 그러니까 '같이 가서 무슨 얘기를 하지?' 이렇게 겁을 먹는 거 같더라구요. 제가 다른 분들하고 이렇게 가는데, 저는 혼자 가다가 준영이 아빠랑 이렇게 같이 가고, 그런데 그렇게 얘기를 하죠. 그리고 저는 혼자 얘기를 하는 게 편해요, 같이 있어도 되긴 하는데. 그리고 질문, 제 얘기를 한 다음에 질문을 많이 받거든요? 그런데 거기에 제가 막히거나 말을 못 하고 얼버무렸거나 [해서] 좀 부족하다는 얘기를 이렇게 들은 적이 있으면 그렇게 다른 분과 같이 가서 하겠는데, 아직까지는 그게 없어요, 없었던 거 같아요.

면담자   아버님과 함께 가실 때는 어머님이 생각해서 같이 가자고 하세요?

준영 엄마   예예. 왜냐면 저도 청문회를 보고 느낀 점이 있지만, 어….

면담자   아버님이 아무래도 관심을 계속 가지셨으니까?

준영 엄마   아버님이 관심이 더 많고, 진상 규명 쪽에도. 그리고 [저는] 이렇게 "병풍도 쪽으로다가 더 붙여서 갔다"라는 그런 의혹만 좀 많이 알지, '파파이스'를 보면서. 준영이 아빠처럼 배를 타보고 그거를 수중 탐사까지 막 해보고 그런 건 아니기 때문에 그런 쪽은 준영이 아빠가 더 정확히 알고. 나는 "그렇게 하더라", 그리고 그 "'파파이스'에 그렇게 나왔다"더라, "그 감독이 그렇게 말했다더라"… 그거 갖고는 얘기하면 안 되거든요. 의혹은 의혹으로 남겨야지, 그거를 간담회 가서 얘기하면 제가 그다음의 문제를 어떻게 해결할 수가 없어요. 그래서 그런 것들은 준영이 아빠가 이렇게 많은 분들과 시민분이지만 정말 해박하신… 예. 모임이 있어 가지고 그분들한테서 들은 얘기하고. 저처럼 거기서 그렇게 "김어준이 얘기하더라" 이거 갖고 간담회 가서 얘기하면 정말 안 되거든요. 또 이 구술, 이거 말하는 거 하고 내 감정, 내 생각을 얘기하는 건 엄청 틀리거든요[다르거든요]. 그래서 지금도 '내 생각에는'이라는 걸 꼭 말하는 게 정말 이건 내 생각이거든요. 근데 간담회에서도 내 생각을 얘기하면 안 되거든요. 딱 보여준 거, 딱 알려진 거, 그리고 이게 확실히 다 알려졌는데 언론에는 안 나온 걸 얘기하는 게 간담회이고, 내 이야기를 하는 거는 아니거든요. 세월호 이야기를 해야지, 준영이 엄마 이야기를 하면 안 되기 때문에 저 같은 경우는 그럴 경우에는 준영이 아빠보고 가자고 얘기를 해요.

근데 어제 강릉 같은 경우는 어, "이제 잊지 말아달라"고… 그리고 거기 강릉에 또 특징이 있어요. 거기는 세월호를 다 알고 오시는 게 아니에요. 세월호를 이해해서 오시는 게 아니고 미사 보러 오신 분들이기 때문에 함부로 얘기를 할 수도 없어요. 정부를 욕해서도

준영 엄마 임영애

안 되고 "여러분들이 이렇게 기도를 해주시고 세월호에 관심 가져주셔서 감사하다"는 얘기를 하는 것은 저 혼자 가서 하고 오죠. 근데 이제 다른 거를 더 필요로 할 때는 준영이 아빠랑 같이… 저희가 9월 달에 다닐 때는 특별법 제정 때문에 국회에 계셨고, 그리고 시정 그 것 때문에 대통령이 거기 국회에 왔을 때 부모님들 맞닥뜨리는 그런 중요한 시기였었잖아요. 그때가 제가 울산에 가 있을 때였는데 그런 시기 같은 거는 준영이 아빠가 너무 잘 알기 때문에 그땐 꼭 준영이 아빠랑 같이 가고, 그리고 대학교 같은 경우도 같이 가요.

면담자   아무래도 질문이 진상 규명 쪽으로 많이 나오죠?

준영 엄마   예. 그쪽으로 많이 가요. 같이 가고 하다 보면 얘기도 같이 하고. 근데 부부가 같이 가는 게 제일 좋아요, 예. 이렇게 딱 커버해[보완해] 주고 받아주고 딱딱 하는 게 있고…. 준영이 아빠는 좀 직선적이에요. 내가 이 얘기를 했는데 딱 끝난 다음에 제가 아까 말했던 의혹 같은 거를 아무 생각 없이 이렇게 얘기를, 그러니까 생각 없이 한 건 아니지만 어쩌다 나오면 "아, 이거는 아직은 우리 가족의 의혹입니다"라고 이렇게 얘기를 해줄 수 있어서 그런 거[게 좋은 거죠]. 나와서 '그거 아니야' 이렇게 말하는 게 아니라 '이렇게 생각할 수도 있지만'….

면담자   혹시나 듣는 분들이 오해하지 않도록 도와주시는 거죠.

준영 엄마   예예, 그렇게. 왜냐면 되게 중요한 거거든요, 그런 게. 얘기하다 보면 그런 말을 할 때가 있어요. 그러면은 그걸 잡아 줄 수 있고. 준영이 아빠가 이제 준영이에 대해서 얘길 한다든지 감정적인 걸 얘길 할 때는 제가 더 부모의 입장에서, 엄마의 입장에서 얘기하고, 저희가 그런 쪽으로 좀 하고 있어요.

면담자 함께 다니는 부모님이 또 계신가요?

준영 엄마 민성이 부모님이 함께 다니셨었는데…, 5반… 요즘은 좀 그러신데[뜸하신데] 그래도 같이 다니시고, 창현네 부부는 하시는데 따로 하세요. 그렇죠. 오늘 제가 개인적으로 홍대 들어가는데 창현이 아버님한테 부탁했어요. "이따 밤에 어…" 제가 운전을 못 해가지고 가기가…. 그리고 얘네 아빠[가] 새벽에 동거차도를 가는 바람에 거기가 너무 늦게 끝나니까. 이런 식으로 저희한테 들어온 것도 그렇게 해줄 수 있고, 그렇게 하세요. 창현이 아빠는 많이 케어를 많이 해주시는 분이에요. 이렇게 저희가 못 가는 것도 많이 가주시고, 그분이 못 가시는 거 저희도 해주고 그렇게 하고 있어요, 지금. 왜냐면 딱 들어오면 내 간담회가 돼버려요, 시연이 엄마한테 전화를 받으면. 그리고 저는 개인적으로 들어오는 데가 좀 많아요, 이렇게 많이 하다 보니까.

면담자 또 거기서 요청받으시기도 하시는군요.

준영 엄마 거기 갔는데 오신 분이 "저는 대구 사람입니다, 대구도 좀 와주세요" 서울에서 했는데 대구 분이 오셨고, 저번에는 청주 갔는데 괴산에서, 제천에서 오신 분이 있고. 개인적으로 많이 들어와도 가대위에 이제 보고를 하고 가죠. 이게 "이렇게 들어왔다" 그러면서 그 지방은 내가 가게 됐다, 이렇게 되는 거죠. 음성 갔는데 또 다른 데서 또 들어와서 이번에 개인적으로 가는 데가 좀 많아요. 그렇게 연줄연줄, 그것도 되게 중요해요. 그렇게 해갖고 창현이 아빠도 그런 식으로 많이 같이 도우면서 하죠. 거기 언니는 안산 팀이세요. 안산이 활동 지역이라서 합창단 하시면서 창현이 어머니는 그렇게 하고 있고.

면담자　　예, 알겠습니다. 자세히 말씀해 주서서 감사합니다. 좀 더 이야기를 나누고 싶지만, 오늘 구술은 일단 여기서 마치겠습니다. 고생 많으셨습니다.

3회차

2016년 1월 27일

1
시작 인사말

2
영화 〈나쁜 나라〉에 대한 견해

면담자　　　지난번에는 4월 16일 당일부터 팽목항에서의 일들, 그 이후의 간담회 활동, 그리고 미수습자 가족분들에 대한 얘기까지 나눴습니다. 오늘 3차 구술에서는 미처 못 나눴던 이야기 위주로 여쭤보도록 하겠습니다. 먼저 가장 최근에 있었던 〈나쁜 나라〉 영화 간담회 이야기인데요, 제 기억으로 〈나쁜 나라〉가 2015년 가을에 개봉되었던 것으로 알고 있습니다. 일단 영화 개봉이 조금 미뤄졌잖아요? 그 이유가 생존자 얼굴이 영상에 나오거나 이런 것들에 대해 조금 문제 제기가 있어서 다시 편집이 됐다고 들었습니다. 그와 관련해서 하시고 싶은 말씀이나 생각하신 부분이 있으신지요?

준영 엄마   그 〈나쁜 나라〉 처음에 나왔을 때 생존자들이 다시 학교에 가는 장면에서 얼굴들이 다 나와가지고. 그때쯤이 우리 아이들이 면접 보는 시기였어요. 근데 그렇게 크게 나온 〈나쁜 나라〉가 상영이 되면 면접관들이 우리 아이들을 볼 거 아니에요. 그거에 대한 거를 어머님들이 우려를 하신 거예요. 근데 사실 〈나쁜 나라〉를 보셨으면 알겠지만 제가, 당사자인 제가 볼 때는 '나쁜 나라'가 아니라 '나쁜 엄마'로 많이 비춰졌거든요. 아이를 지키지 못했고 특별법 제정도 제대로 하지 못한 무능력한 나쁜 엄마… 저는 보면서 그렇게 느꼈거든요. 다른 분들은 그런 말씀을 하시더라구요. "저거 당사자가 아니면 이해하기 어려운 영화다", "무슨 다큐 영화지만은 활동일지 같은 느낌이 든다". 거기에는 저희가 겪은 사람으로 따져 보면 너무 많은 것을 빠치셨어요[빠뜨리셨어요].

면담자   내용상으로 많은 것이 빠졌다고 느끼셨어요?

준영 엄마   그렇죠. 왜냐면은 제가 한 거에서도 저것 때문에 그렇게 한 게 아니었거든요? 근데 그게 설명이 없었어요. 예를 들면 저희가 거기서 소리를 지르고 정의화 위원장[정의화 국회의장]과 맞섰을 때 왜 그렇게 했는지 우리는 알아요. 그리고 많이 활동하신 시민분들만 알아요. 일반인들이 볼 때는 저게 뭐라고 얘기를 해주면서 했어야 되는데 그냥 무조건 싸우는 장면 같은 느낌? 그리고 [국회]본청에서 특별법 제정 반쪽짜리 됐을 때, 그때 부모들이 너무 많이 울었거든요. 거기서 울면서 왜 우는지에 대한 걸 막 얘기하면서 기자회견도 했는데, 그거에 대한 건 아무것도 없고 빵빵 때리고 그냥 나가면 우리가 수긍하는 것처럼. 그리고 우리가 나가서 바로 울면서 기자회견을 했는데, 그게 제일 중요한 건데 그것도 없었고. 팽목항에, 정말 팽목항에 아이들이 아직도 있다고, 아직도 있다고. '우리는 특별법을 하고 있지만 지금 인양도 안 돼 있고 아무것도 안 돼 있다'라는 걸 팽목항에서도 하셨어야 되고, 간담회를 쫓아가서도 하셨어야 되는데.

간담회도 몇 명이 좀 와가지고 하는 내용이라든지, 그리고 간담회를 하면서 그 부모들이 어떤 심정으로 하는지 다 나오거든요, 처음에. 지금은 어느 정도 이렇게 숙달이 좀, 숙달이라고 그러는 게 맞는지 모르겠지만 그렇게 해서 나오는데 처음에는 말을 못 이었어요. '2학년 5반 오준영'에서 오준영이 생각나서 말을 못 하고 들어갔는데, '고 오준영' 그렇게 돼 있으면 '명복을 빕니다' 그런 것만 봐도 못 하는 그 부모들의 심정을 조금이라도 담았든가. 아니면은 국회에서 저희가 어린아이들까지 데리고 가서 맡길 데가 없어서 거기서 밤새 애들 챙겨가며 재우는 거라든지, 진짜 이런 세밀한 거. 그리고 부모들이 왜 소리를 지르는지에 대한 부연 설명이 있어야 된다는 거죠.

그런데 그런 게 없이 〈나쁜 나라〉를 했는데, 그래도 그나마 기억되려면 기록이 돼야 되기 때문에 영화는 있어야 됐고. 저희도 〈다이빙벨〉 영화를 그런 식으로 했었거든요. 제가 간담회를 다니다 보니까 〈다이빙벨〉이라는 게 큰 영향력을 줬어요. 사람들이 '세월호? 사고였어. 사고였는데 왜 저러는지 몰라' 이렇게 생각했던 사람도 〈다이빙벨〉을 보고 '사건'이라는 거를 느끼셨기 때문에 더 촛불집회 열심히 하셨다는 분도 엄청 많았어요. 〈나쁜 나라〉도 그만큼 효과는 있어요. 그러기 때문에 저는 '이 영화는 잘했다, 잘 만들었다'가 아니라 정말 [영화 만든 건] 하기는 잘했다, 근데 조금 더⋯. 이거는 참사기 때문에, 이건 그냥 우리 로맨스가 아니잖아요. 로맨스라면 빠질 수도 있어요. 사랑하는 장면이 좀 빠질 수도 있고, 그 감정이 빠질 수도 있고. 근데 우리가 참사를 말하는 거기 때문에 조금 더 신중히 하셨으면 더 좋지 않았을까.

면담자　　어쨌든 부모님들의 절박한 심정과 상황을 사회에 보여주려는 영화이기 때문에, 그분들이 '왜 그렇게 할 수밖에 없었는지를 조금 더 자세히, 잘 보여줬으면 좋았을 텐데' 하는 아쉬움이 남으신 거네요.

준영 엄마　　〈나쁜 나라〉[가] 영화라기보다는 나쁜 엄마들, 나쁜 아빠들의 그냥 떼쓰는 장면? 그런 거를 많이 받아들일 것 같은⋯. 제가 볼 때는 그게 아니죠, 그 속사정을 다 아니까. 근데 모르시는 분들은 그렇게 느끼실 수 있는 거예요. '니네가 슬프다고 나도 다 슬퍼야 해? 니네가 슬프다고 쟤도 슬퍼야 해? 그거 아니잖아. 노란 리본 달아주는 걸로 만족 못 하고 왜 저렇게까지 해?' 어떤 아이들은 고등학교 가서 그걸 틀었는데 '왜 특별법을 해달라는데 청와대에서 안 하고 국회 가서 저래?' 애들이 몰라요. 모르는 아이들까지

다 설명을 [해]줄라면 그거에 대한 정말…. [이 영화는] 남이 봐야 되는 거야, 엄마가 볼 게 아니잖아. 〈나쁜 나라〉 찍어서 우리 저기 활동하시는 분들하고 엄마만 볼 게 아니기 때문에 정말….

면담자　　잘 모르는 사람이 봤을 때 더 잘 이해할 수 있도록?

준영 엄마　　모르는 사람을 위해서 이렇게 해야 되는데, 역효과가 날 수도 있는 부분이 있어요. 근데 기록이기 때문에, 다큐 영화기 때문에 거기서 고마운 거고 만들어준 거에 대해서 고맙지만 조금 더 신중을 기했으면 좋겠고. 생존자 아이들에 대한 입장은 그거예요. 근데 그것 때문에 문제가 생긴 게 또 생존자하고 벽을 쌓게 됐어요. 왜냐면 우린 서운한 거죠. 그 친구를 잃고 그 생사에서 힘들게 살아 나와 학교를 다니는 아이들을 찍었는데 모자이크 없이 처음에 나간 거예요. 그걸 생존자 [부모]한테 김진열 감독이 먼저 양해를 구하지 않은 거예요. 부모의 입장에서는, 우리 아이들이… 생존자 아이들은 단원고 학생이 아니기를 바라는 마음은… 사실 부모라면 그래요. 저도 준영이가 그렇게 됐다면, 어디 가서 "단원고 학생이야?" 그렇게 얘기를 하면 아이들은 "네" 이렇게 말하기 힘들어요. 우리 ○○이도 "너 혼자니?" 그래서 "아니요, 저 오빠 있어요". "오빠 누구니?", "단원고예요". "그럼 특혜?" 이렇게 얘기를 한다는 거예요.

애도 그런 아픔을 겪는데 당사자인 생존자들은 얼마나 큰 아픔을 겪겠어요. 그 아이들에게 살아 와줘서 고맙다고 말만 할 것이 아니라 살아 온 거에 대한 정말 "너희 떳떳하게 잘 살아라"라고 어른으로서, 부모로서 해줄 수 있는 건데 조그마한 배려를 해주지 않은 거죠. 죽은 사람에 대한 배려도 배려지만 정말 그 산 아이들은 얼마나 귀한 존재겠어요. 그러면 그거에 대한 배려가 있어야 되는데 우리 생각만 했던 거죠. 그래서 생존자 입장에서는 화가 날 수밖에 없었고.

그런데 그게 어떻게 비춰졌냐면 '나는 대학을 가야 되는데, 나 면접 봐야 되는데' 이렇게 자기 생각만 하고 죽은 친구들 생각을 안 했다, 이렇게 생각해서 저희들하고도 또 문제가 생긴 거예요. 그것도 언론에 그렇게 나왔어야 돼요, 페이스북 같은 데도 이런 문제로 이렇게 이렇게 해야 되는데. "생존자 얼굴을 모자이크도 안 하고 해서 기분 나쁘니 빼라, 〈나쁜 나라〉에서 빼라", 이렇게 생존자들의 입장을 페이스북에 올리신 거예요, 생존자들이 올린 게 아니라 일반인들이. 그렇게 올려버리면 듣는 우리 유가족들은 또 그게 아니잖아요? 〈비공개〉 그 아이들이 그렇게 살아간단 자체로[에 대해] 그렇게 어떤 면으로라도 생존자의 모습을 보여줬으면, 근데 처음에 모자이크 처리도 없이 얼굴이 크게 나와서 쟤가 누군지 다 알아보게끔….

면담자   결국엔 다 빠졌죠? 모자이크 처리가 아니라.

준영 엄마   싹 뺐죠, 모자이크 처리가 아니라. 처음부터 모자이크 처리는 하지도 않았어요. 이건 만약에 모자이크 처리를 해서 단원고 생존자의 모습만 좀 보여줬다면 그런 일은 있었을까 그런 생각이지, 모자이크 처리는 한 적은 없어요. 그렇게 하고 미수습자도 뒷부분에 다윤이 어머니 뒷모습이 들어가요. 근데 다윤이 어머님이 사전에 연락이 하나도 안 돼 있었어요, 김진열 감독이랑. 그러니까 '나는 구해주지도 않고 〈나쁜 나라〉 영화에 왜 넣냐' 이거예요. 그래서 그분도 또 뺐어요, 미수습자들도. 처음에 영인이 아빠하고 영인이 엄마하고 그 팽목항에서 인터뷰만 나오고. 그러니까 이게 처음에 사전에 할 때 우리는 세 부류로 나뉘어져 있잖아요. 그러면은 다 양해를 구했어야 되는 거예요.

면담자　　　굉장히 세심한 접근이 필요했는데.

준영 엄마　　그런 게 있어요, 예.

면담자　　　감독님도 악의가 있었다기보다는 잘 모르셨을 것 같아요.

준영 엄마　　그렇죠. 악의는 없었죠. 근데 이게 김진열 감독님의 일기장이면 그렇게 해도 되지만 상영을 해서 사람들한테 보여줘야 되고. 사람들은 어떻게 생각하냐면 어디를 갔더니 음성인가? 아, 음성이 아니라 제천인가, 제천엘 갔는데 거기선 어떻게 생각하냐면 '생존자 나쁘다…'.

준영 엄마　　예. '생존자, 미수습자 나쁘다' 그렇게 얘기하고 다른데 위 지방에를 왔더니 여기는 '너무 배려가 없는 유가족이 나쁘다', 그렇게 돼버린 거예요. 악의 없이 하셨다고 해도 하나의 문제가 되기 때문에… 그래서 간담회를 많이 다녀야 되는 거예요.

면담자　　　그럴 것 같네요.

준영 엄마　　　예. 간담회를 다녀서 저희도 말을 또 잘해야 되는 거예요. "저희도 서운했어요" 그렇게 말하겠어요? 그렇게 하면 안 되는 거고. 김진열 감독님에 대한 것도 이제 기록을 남겨야 되는 거니까 이렇게 얘기하지만, 저희가 간담회 가서는 그렇게 얘기하지요. 어, "다큐 영화기 때문에 기록에 이렇게 집착을 하다 보면 그렇게 할 수도 있는 거고, 생존자들에 대한 거는 김진열 감독도 그렇고 저희 부모님들이나 이런 모든 분들이 봤을 때 살아 온 것도 아픈데 그렇게 학교를 보내야 되는 그런 것들이, 친구의 아픔을 갖고 있는 그걸 보여줌으로써 '나쁜 나라'란 걸 부각시킬려고 했던 거였는데 저희가 생각이 짧았다, 그러니까 누구가 아니라 저희가 생각이 짧았다", 이렇게 얘기하니까 어느 정도는 '아, 그렇구나'. 저희도 "이것도 하나의 시행착오로 봐주셨으면 좋겠습니다"라고 얘기를 하지요.

　　그리고 저는 "아이를 지키지 못한 나쁜 엄마로서 드리는 말씀입니다"라고 먼저 얘기를 해요. "그러기 때문에 거기에 저희가 겪었든, 당했든, 그런 모든 것들이 반도 내포되지 않았지만 그래도 기록을 위해서 이 영화가 만들어진 게 너무 좋다"고, "여러분들도 좀 보시고, 그걸 반[이라도] 보시고 저희 얘기를 들으신 그거를 토대로 많은 분들한테 알려주셨으면 좋겠다"고 이렇게 얘기를 하거든요.

〈다이빙벨〉은 정말 딱 보면 '정말 안 구했구나. 해경이 방해했구나'라기 때문에 〈다이빙벨〉 간담회에 치중을 별로 안 했었어요, 제가. 누구든 가서 얘기를 할 수 있는 거고, 얘기를 안 해도 〈다이빙벨〉을 보면 느끼는 게 다 똑같은 거예요. '아, 사건이었구나. 안 구했구나. 왜 유가족이 저러는지 이제는 알겠구나' 이렇게 생각을 하시거든요. 근데 〈나쁜 나라〉도 잘 만드셨지만 설명을 해야 되는 그런 영화라는, 딱 단점이 그거예요. 그래서 저희가 가서 정말 부모들이 내 일이니까 내가 주체가 돼서 그 간담회, 〈나쁜 나라〉 간담회는 입을 모아서 똑같은 말로, 여기선 이 말 하고 어떤 엄마는 이 말 하고 그렇게 하지 말고, 저희는 그거를 얘기를 해야 돼요.

면담자   지금 〈나쁜 나라〉 간담회는 어느 정도 '이런 식으로 대응을 하자'라고 합의가 된 상태인가요?

준영 엄마   그런 합의 건은 없었어요. 저희가 〈다이빙벨〉 할 때는 간담회 교육이라는 게 있어서 그런 합의를 보고 가고 또 이렇게 밴드에도 올리고 하는데, 지금은 이제 만나서 이렇게 합의하는 게 아니라 간담회 다니시는 여러 분이 있잖아요. 그분들이 생각이 다 같아요, 저하고. 그러기 때문에 밴드에 이렇게 올려서 "이런 말을 중점으로 해야겠다", "간담회는 이런 거가 있더라", 이렇게 얘기를, 그러니까 "제가 이런 질문을 받았는데 이건 이렇게 해야겠더라"라는 그런 정도지, 예, 피드백이 있거나 그런 게 있지는 않아요. 그런데 이제 페이스북에 '나쁜 나라' 치면 그 상황이 나오잖아요? 그것도 저희가 이렇게 봐요. 보면서 다른 부모가 했던 말을 토대로 그걸 따라하는 건 아닌데 '아, 이 분은 이런 감정이 있구나, 이런 생각이 있구나. 그래 요거는 좀 부각시켜야겠다' 그래서 이렇게 하는 그 정도로. 간담회를 다니신 분들이 전문가 쪽은 아니지만 그래도 '무슨 말을 해야 되고, 무슨 말을 안 해야 되고, 이 말이 어떤 여파가 있을 것이고, 어떻게 될 것이다'라는 생각을 어느 정도는 다 해요, 예. 그래서 어디 노조 간담회다 그러면 세월호 얘기만 할 게 아니라 여러분들이 겪고 있는 것도 들추면서, '이런 얘기를 하면서 세월호에서 이 얘기는 빼고 이 얘기를 해야겠다'라는 게 있고, 어디 독서하는 사랑방이나 도서관이다 하면은 그거에 맞게 어떤 말은 빼고 어떤 말은 이렇게 하거든요. 저만 이렇게 하고 있는 게 아니라 부모들이 말을 한 건 아닌데 그렇게 돼 있어요, 다.

면담자   간담회 경험을 통해 무언의 합의를 하셨네요.

준영 엄마   다들 터득을 하신 거죠. 아, 여기서 이 말을 했더니 반응이 그랬고 나중에 좀 말도 났고 그랬더라, 그러면 그걸 좀 빼고 얘기해… 그러니까 〈나쁜 나라〉도 그런 식으로다 지금 되어가고 있어요.

준영 엄마 임영애

3
유가족들이 준비해서 다니는 간담회

면담자   지금 간담회에 다니는 부모님들이 몇 분 정도 되세요?

준영 엄마   지금 제가 알고 있는 거로는 한 30분 조금.

면담자   아, 꽤 계시네요.

준영 엄마   꽤 계시는데 꾸준히 다니는 분들은 한 스무 분 정도, 열 분은 지금 시작하시는 거라서 같이 다니기도 하고 혼자 가시기도 하고. 근데 어머님들, 아버님들이 구구절절 하세요. 그래 가지고 간담회가 뭐 이렇게 [따로] 배워갖고 안 가도 될 정도로… 예, 예, 구구절절 하셔가지고 다 얘기해요.

면담자   지금까지 겪으신 것만 해도 워낙 많으시니까요.

준영 엄마   그럼요. 그래서 그 말들도, 처음에는 겪은 거를 다 얘기할라 그랬었어요, 100프로 다. 그러다 보니까 지루해요, 전달도 안 돼요. 그러기 때문에 이제는 어떤 얘기는 하고 어떤 얘기는 빼고 이렇게 하다 보니까 어머님들이 어느 정도는 전문가 수준 되셔가지고 말을 잘하시죠.

면담자   간담회에서 말씀하시는 시간은 얼마 정도 되나요?

준영 엄마   발언 같은 경우는 2분부터, 길게는 3, 4시간도 할 때도 있어요. 이렇게 〈나쁜 나라〉 간담회는 대관을 하는 거잖아요?

면담자   그렇죠. 시간제한이 있죠?

준영 엄마   시간제한이 있기 때문에 저희가 〈나쁜 나라〉 이렇게 대관을 했다 하면은 한 30분, 40분 그냥 핵심만 딱딱딱 집어갖고 가서 얘기를 하고, 만약에 학교에서 한다든지 아니면 자기네가 슬라이드에다 이렇게 해준다든지 그런 걸 할 때에는 한 2시간, 1시간 그 정도 잡아요. 근데 대관을 했다고 말하면 30분으로 줄여요. 왜냐면 대관료도 있고 그분들의 입장이 있기 때문에. 이제 그러면은 그 영화에 대한 얘기만 하게 돼요. 내일도 저 건대입구 쪽으로 가게 되는데, 〈나쁜 나라〉 상영하는데, 거기도 그런 거예요. 시민들이 소모임 이렇게 [모여서] 인터넷을 통해서 이렇게 보는 거기 때문에 거기는 제가 1시간 잡고 있어요. 그러면 제가 팽목항 얘기부터 특별법까지 가거든요. 근데 만약에 대관을 했다 그러면 영화에 나온 특별법, 그 영화 설명만 해주는 그 정도 되고. 그게 아니라면은 제 얘기까지 다 할 수 있는 1시간, 2시간 정도로 잡아요. 발언은 가서 각론 같은 경우 2분도 안 할 때도 있어요. 3분만 빨리 딱 하기도 하고, 그분들을 생각을 해야 되니까. 그리고 누가 왔냐에 따라 또 거기 가서 바뀌어요, 말이. 제가 준비… 뭘 써가지는 않아요. 차에서 '뭐를 해야지, 무슨 말을 해야지'라고 하고 가는데 딱 상황을 보니까 '이분들은 그게 아니다' 그럼 싹 바꿔요. 그러고 어른인 줄 알고 갔는데 애들이 많이 왔을 땐 또 애들 버전으로 바꿔요, 그런 거 되게 많아요.

면담자   이젠 베테랑이 되셨네요.

준영 엄마   그럴 수밖에 없어요. 왜냐면 간담회라는 게 이야기라기보다는… 이야기지만 저는 전달이잖아요. 전달해서 그거를 설득을 어느 정도는 해야 돼요. 그분을 확 설득시킬 수는 없지만 알리고 설득을 해야 되잖아요. 제가 언론이 되다 보니까, 세월호 언론이 되다 보니까 '아, 진짜 전달을 잘하는 것도 중요하지만 그들을 조금은 바꿔놔야겠다'라는 생각이 들어요. 그런 생각이 많이 드는 게 어디냐면 대구, 전주, 합천… 이쪽은 그런 생각이 엄마로서 너무 많이 드는 거예요. 그래 가지고 거기서 그만 좀 해줬으면 할 정도로, 저를 쳐다보고 있을 정도로 말을 좀 많이 하게 돼요. 다 좋은 건 아닌데 그렇게 욕심이 나요, 그쪽에 가면.

면담자   왜 그런 생각이 드세요?

준영 엄마   어, 질문 자체가 그래요. 질문 자체가 극과 극이세요. 대구도 그렇고 그 전주도 그렇고, 극과 극인 게 뭐냐면 "이해를 한다. 저도 제 애가 그렇게 됐으면 그렇게 한다"라는 사람도 있고 완전 극은 "어머님들, 아버님들 해도 너무하신다"라는 분들도 있어요. 그리고 천안함까지, 연평해전 그것까지 예를 들어서 얘기를 하시면서, 또 정말 조중동에서 많이 얘기하는 그런 얘기를 또 막 하시는 분도 있고. 국회에서 국회의원들이 저희가[에게] 했던 말 비슷하게 하시는 분들도 있어요. 가면 그런 분들도 있고, 대놓고 이제

"지겹다"는 분도 있어요, 대놓고. 그러면 거기서 저는 그 얘기를 들으면서 관리를 해요. 제 표정 관리도 하고 말도 어떤 식으로 해야 되는지. 처음에는 어, 말을 못 했어요.

그분이 "지겹다", 이렇게 얘기를 하면 울컥하고. 그래서 말을 못 하고 준영이 생각이, 준영이가 확 떠오르는 거예요. 아이들이 떠오르고, 그럼 말을 못 하는 거예요. 근데 지금은 "지겹다" 그러면 그래요, "죄송합니다. 얼마나 힘드셨으면, 저도 힘들지만 얼마나 힘드셨으면 그 생각을 하셨겠습니까". 죄송하다는 생각을 하면서 '정말 많이 상처를 받고 힘드셨겠구나'. 그분이 촛불집회를 하시는 분이거든요, 아예 안 하시는 분은 아니에요. 그래서 제가 그분한테 그랬지요. "빨리 이게 해결이 돼서 끝났으면 하는 마음에 하시는 말씀이라고 생각해도 될까요?" 이렇게 얘기한 다음에 말을 풀어놓지요. 처음에 저를 다스리는 거예요, 저를 다스리면서 얘기하고.

"교실이 뭐 무덤 같다"는 분들도 있고, "유가족은 유가족다워야 되지 않느냐, 유가족들이 이랬다저랬다 [한다]", 유가족의 단면을…. 그래서 "사람이 한 사람이면 모르는데 지금 [세월호 참사 단원고 희생자가] 250명이면 500명이에요, 부모가. 거기에 형제자매도 있고… 그 많은 분들이 같은 길을 가기는 어렵습니다. 제가 잘했다는 게 아니라, 저희 유가족이 잘했다는 게 아니라 저희도 급작스런 이런 아픔, 이런 참사에 대처 못 한 거 저희도 인정합니다" 하고 들어가면서 얘기를 하죠. 근데 처음에는 못 했어요, 못 하고 그냥 애들 생각이 나서 울컥하고. 우리 아이들 분향소에 와서 딱 생각 드는 게 '우리 아들, 아이들 분향소에서 그 사진 좀 한번 보세요. 그런 말이 나오나'. 저도 그런 마음, 생각이 들죠. 근데 그걸 감추고 얘기를 할라니까 막 울기도 하고. 예, 그런 게 있었죠. 그래도 '더 해야겠다'라는 생각으로, 계속 그럴 때는 어떤 말을 해야 된다라는 걸 저 스스로 공부를 했던 것 같아요.

면담자   하루아침에 된 건 아니시죠.

준영 엄마   하루아침에 못 되죠, 이게. 제가 또 어떤 말을 했냐면 그게… 저는 그냥 얘기했는데 대구 분이 되게 남으셨나 봐요. 그래서 저한테 몇 번을 죄송하다고 저기, 문자를 보내셨더라구요, 어디서 전화번호를 알아서…. 그분은 뭐였냐면 아무 생각 없이 그냥 "아니… 저기 인천에 일반 분들도 갔는데 [단원고] 어머님들은 왜 이렇게 난리를 치시냐"고 그렇게 질문을 하신 거예요. 그래서 제가 이렇게 말을 한 거예요. "남편이 죽었으면 저 이렇게 안 다닌다, 저는 세월호 엄마기 때문에 이러고 다니지 남편 죽었으면 저 이렇게 안 다닌다. 애 키워야지요, 제가 어떻게 그렇게 다니겠어요? 저, 제 인생은 자식으로 시작해서 자식으로 끝나는 인생인데… 저도 남편 죽었으면 그냥 제사상 잘 차리고 말 거예요". 그분이 그게 되게 가슴에 와닿았었나 봐요. 저는 그때 억하심정으로다 얘기한 거거든요. 대구 그 당시가 두 번째였거든요, 간담회 두 번째니까 저도 이게 다스려지지가 않은 거예요. 그래서 저도 그렇게 얘기한 거예요, "저도 남편이면 이렇게 안 한다"고. 그런데 준영이 아빠가 있었거든요. 옆에 있는데 그때는 그런 생각은 못 하고 그렇게 얘길 한 거예요. "저는 세월호 엄마기 때문에 이러지 제가 세월호 부인이면 나 이렇게 안 한다", 그렇게 얘기를 했어요. 그 입장 차이 아니겠느냐 이렇게 얘기를 했는데, 그때는 제가 이게 컨트롤이 잘 안 되가지고 그렇게 했는데.

지금은 좀 다르게 하는데 당시에는 제가 간담회 두 번째 날이고 하니까, 울산이 첫 번째고… 그러다 보니까 제가 거기서는 좀 그랬던 거 같아요. 근데 그분은 그분대로 너무 상처를 받았더라구요, 저한테 "미안하다"고. 자기가 "잠을 못 잘 정도로 미안했다"고, 그때 얼마나 상처를 받았는지, 그래서 이제 제가….

그런 것도 있었고, 간담회 다니면서 뭐 별 일 다 있었어요. 일이 되게 많고 그랬었는데 어… 그래도 힘든 건 힘든 대로 삭힐 수 있었던 거고. 그리고 감동은 감동대로 이렇게 남았던 게 뭐냐면 내가 엄마기 때문에 그래서 다니지, 내가 상처를 그렇게 받고 다니면…. 어떤 분은 뛰쳐나갔어요. 신부님이 얘기하다가 막 소리 지르고 나가고, 나와서 막 저기 하시고 그러신 분들도 있는데 얘기를 계속 듣다 보면 그분들도 그럴 만한 이유가 있었어요, 예. 이유가 있었고 그러기 때문에 제가 간담회 가서 말하는 게 저희 개개인 인간으로는 추악할 수 있고, 마음에 안 들 수도 있고 '왜, 어떻게 저런 행동을 할 수 있나…' 하실 수 있지만, 저희를 그냥 세월호 엄마로 봐주신다면 자식 잃은 엄마가 왜 안 구했는지, 내 새끼 왜 죽었는지만….

"우리 준영이 왜 죽었어요?" 어, 우리 애가 왜 죽었는지 저도 모르잖아요. 그냥 세월호에서 해상 사고로 죽은 건 아닌 걸 내가 아는데, "우리 애 세월호로 죽었어" 이렇게 말하기 전 싫거든요. 어떻게 해서 왜 죽었는지는 알아야 되는데 그걸 모른다는 게, 엄마가 그럴 수 없잖아요. 그런 얘기를 하고 싶고 그래서 간담회 왔는데 그분들이 그렇게 얘기할 때는 막막하기는 하지만 전 그건 딱 하나예요. "내 새끼가 왜 죽었는지 알고 싶습니다" 그거거든요.

그래서 그분들한테 항상 그렇게 얘기하는데 저는 그래도 잘했다 못했다를 떠나서 어느 정도는 간담회를 효과를 보고, 봤다라고 생각을 해요. 200일, 300일, 400일, 500일 지날 때마다 어… 그분들이 이제 제가 갔던 곳에서 광화문에 와갖고 "준영이 엄마!" [하고 만나죠]. 울산에서도 오시고 대구에서도 오시고 진주에서도 이렇게 오시면 "준영이 엄마, 어구어구" 막 이렇게 할 때 '아, 힘들고 이때는 그만뒀으면 좋겠다'란 생각을 했는데 이렇게 잊지 않고 끝까지 해주시는 분들, 이렇게 와서 열심히 해주시는 분들… 울산에서 그 집회하러 오기가 좀 어렵잖아요. 근데 이렇게 해주시는 거에 대해서 '정말 감사하다, 그리고 내가 그나마 좀 잘했다' 그러면서 아이들에 대한 죄책감을 거기서 좀 씻는 것 같아요.

준영 엄마　　　예, 면죄부처럼…. 간담회를 내가 부족하게 하고 횡설수설하고 어떤 말을 했는지는 모르지만 그래도 이렇게 오신다라는 거, 와서 준영이 엄마를 찾아주고 우리 ○○이 안부까지 물어주시는 분들, 난 그분들 때문에…….

간담회 시작을 한정무 아빠가 하신 거예요. 그때 심리생계위원 장이셨거든요. 그분이 하신 건데 처음에 사람들이 반응이 어땠냐 면 "효과가 있을까? 그게 잘하는 걸까? 괜히 일을 크게 만들고 뭔가 안 되지 않을까?" 그렇게 했을 때 "나는 될 거 같은데. 언론이 죽었 기 때문에 우리가라도, 어떻게라도, 어설프게라도 알리면 좋겠는 데" 이렇게 그냥 반신반의로 두 명, 세 명 이렇게 시작했었어요. 많 지 않았고, 처음 시작하신 분이 성호 어머님하고 5반의 창현이 어 머님, 그분이 제주도를 가신다고 했어요. 그분은 처음으로 간 게 아니라 7월 달부터 이제 제주도를 갔는데(한숨). "우린 제주도 못 가. 어휴, 거기 제주도를 어떻게 가, 못 가" 그래서 성호 어머님이 첫 시발점으로 가신 거예요. 그래서 지금도 제주도를 가고, 저도 작년 여름에 갔다 왔지만 그렇게 가고 가고 하는 거지, 처음에는 이렇게 크게 호응이 있어서 '그래 하자!' 이게 아니었어요. 그리고 '아니 30분 얘기하자고 거길 6시간이나 걸려서 가?' 이렇게 하시는 분부터 많았는[데] 지금에 와서 보니까 저희가 그거는 참 잘했구나, 많은 시행착오가 있었지만 그래도 잘했구나.

4

세월호 엄마로 살아가기

면담자   지금 간담회에 다니는 부모님들이 스무 분에서 서른 분이잖아요. 어머니 개인에 대한 질문일 수도 있는데, 궁금한 게 간담회를 다니는 부모님들의 원동력이랄까, 이런 게 있는지요?

준영 엄마   원동력이요?

면담자   예.

준영 엄마   그거 같아요, 이게 제 생각뿐만이 아니라 가끔 이제
다는 아니지만 간담회 다니는 분끼리 밥을 좀 먹고 조금 그룹, 친
해진 분들이 있어요. 그래서 이렇게 밥을 먹다가 얘기를 하다 보면
제일 원동력은… 우리가 팽목항에서 제일 많이 든 생각이 '버려졌
다', 예, '우리 아이를 버렸다, 나라가 버렸다, 정부가 버렸다' 그것
밖에 없었거든요. 그래서 사람을 믿을 수도 없고, 나하고 우리 준
영이를 버렸기 때문에 누구도 믿을 수가 없는 거예요. 왜 그런 말
많이 하잖아요, 차라리 내가 죽었으면, 차라리 부모가 죽었으면,
자식을 살리고. 그런 마음으로다가 있는데 제일 와닿는 게, 난 아
무것도 아니더라구요. 그 팽목항에 있으니까 내가 죽어도 소용이
없고, 이 나라가 바뀔 것도 없고… 내가 아무 것도 애한테 해줄 수
있는 게 아닌 거예요. 완전 기생충보다도 더 못한 인간처럼 느껴지
는 거예요. (울먹이며) 한 소리를 내도 들어주지도 않고 악을 쓰고
해도 쟤는 그냥 악쓰는 여자밖에 안 되고. 내가 자식을 잃어서 내
새끼를 구해달라는 여자가 아니더라구요, 미친 여자더라구요, 미
친 여자구. 그 안행부 그 사람이 와서 기념사진 찍을 때 가서 소리
를 질렀는데, 나를 이렇게 막 밀치면서 쓰레기처럼 밀치면서 "아,
사진 찍을 수도 있지 뭘 그래요" 이렇게 얘기를 하는데, 나는 자식

을 잃은 부모, 엄마가 아니라 생떼만 쓰는 아무것도 모르는 무지렁이처럼 취급을 받는 그때 되게 힘들었거든요, 사실 엄청 힘들었어요. 그때의 그 마음은 자식을 잃은 그거랑 똑같이 해서, 아, 그때는 어떻게 이게 벌거벗는 느낌이었어요. 벌거벗었는데 거기에 막 사람이 때리고, 막 손가락질하는 그런 느낌이었어요.

그랬는데 그게 아니었다라고 보여주는 게 간담회였던 것 같아요. 거기 오신 분들이 극과 극이라고 했지만 오신 분들이 앉자마자 '저 얼굴을, 나를 불쌍하게 보겠지, 저 사람들은 나를 불쌍하게 보고 그렇게 하겠지', 근데 아니에요. 내 얘기를 들으려고 이렇게 계속하시고 조금이라도 뭐를 주려고 나 배고플까 봐 양갱 만들었다고 앞에 갖다 놓고, 뭐 이렇게 갖다 놔요. 제일 놀라운 게 뭐냐면 5살, 7살 된 아이들이 노란 리본을 이렇게 하고. 이렇게 누가 달아, 엄마가 달아줬겠죠? 그냥 엄마가 달아줬겠지 생각했는데 "잊지 않을게요" 이러고 말을 해요. "'잊지 않을게요' 하고 아줌마한테 가서 얘기해" 이런 게 아니에요. 학습을 한 게 아니라 엄마들이 하는 모습을 보고 애가 배웠더라구요. 거기에 큰 감동을 받았어요. 저 어머님들이 간담회 한다고 나와서 나한테 보여주는 그런 퍼포먼스가 아니라 정말 집에서도 저렇게 우리 세월호를 잊지 않고 해주셨기 때문에 아이들이 보고 배운 거잖아요. 그리고 그 아이들이 '진실은 침몰하지 않는다' 퍼포먼스를 어른들이[을] 하는데 따라, 이렇게 따라하면서 노래를 하는 거예요, 그 5살짜리가. 얼마나 저 아이를 놓고 연습을 하셨을까? 집에서도, 식사 시간에도 더 많은 세월호 애기를 하셨으니까 저 아이들이 저렇게 학습이 돼서, 배워서 마음속에 이제 박혔구나… 그런 걸 볼 때마다 그게 원동력이에요, 간담회 가서. 그리고 그분들이 정말 "고맙다는 얘기하지 마시라"고, "미안하단 말도 하지 마시라"고 할 때, 저희가 큰 원동력이 돼요. 팽목항에서 느꼈던 그런 아픔들이 어느 정도는 녹는, 예, 녹는… 그런. 저희가 국회에 가고 청운동 가서 당했던 그 모든 것들을 어느 정도는 덮어주고 닦아주시는 것 같은…….

지방에, 하동에 가서 그, 완전 시골이었거든요? 거기는 뭐 J, JCTV[JTBC]도 못 보고 아무 것도, 다 못 봐요. 이렇게 얘기하는 데 오로지 세월호예요, 오로지 세월호, 그러니까 그거에 대해 얘기해 주세요. 질문도 다 "지금 언론에는 어떻게 나오고 있나요? 저는 그 걸 모르는데요. 저는 페북도 안 하는데요" 하면서 열정을 갖고 막 물어보시고, 저희가 그 얘기를 하면 화냈다, 울었다, 화냈다, 울었다 이렇게 하시는 걸 보면서 그게 저희한테는 큰 원동력이죠. 저희가 그 힘, 파이팅, 그런 희망, 그런 거 같아요. 그런 것 때문에 저희 어머니들이 그래요. '아파서 오늘은 좀 안 갔으면 좋겠다, 오늘은 피케팅 안 갔으면 좋겠다' 하고 있는데 시민, 그 전에 시민들이 피케팅 혼자 하고 계시고, 부모님들 추울까 봐 따뜻한 음료 사주고, 당신들도 추우신데 그런 걸 생각하면 '아휴, 가야지' 하고 나간다는 거예요, 그게 저희들의 원동력이고. 저희가 눈길에 남원을 가는데, 사고도 나고 막 그럴 저기를[고생을] 했었는데, 그래도 가는 게 뭐냐면 그분들의 힘을 받아요, 저희가 오히려 더. 처음에 간담회라 그

271
·

냥 알리고 우리 애길 들어줬음 좋겠다 하고 가는데 그거보다 더 많은 걸 받아와요, 더 많은 걸. 아, 버틸 수 있는 힘!

어떤 땐 부모기 때문에 포기할 수 없다고 하지만, 그 말을 하는 거는 정말 힘들어서 하는 말이에요.

부모, 저희가 포기할 수 없다고 얘기한다고 포기가 안 되는 게 아니잖아요. 저들이 자꾸 그거[세월호를] 지우고 덮고 있고 그렇게 하고 있는데 나는 엄마라 포기할 수 없어요. 말만 엄마라 포기할 수 없다고 되는 게 아니잖아요. 그걸 포기할 수 없게, 포기 안 하게 해주는 것이 시민들인 것 같아요, 간담회에서.

면담자   저쪽에서 포기하기를 밀면 이쪽에서 또 그래선 안 된다 미는 거죠.

준영 엄마   예. [시민들이] "안 된다, 안 된다, 안 된다" 그리고 이렇게 보호해 주는 거예요. 근데 저쪽에서 포기하라는 말은 이제 아프지도 않아요. 왜냐면 뒤에 이분들이 "안 된다. 포기하면 안 된다. 우리 앞에 선구자처럼 그렇게 서주셔서 감사합니다. 여러분들이 있어서 저희는 그나마 아이들을 행복하게 키울 수 있을 것 같습니다" 그렇게 얘기를 하는데 저희가 어떻게 그들 말을 듣겠어요? 저희가 다른 집회 가서도 많은 걸 느끼지만 간담회 가서 더 많이 느끼고 오기 때문에, 저희의 원동력은 그거 같아요. 그냥 시민들, 그들의 말들, 그들의 표정들, 그들이 보여주는 모든 게 전, 저는 다 원동력 같아요.

면담자   근데 간담회를 다니다가 너무 상처를 받으셔서 그만 두는 분들도 계실 거 같아요.

준영 엄마   예, 있어요. 지금 서른 분, 스무 분 이렇게 얘기를 했지만 음… 지금 활동을 띄엄띄엄 하시는 분들도 있어요. 정말 사람이 없어서 이렇게 가주시는… "저 같이 가야 된다, 무조건 가야 된다" 하고서는 가는 사람은 몇 명 없어요. 왜냐하면 상처를 너무 많이 받아가지고. 호성이 엄마 같은 경우는 간담회 갔다 오면 잠을 못 잔대, 그날 너무 아파 가지고. 사실 좀 많이 아파요, 예, 예.

면담자   그렇죠. 아는 사람이 있는 곳만 가는 게 아니라… 피케팅과 다르게 이거는 직접 말을 들어야 되는 거니까요.

준영 엄마   피케팅 가서는 발로도 차고 욕도 하고, 근데 저 나이 또래에 있는 엄마들이 그럴 때는 정말 이게 어떻게 아픈 거 이상으로도 오거든요.

면담자   너무 화가 날 거 같아요.

준영 엄마   예, 그렇기도 하고. 사실 피케팅이나 간담회나 가면 상처는 받아요. 근데 저는 그렇게 생각을 해요. '나도 그랬을 거 같다'. 성수대교 했을[붕괴됐을] 때가 제가 결혼할 즈음이었거든요. 그래서 저는 그때 나 결혼하는 거만 중요했지 '성수대교, 무학여고 아이들이 그렇게 됐다'라는 거 그거만 있고, 한강에 국화꽃이 던져졌을 때 '아프다, 아… 너무 아프다' 이 정도였었어요. 그러고 삼풍,

저 삼풍백화점 그거 했을[붕괴됐을] 때는 안산에 언니가 있어 갖고 제가 고속터미널 가면 그걸 이렇게 보게 되잖아요. 그러면은 '어우, 어떻게 한대?' 이 정도지… 아가씨 때였거든요. 이 정도지 크게 다가오는 게 없었어요. 리조트[경주 마우나오션리조트 붕괴 사고]도 우리 아이들 2개월 전에 그렇게 된 건데, 2월 달에 그렇게 됐었잖아요. 열 명 대학생들, 그때는 아이들 낳은 입장이라서 조금 더 다가왔지만 그때도 그 정도였었어요, 저도.

면담자   그래도 리조트 희생자 가족분들을 발로 차거나 하진 않잖아요.

준영 엄마   발로 차거나 그러진 않는데, 그분들은 발로 찰 정도로 기간을 길게 하지 않았잖아요? 저희는 1년을 넘게 하고 있잖아요.

면담자   조금 차이가 있죠.

준영 엄마   그런 차이가 있으니까. 이런 말을 많이 들었어요. "나도 처음에는 성금도 하고, 나도 처음에 와서 울고, 나도 처음에 어머님들 불쌍하게 여겼어. 근데 해도 해도 이건 너무하잖아". 이렇게 되거든요. 저는 그 부모님한테 그렇게 얘기해요. "리조트는 왜 죽었는지 알잖아요, 부실시공. 씨랜드[화재 사건]도 그랬잖아요. 어머니 그러면 우리 애들 왜 죽었는지 아세요? 알려주시면 저 여기서 그만 둘게요". "아 그거 해상 사고잖아요". 어쩌구저쩌구 막 이렇게 말씀하신단 말이에요. "해상 사고요? 어머님, 그 왜 국정원 소속인 건 아셨냐, 뭐 어떻게 한 건 아셨냐". "왜, 왜 대통령한테 가서 따지냐, 유병언한테 따지지". 그 얘기를 막 또 하세요. 그러면 구조 안 한 것부터 시작해 갖고 다, 또 그거를 얘기를 해줘요. 그러면 그분들 듣고 "어우, 그래요?" 이렇게 하시는 분 없어요. "아니, 그건 그렇고" 이렇게 또 하신단 말이에요. 남 일이라는 거예요.

근데 그거를 무슨 뭐 일이 터지면 '그게 다 우리 일이다' 해서 이렇게 하시는 분들도 있지만 다 그걸 그렇게 하라고는 할 순 없는 것이기 때문에, 설명을 했는데도 소용이 없으면 저희도 그냥 뭐 슬퍼할 것도 없고, 아파할 것도 없고 '그래, 그런 사람인가 보다' 생각하고 나는 어땠을지, 내 생각을 한번 해보는 거죠. 저 같은 경우는 그렇게 발로 차고 그러진 않지만 무관심할 거 같아요, 예. 제 성격상 무관심했을 것 같아요, 발로 차거나 이러진 않고. 되게 창피한 얘긴데 위안부 얘기가 나왔을 때 우리 아이가 이거를 네 개를 사왔어요, 위안부 팔찌를. 보라색, 흰색 이렇게 해서 사왔는데.

면담자   ○○이가요?

준영 엄마   우리 준영이가.

면담자   준영이가 어디서요?

준영 엄마   준영이가 인터넷으로 해가지고 위안부, 그 위안부에서 만드는 수첩이랑 이런 거로 도와주는. 저기 학생이니까 많이 못 도와주니까 그걸 이렇게 사 왔어요. 근데 대뜸 엄마가 한다는 소리가 "그게 얼만데?" 그걸 사 왔다면 '어머, 우리 아들 개념 있네' 이렇게 얘기를 해줬어야 되는데 얼마냐고 이렇게 얘기를 한 거예요. "원래 이거 500원, 1000원인데 나는 그냥 기부금을 해서 5000원…" 그래서 "미쳤다" 이렇게 얘기를 했어요, 제가. 다른 데서 사면 1000원에도 사는데 개는 기부식으로 샀던 것 같아요, 네 개를 가족으로 해서. 지금도 그게 이제 아까워서 제가 차고 다니긴 했었는데, 이제 하나는 우리 준영이가 차고 간 거고 네 개가 지금 남아 있는데, 아니 세 개가 남아 있는데, 그걸 해놨어요. 그 하나를 ○○이가, 하날 사서 메꿔놓긴 했지만, 그렇게 해놨는데 그 당시에 저는 그렇게 얘기를 했거든요. 그래서 그 생각이 들어요. '아, 나는 이런 일이 있으면 그분들을 욕은 안 했지만 무관심했겠구나. 내가 당해보니까 이런 거지, 나는 무관심한 사람이었겠구나' 그런 생각을 해요. 내가 당하지 않으면 그런 생각을 하니까, 그분들이[한테] 사실 서운하고 미운 마음도 있지요, 나도 사람인데. 내 새끼 욕하는데, 어떤 사람이 "놀러 가다 죽은 새끼"라는데, 어떻게 엄마라고 다 그걸 포용하겠어요? 서운하긴 하는데 할려구요, 이해할려고 노력을 해요. 그런 억한 마음 먹고 어떻게 제가 다른 분들을 또 만나서 얘기를 하겠어요? 그래서 전 좀 허물어가는, 이렇게 내 벽을 좀 허무는 걸 하고 있어요, 저로서는 지금.

근데 그게 간담회 다니면서 더 많이 그런 생각을 했던 거고 저도 집에만 있으면 이런 생각 안 하지요. '억울해. 나도 억울하게 이러는데 왜 나한테 그래?' 막 이렇게 하겠지요. 근데 간담회 다니면서 많이 저기가 됐어요. '이런 분도 있고, 저런 분도 있고, 있구나'.

276

준영 엄마 임영애

정말 제가 생각해도 '어떻게 저렇게까지 우리한테 잘해주시지? 어떻게 저렇게 나서 주시지? 어떻게 하지?' 이런 분들도 있어요. 그런 분이 있는가 하면 그런 분도 있고.

면담자   '내가 유가족인데 어떻게 저렇게까지 얘기할까' 그런 생각도 드시나요?

준영 엄마   그런 생각도 들고 그렇죠. 저기 거제도에서 '0416리멤버' 하시는 분은 이렇게 [피켓을] 들고 있는데 두세 명이 와서 발로 차고 욕을 하더래요. 근데 자기 다치는 거는, 순간적으로 자기 다치는 거는 괜찮은데 이 피켓을 만들기가 자긴 어렵다고 생각을 했고… 거기 아이 얼굴이 그려져 있었어요, 은화 얼굴이. 그래서 그걸 막느냐고 팔이 부러지셨어요. 그 얘기를 들으면 이게 이해가, 처음에 안 되죠. 저 같은 경우는 발로 차면 그걸 막기는 해요, 몸으로. 왜냐면 피켓에 대한, 담긴 의미가 있기 때문에 '다시 만든다', 그런 생각은 안 들고. 그 당시에 '피켓을 감싸야겠다'는 생각을, 그 생각을 그분들이 하셨다라는 거죠. 그래서 이제는 '남 일, 내 일, 세월호는 우리들만의, 500명만의 일이 아니구나'라는 그런 생각을 하게 되는 게 그런 얘기를 간담회에서 듣는 거거든요. 거기 거제도 갔을 때 그렇게 얘기를 하시는.

또 상계동에 갔는데, 애기가 어리니까 유모차에다 놓고 왔는데 [피켓을 들고 있으면] 유모차 하고 같이 찬다는 거예요, 아기가 있는데도. 그런 얘기를 들을 때는 아프고 막 그렇게 미안한 마음도 되게 많지만, 그렇게 함께 해주시는 분들이 있어서 아까 말했던 그런 원동력, 그런 게 있죠. 간담회 가면 나만, 나만 상처를 받아서 아픈 게 아니라 그분들 받은 상처까지 다 들으니까 사실 곱으로 힘들기는 해요. 그래도 해야 되는 것은 그분들이 주는 원동력이 높다는 거죠. 저는 그게 희망이라고 봐요. 응, 정부에서 주지 않는, 그런 위정자들이 주지 않는 희망을 그런 시민들에게서 보기 때문에 멈출 수 없고 포기할 수 없는 거죠.

5
"우리 아이들이 신이다"

면담자   어머니, 신앙생활을 좀 하셨잖아요?

준영 엄마   예, 예.

면담자   그런 것과 관련은 없으셨어요?

준영 엄마   관련은 없어요. 저는 신앙인을 했었는데, 팽목항에서 제가 욕했던 분이 딱 두 분인데, 박근혜 대통령하고 하느님이었어요. 처음에 가서 어떤 기도를 했냐면 "다치지 않고 살게 해주십시오". 시간이 지나면서 "다쳐도 좋으니 살게만 해주십시오". 또 시간이 지나면서 "살지 않아도 좋으니까 내 아이가 마지막이 안 되기를, 구조로". 예, "돌아오게 해달라"고 기도를 했었죠. 그러고 나서 21일 날 제가 잠시 잠든 새 [이름이 비슷한 다른] 애기가 왔을 때, 저

준영이는 23일 날 왔지만, 그래도 왔을 때 하느님이 제 기도를 들어주셨다고 생각을 했었어요. 그러면서 이 엄마가 기도를 계속하게 되더라구요. 부처님도 찾게 되고, 막 찾게 되고, 그래도 하느님을 믿었다고 하느님을 계속 찾으면서 이렇게 할 때마다 안 들어줘서 속상한 게 아니라 '없다'라는 생각이 자꾸 드는 거예요.

면담자　　신이 없구나.

준영 엄마　　응, '없구나' 이런 생각이 드는 거예요. '어떻게 내 새끼를…' 이렇게 되는 거예요. 사람이 이제 '안 들어줘서 속상해. 아, 나 그분 싫어' 이게 아니라 '없는 거 아니야? 없어. 나 이거 버림받은 것도, 이것도 나라한테 이렇게 버림받았지만 하느님도 나를 버린 게 아니냐, 하느님이 아예 없다, 없어'. 막 이렇게 생각을 하다 보니까 어, 그런 신앙심에 주님… 뭐 그런 걸로 나오는 거 같진 않아요.

그래서 제가 강론, 성당 가서 기독교 그런 거[데 간담회를] 갈 사람이 없어서 제가 가게 될 때는 부담스러워요, 사실. 거기 가서 "주님이 없다"고 얘기할 수도 없는 거고, 그렇다고 그거에 대해 은혜를 받았다고 감사 기도를 할 수도 없는 거고. 계속 청원 기도, 청구만 하는 거예요. "지금은 안 해주셨지만 좀 해주셨으면 좋겠습니다"라는 그런 기도만 하게 되고 "믿는 분들의 그 치유를 바랍니다". 나는 안 믿지만 지금 믿고 계신 분들의 영원한 안식, 그런 거 있잖아요. 그런 식의 기도를 하지 가슴에 와닿는 기도를 하게 되지 않아서 웬만하면 성당 쪽, 기독교 쪽은 안 갈라고 하는데, 이제 너무 갈 사람이 없어서 제가 가면 그런 식으로 얘기를 하죠. 너무 나를 숨기고 얘기하면 얘기가 거짓이 되니까 그렇게 얘기하고, 될 수 있으면 안 가려고 해요. 제가 지금 버티는 건 신앙의 힘이 아니에요.

면담자　　사실 성호 어머님이 워낙 신앙심이 깊으셔서… (준영 엄마 : 그 어머니는 깊으시죠) 그런 생각을 저도 했거든요. '그래도 신앙이 어떤 역할을 하진 않을까'라는 생각을 잠깐 했었어요.

준영 엄마　　근데 그 어머님은 그렇게 하셔야 될 것 같아요. 왜냐면 성호가 사제의 길을 걸었었고 그 길을 다 못 하고 갔기 때문에, 어머님이라도 그 인생을 살아야겠다는 생각을 하시기 때문에 그 어머님은 어머님대로 그게 극복의 힘인 거 같고. 저 같은 경우는 그런 분들을 뭐라고 하진 않는데 '나는 아니다'라는 건데, 그렇게 믿다가도 이런 일을 당하면, 겪으면 저는…… 저는 나를 믿을 것 같아요. 내 아이가 죽는….

　　경찰에게 이렇게 막 밀릴 때, 시행령 그때 막 밀릴 때 뒤에서 "쟤네들 배후 있어, 배후가 있는 거야. 어떻게 부모들이, 힘없는 부모들이 저렇게까지 할 수 있어?" 그랬는데, 누가 그랬는지도 모르는데, 제가 거기다 대고 "내 배후는 내 아들입니다!" 하고 소리를 질렀었거든요. "오준영"이라고 내가 막, "우리 아이들"이라고, "250명 아이들"이라고. 그런 거 같아요, 내 배후는 정말. 그래서 신앙도 참 좋고 하지만, 나한테 큰 힘이고 나를 그냥 포기하지 않게 하는 거는 시민과 우리 아들, 아이들, 그런 거죠. 처음에 저는 진짜 아들밖에 몰랐었는데, 지금은 그 든든하다는 생각이, 나는 무능하고 나는 힘이 없지만 우리 250명의 아이들이 든든하다, 이걸로 저는 아침에 힘을 되게 많이 받아요. 힘들고 아플 때, 간담회 갈 때는 막막할 때도 있어요. 어느 날은 '아, 간담회 가서 이거를 해야지' 막 이런 생각 들다가도 '오늘은 간담회 다른 사람이 갔으면 좋겠다. 오늘은 왠지 말하기도 싫다'라는 날이 있을 때, 그때 나를 일으켜 주는 게 우리 아이들이거든요. 그러기 때문에 저는 '우리 아이들이 신이다'라는 생각을 해요, 그렇기도 하고.

6
부모들의 마음, 경험을 미화하는 매체들

면담자   아이들 관련해서 부모님들이 활동을 많이 해주셨는데, 가령 『금요일엔 돌아오렴』 제작이 좀 먼저 됐었고, 그다음에 예를 들면 『약전』[『416 단원고 약전』]도 있었고, 시집 『엄마, 나야』, 그리고 졸업앨범도 제작했었잖아요? 어머님도 『금요일엔 돌아오렴』 안 하셨어요?

준영 엄마   아, 『금요일엔 돌아오렴』은 인터뷰를 얘네 아빠가 했대요. 그 뒤에 얘네 아빠는 계속 팽목항엘 가는, 그러니까 아이들이 올라오지 않는 상태여서 팽목항을 가는 상태였고, 저는 저 나름대로 간담회를 하는 상태여서 시간이 안 맞아서 그래서 못 한 건데, 책이 나온 뒤에 읽지도 못했고. 저는 『금요일엔 돌아오렴』이라는 책 같은 것이 너무 빨리 나오지 않았나, 그런 생각이 들었고.

왜냐면 그때 당시에 정말 우리가 아픈 거, 우리가 아이를 잃은 거, 그거밖에 할 얘기가 없었어요, 저희가 거기서 정부하고 싸우고 다투고. 근데 그게 길이길이 남을 거면 이것도 후속작으로 있으면 모르는데, 그냥 '우리가 아이를 키우다가 아이를 잃었어요, 우리 아이는 이런 아이였어요, 우리 뭐 이랬어요', 이런 것만 『금요일엔 돌아오렴』에 들어가 있는 거잖아요. 자세히는 몰라서 제가 이렇다 저렇다 할 말은 아니지만, 이렇게 듣는 얘기로는 그런 거예요. 영화 같은 경우도 그렇고, 정말 지금 시점에서 이렇게 1년이 다 지난 다음에 만들어지면 저희가 정부한테 당했던 거나 우리 시민들의 그 애착 같은 거, 내 아이를 잃었을 때 내가 어디 간담회를 다니면서 이렇게 [느꼈던] 이런 얘기를 담을 수 없는 시기였어요. 『금요일엔 돌아오렴』이 나왔을 때는, 제가 나온 걸 뭐라고 하는 게 아니라 조금, 조금 더 이렇게 늦춰서.

면담자   좀 더 내용을 고민해서 나중에 나왔으면?

준영 엄마   그리고 이런 말이 어떻게 들리실지 모르겠지만 제 생각인데, 이건 작가님의 생각이 더 많았던 것 같아요.

면담자   예, 인터뷰를 하고 그걸 재구성한 거죠.

준영 엄마   인터뷰를 해서 예, 재구성이 됐는데, 엄마에 대한 저기는 없었고. 저는 힘들더라도 엄마가 쓴 글을 조금 수정해 주는 정도로 갈 줄 알았어요. 저는 『약전』도 그럴 줄 알고 제가 시간이 나서 했던 거였거든요. 그랬는데 (면담자 : 작가의 창작이) 너무 들어 갔죠. 이거는 제 욕심인지 모르지만 우리가 글을 쓰는 이유는 그냥 인지세 받고 이렇게 할려고 책을 쓰는 건 아니에요. 지금 저희 부모가 하는 행동은, 책을 내거나 『약전』을 하거나 시집을 내는 이유는 알리는 거잖아요. 그 기록이잖아요, 거기다가 '내가 이렇다, 나의 이렇다…'.

면담자   사실의 기록을 말씀하시는 거죠?

준영 엄마   예. 근데 그렇게 하는 게 아니잖아요. 미화시킬 필요도 없어요. 내가 욕을 하면 욕을 한 대로 들어가 있어야 되고, 내 감정, 그날 쓴 감정대로 들어가 있어야 되는 거고. 내가 내 새끼를 18년을 키우면서의, 그 아이들이 끝내 못 산 것을, 그 전기를 남기는 것을 『약전』이라고 생각을 했는데 이거는 작가님의 생각이 너무 많이 들어갔어요. 내가 우리 준영이를 키웠는데, 그분이 우리 준영이를 키운 듯한? 더 많이 아는 듯한?

면담자   그렇게 느껴지셨어요?

준영 엄마   느껴졌어요. 근데 저는 글이 그렇게 될까 봐 어떤, 또 머리를 쓴다고 서간문으로 하자고 그랬어요. 왜냐면 소설로 쓰다 보면 내가 쓰는 게 아니고 다른 분이 쓰면 그런 감정 이입이 따로 될까 봐. "저는 그럼 편지로 쓰겠습니다" 해서 제가 쓴 거를 드렸어요. 거기를 좀 수정을 해주고 그 얘기를 많이 했어요. 그리고 집에 와서, 저는 여기서 만나쟀는데, "안 된다. 우리 애기 약전을 쓸라면 집에 와서 우리 애기 방을 봐라" 해서 그렇게 했는데 서간문으로 써서 그나마 괜찮았어요, 저는. 저는 소설로 말고 서간문을 써서 그렇게 했거든요. 10장에 무슨 우리 얘기를 다 담을 수 있겠느냐, 그래서 편지 형식으로 제가 쓴 것처럼 해서 그나마.

면담자　　　엄마가 준영이한테 주는 편지 형식으로?

준영 엄마　　편지처럼, 예. 그래서 그나마 저는 괜찮았어요. 그렇게 안 했다면 저는 아마 『약전』을 안 봤을 거예요. 그걸 친구한테도 하나 줬는데, 아마 안 줬을 거예요. 그랬는데 그렇게 됐어요.

면담자　　　아까 간담회 다니실 때 목표를 알리기 위한 언론이라고 하셨잖아요. 만약에 작가들이 낸 것이 매체에 알리는 거에 맞춰져 있다면, 예를 들면 엄마의 심정으로는 내용이 좀 마음에 안 들고 사실이 아니어도 독자, 시민들한테는 큰 임팩트를 줄 수 있잖아요?

준영 엄마　　그렇기도 하지만 너무 전문성 있게 써버리면 엄마의 마음은 어느 정도 삭감이 됐다는 그런 얘기죠. 알리는 거에서는 좋지요. 『금요일엔 돌아오렴』 하면 세월호 딱 생각나고, 『엄마, 나야』 하면은 정말 세월호 생각나서, 그걸 읽으면 거기서 주는 그런 아픔만 느껴지는 거지. [그런데] 내가 우리 준영이를 쓰잖아요? 『금요일엔 돌아오렴』도 쓰고, 『약전』에도 쓰면 우리 준영이를 많이 느끼게는 안 된다는 얘기죠. 알리는 건 돼요, 세월호를. 제가 하는 말은 부모가 아이를 잃은 아픔만 느낀다는 얘기예요. 그건 누구나 다 느낄 수 있는 거죠. 근데 세월호 참사로 인해 내 새끼가 왜 죽었는지도 모르는 아픔은 거기에 많이 안 들어 있다는 얘기예요.

면담자　　아주 일차적인 그런 아픔, 예를 들어 단지 교통사고로 떠나보낸 것처럼 느끼게 만든다는 말씀일까요?

준영 엄마　　그렇죠, 그렇죠. 『금요일엔 돌아오렴』 하면 세월호예요. 책을 딱 폈는데 '아, 이 엄마 아프겠다, 슬프겠다' 그게 [다는] 아니라는 거죠. 정말 알리는 것이 언론이라면, 이것도 알리기 위해서 일차적으로 만든 거라면 '이 엄마가 팽목항에서 이런 기분이었구나, 쓰레기 같은 기분이었구나, 벌거벗은 기분이었겠구나, 수치스러운 걸 떠나서 이 사람은 죽고 싶었겠구나' 그게 『금요일엔 돌아오렴』은 없다는 거죠, 예. 단순히 그냥 병으로, 교통사고로 아이를 잃은 부모들도 그거는 쓸 수 있어요. 그거를 정말 세월호답게, 그렇게 써야 되지 않나…. 나온 시기도 그때는 아프기만 했던 때였어요. 뭘 모르고 부모님들이, 그때는.

면담자　　부모님들도 그렇게 말씀하실 것 같아요. "아, 내가 너무 아파" 이 얘기만.

준영 엄마　　응, 아프기만. 그래서 저는 "시기적으로 너무 빨랐다"라는 얘기를 하는 거예요. 지금 썼다면 정말 많은 얘기가 나왔고, 그리고 정말 '나쁜 나라'라는 거를 더 얘기할 수 있었고. 당시는 "왜 저렇게 우리를 안 도와주죠? 왜 저렇게 하죠? 우리는, 우리가 피해잔데 왜 가해자처럼 됐죠?", "왜 우리 애가 죽었죠? 저 수학여행 보낸 죄밖에 없는데요?" 이것밖에 없었다는 얘기예요. 이거를 언론에 알리는 것도 어느 정도 임팩트 있게 알려야 되는데 그게 좀 부족했지 않았나, 그 얘기를 하는 거예요.

면담자　　　　이게 지금 2권이 나오잖아요?

준영 엄마　　　예. 2권이 나오는데 준영이 아빠가 그거를 묻더라구요, 만약에 2권이 나오면 하겠느냐고. 그래서 제가 그랬어요. 그 소설가분이 내가 쓴 글을 수정해 주는 조건이라면… (면담자 : 하겠다) 예. 근데 '내 구술을 기록해서 [작가가] 자기감정 다 넣고 내 감정은 20프로 넣고 이렇게 해서 알리면 그게 기록이 될까'라는 생각이 들더라구요. 그래서 처음에 집에 오셨을 때도 제가 했던 말이 "우리 말을 전문성 있게 예쁘게 미화시키지 말고, 미사여구를 넣어서 그렇게 하려고 하지 말고, 그냥 나 그대로 무식하면 무식한 대로 부족하면 부족한 대로 그 글을, 기록을 남겼으면 좋겠다". 저 4·3 사건 같은 것도 보고 그래도 그분들이 전문가들이 얘기한 거보다 정말 부족한 말인 거 같아도 그때 그 당시 당한 사람이 한마디 내뱉은 게 가슴에 와닿거든요. 전 그걸 얘기하는 거거든요.

　　그래서 준영이 아빠가 "야, 그렇게 해주겠어? 그분들이 얼마나 힘들겠냐? 그게 더 힘들지!" 그럼 안 한단 얘기죠. 저는 그거는 확실히 서 있어요. 시집이고 뭐고 간에, 무슨 영화든 간에, 저는 저를 담지 않고 화면에 영상 예쁘게, 그 글 예쁘게, 책 예쁘게 이렇게 할라면 나는… 세월호 참사가 어떻게 예쁠 수가 있어요? 예쁠 수가 없어요. 세월호 참사는 이 엄마, 모든 엄마, 아빠의 그 아이들, 그 남은 형제들이 가슴 다 드러내 가지고 피멍이 다 뚝뚝 떨어지는 그런 책, 그런 글이 나와야지, 예쁜 말 나오고 그 감정을 다 다듬으면 그게 어떻게 글이 되겠어요. 내가 쓴 거 수정을 조금 해주는 게 저기죠. 난 그래서 인터뷰도 열받아서 안 하거든요. 저는 그거예요, 처음에 ≪한겨레≫ 인터뷰했을 때 열받아 갖고 전화를 했었거든요. "이렇게 할라면 (탁자를 치면서) 인터뷰를 하지 말라고". 제가 하는 말은 그게 아니었는데 거기다 이쁘게 할려고 말을 넣다 보니까 이 내용이 확 바뀌어버린 거예요. 이렇게 할라면 하지 말아라….

면담자   그 '이쁘게'가 보통 굉장히 슬프게, 이야기를 만드는 거였나요?

준영 엄마   예. 그런 식으로 눈물만 빼려고 했던 거예요, 내가 말하려는 핵심은 그게 아니었는데. 그냥 자식을 잃은 엄마가 어, 이렇게 이렇게 하는 말에 대해서 감동받고 울고, 그것밖에 되지가 않는 거예요. '세월호 참사를 당한 이 엄마가 이렇게 말할 때는 지금 슬퍼서만 이러는 게 아니라 다음에 이런 참사가 반복되지 않기를, 그러기 때문에 이 엄마는 절절하게 이런다'. '이 엄마는 아주 일상을 다 버리고 지금 ○○이라는 동생 있는데 얘 다 버리다시피 하고 이렇게 나와서 하고 있는 거는 정말 안전한 나라가 되는 걸 바라는 거다' 저는 이렇게 얘기를 했는데 그런 건 안 나오고 '이 엄마 슬퍼서 울기만 하고, 지금 모든 일상이 안 되고 있고, 참사라는 건 다 빠져버리고 정말 그냥 자식 잃어가지고 아픈 엄마'가 돼버리는, 그건 아니죠. 저 그러면 그렇게 나와서 하지도 않죠. (목소리를 높이며) 교통사고로 자식 잃은 부모가 뭐 할라고 (탁자를 치면서) 여기 와서 이러고 있겠어요. 참사이기 때문에, 내가 따지자고, 알아야겠다고 나온 거지 애 죽은 거만 억울하면 내가 여기 왜 있겠어요, 전 여기 안 있어요. 하늘공원 가서 울고, 집에서 애 사진 보고 울지 내가 왜 이러고 있겠냐고. 그런 거는 다 미화시키는 거예요. 그리고 내가 쌍소리를 한 그걸 미화시킬 필요도 없어요. 제가 욕한 거 욕한 거대로, 왜냐면 욕이 다 나쁜 건 아니잖아요. 내 감정이 극에 달해서, 극에서 하는 건데, 참사로 자식을 잃었는데 욕이 안 나온다는 게 그게 말이 돼요? 다 했는데 욕을 싹 다 빼주고, 정말 교양 있는 아줌마처럼, 그거 저 바라지 않아요. 내가 왜 교양이 있어야 돼요. 내가 왜 그거를, 체면치레를 해야 돼요, 내 새끼가 죽었는데, 그것도 참사로 죽었는데. 이렇게 처음에는 그런 게 나왔어요. 지금은 한 2년 지나니까 엄마들이 다 도를 닦은 엄마들처럼 그렇게 나오는, 그게 너무 싫은 거예요.

우리 갈수록 더 힘들거든요. 친정엄마를 1년 전에 잃고 준영이가 그렇게 된 거예요. 제가 1월 1일 날 우리 엄마, 엄마 제사였어요, 첫 제사였어요. 그래서 안성 가서 그걸 지내고 와가지고, 준영이가 4월 달에 그렇게 된 거거든요? 그랬을 때는 제가 그 1년 그렇게 했을 때 못 해드린 거, 이제 딸로서 이렇게 못 해드린 거… 근데 거기에 합리화를 시키면 '엄마, 그래도 나는 열심히 아이들하고 살려고, 당신 손자랑 열심히 살려고 했어요' 그런 합리화가 있더라구요. 그러다 그런 마음인지 어떤 마음인지 6개월 아파하니까 내 사는 거에 묻혀버렸어요. 그러다가 이제 아들을 잃었는데 '얘는 아니, 안 죽었어. 수학여행 갔어. 아니 좀 수학여행이 길어지네' 이러네? 이러다가 정말 피크로 올 때는 1주기가 지나고 나니까 아, 그때는 진, 그 '죽었다'라는 걸 느낄 때, 그때 막 이, 무슨 날이 있을 때마다 가슴을 파고드는 이거는 갈수록 더 사무치는 거예요, 갈수록. 제가 진짜 처음에는…(침묵) 이길 수 있을 줄 알았어요. '나는 내가 컨트롤할 수 있어. 자식을 잃었지만 나는 ○○이도 있고, 있으니까 나는 할 수 있어'라고 생각을 했는데 안 돼, 안 돼요. 그래 갖고 내가 ○○이한테 모진 말도 많이 했어요. "나도 아프다. 너만 아픈 거 아니다" 그렇게 얘기할 정도로 내가 감당이 안 돼요. '나도 어느 정도로 이성적으로 생각을 감당할 수 있다, 그런 사람이다' 했는데, 전혀 안 돼요. 이, 자식은 정말 안 되더라구요. 나는 이런 감정은 처음 느끼…… (울먹이며) 이걸 어떻게 표현을 할 수가 없을 정도로 갈수록 더 사무치더라구요. 잊혀지는 게 아니라 더 사무치고.

그리고 이번에 [준영이] 사망신고를 안 했어요. 그래 가지고 병무청에서 징병 그 조회가 왔는데, 그때 딱 받는 순간 준영 아빠는 이제 속이 상하니까 안 볼려고 이렇게 하고. ○○이는 그거를, 이제 준영이 아빠가 페이스북에 올린다고 하니까 올리지 말라고 ○○

이가 막 그러더라구요. 근데 그때의 그 감정이 뭐였냐면 어… 사망신고를 하신 분들도 많아요. 사망신고를 하신 분들도 많은데 준영이 아빠는 "그냥 사망신고 할걸, 자꾸 이런 걸 받으니까 속상하니까 오히려 사망신고를 할걸" 했는데, 제가 우겨서 사망신고를 안한 거였거든요. '잘 안 했다, 저런 거라도 자꾸 받으니까 그나마 살겠다' 싶더라구요. 근데 아프죠, 사실. 없는데 그렇게 왔다는 건 부모로서 되게 아파요. 근데 그나마 우리 준영이 이름을 봉투에서 봤다는 거 자체가 (울먹이며) '내가 사망신고 안 하기를 잘했다'. 전 보험도 안 했거든요, 해지 안 하고. 그냥 어딘가에 준영이 이름이 남아 있으면 좋겠는 거예요(울음).

'고 오준영'이 아닌, 이런 동사무소에 가서 그걸[서류를] 떼면, 우리 오준영이가 나오면 반가워요. 부모들은 그런 거 같아요, 아직도 가슴에 담지를 못한 거예요. 부모가 자식이 죽으면 가슴에 담는다는데, 전 그 말이 틀렸다고 생각해요, 담을 수가 없어요(울음). 어떻게 담는 건지도 모르겠고, 이게 담겨진다고 담겨지는 게 아니더라구요. 어, 그리고 이렇게 있다가도 어떤 때는 또, 한시도 잊지 않지만 어떤 때는 준영이가 올 거 같은 생각이 들어요. '아, 준영이가 오겠지…'(울음) 그런 마음이 있기 때문에 그런 걸로다 이렇게, 엄마가 이런 마음을 갖고 있기 때문에, 기록을 하나하나 남길 때 어떤 분들이 소설, 시집 써줄 때 그런 마음을 좀 생각하셨으면 좋겠어요. 아이를 담지 못한 그런 마음, 어떻게 안절부절못하는 그런 진짜, 그런 마음….

준영 엄마 임영애

면담자　　　어떻게 보면 불안정하고, 어떻게 보면 아주 날카로운 상태야말로 진실인데, 그게 아니라 어떤 처연한 슬픈 그런 모습만….

준영 엄마　　그런 모습, 미화되는 게 싫은 거예요.

면담자　　　예, 그런 모습이 오히려 정말 비인간적인 거 같아요.

준영 엄마　　저는 그걸 말하는 거야, 지금 이 말들, 어딘지 모르게 어설퍼도 이런 말들이 나중에는… 지금 당장 보면 낯 뜨거울 수도 있어요. '어우, 뭐 이렇게 적나라하게 했지?' 근데 나중에 보면 그게… 5·18, 그 5월회 어머님들도 보면 막 거침없이 얘기하시잖아요. 그대로 가는 게 저한테는, 우리한테 엄청 감정이 오거든요, 다른 분들이 얘기하는 것보다. 그리고 저기 어머님들도, 저 [밀양]송전탑 어머님들도 "야, 니네가 국회 거기에 뭐 선보러 갔냐? 왜 거기서 착한 코스프레를 하냐고, 거기서 왜 그래, 욕 해, 소리 질러, 막 뒹굴어" 막 이렇게 말씀을 하세요. "멱살이라도 잡아. 야, 우리는 똥물도 퍼부었어" 이렇게 막 얘기하세요. 그러면은 "아이, 어떻게…" 다들 그러시는데, 저는 그게 정답인 거 같아요. 내 감정을 내가 해야죠. 내가 그냥 잃은 게 아니잖아요. 정말 참사로 새끼를 잃었는데, 내가 왜 그렇게.

면담자　　　감정을 그렇게 드러낼 만한 이유가 있죠, 사실.

준영 엄마　　그러니까요. 그러기 때문에 잘못하면 정말 떼쓰는 것밖에 안 보이잖아요. 그래도 저는 그렇게 해야 되는 거 같아요. 해야 되는 거고 〈나쁜 나라〉에서도 부모님들이 그냥 울기만 하면서 "왜 저렇게 하는데, 왜 그러는데…" 이게 아니라 "야, 우리 자식을 잃어서 이렇게 피켓을 들고 이렇게 하고 있어. 이 피켓 한 번만 봐줘 봐", "이런 상황에서 니네가 그런 음악을 한다는 게, 노래를 한다는 게 말이 돼?" 얘기를 하면서 이렇게 따지는 게 아니라 그냥 막 소리 지르고 그런 게 있잖아요. [〈나쁜 나라〉] 뒷부분에 그 부분이 있었어요. 근데 그 부분을 안 담으셨단 말이에요. 우리가 욕하는 게 너무 많으니까 그걸 빼신 거예요.

왜 그걸 빼냐고요. 욕이 그렇게 나쁜 거예요? 내 감정이 극에 달해서 얘기하는 건데. 그런 거를 인터뷰에서도 다 빼주세요. 우리가 뭐 다 너무 심하게, 앞뒤 안 맞게 욕하는 건 문제가 되지만, 당하는 상황에서 내가 말하는 거, 우리가 얘기하는 그게 다 욕은 아니잖아요. 그게 다 한풀이는 아니에요. 참사기 때문에 어쩔 수 없이 나오는, 극에 달해서 나오는 건데 보는 분들이 제삼자 입장에서 보실 때 안 이쁘다고 생각하니까 다 자르시는 거예요, 김진열 감독도. 감독님도 그 뒤에 더 한 게 있어요, 그런 걸 다 자르셨어요. 그 삼보일배 할 때도 그 영석이 엄마가 들어가서 그렇게 한 것도 있지만, 거기서 어버이연합들이 욕 해가지고 우리가 그 사진 보여주면서, 애 저기를 보여주면서 "이 아이의 얼굴을 보시고 얘기하시라"고 그 반대편에서 싸우는 장면도 있었어요. 근데 그걸 '싸운다, 욕한다' 이걸로 빼신 거예요. 근데 그게 더 중요한 얘기예요. 삼보일

준영 엄마 임영애

배도 중요하지만, 그리고 삼보일배도 네 시간을 제자리에서 한 거예요, 그런 자막이라도 있었으면…. '어, 계속 저렇게만 있네' [하게 만드는] 그런 게 있었던 거예요. 그리고 영석이 어머님이 그 얘기보다 더 좋은 얘기를[했는데] 욕을 섞었기 때문에 뺀 거지. 거기에 [영석 어머님 말씀이] "우리 아이들이 개미를 보고 인사해"[만 나오면]? 그건 바보죠. 그런 식으로 하신다는 거예요. 그러니까 조금 더 들어가서 얘기를 한다면, [영화에서] "우리 애들은 개미를 보고 [인사]했어요", "'어머니, 3학년이 무서운 게 아니라 저는 1학년이 무서워요' 했던 아이였어요". 그건 바보죠. 그런 거를 넣으시라는 게 아니라, 그런 거를 엄마가 한 건 사실이지만 그 뒤에 왜 삼보일배를 하는지 그 내용을 얘기했어야죠. 그거는 별로 부각이 안 되고. 〈비공개〉 그러니까 〈나쁜 나라〉 그 영화들도 우리가 보면은 다 그런 게[편집된 장면들이] 보인단 말이에요, 이거랑 연결해서 보고. 근데 우리만 그런 게 아니라 관심이 많은 시민분들은 다 아신단 말이에요. [그런데 영화에서는] '아, 저렇게 착한 애들이라 가만히 있었나?' 이렇게밖에 안 된단 말이에요.

　왜 우리 애들이, 우리 애들은 살려고 막 다 피멍이 들어 온 애들이고 그거[구명조끼] 다 친구들끼리 나눠주고 기도하면서 "우리 살아서 보자!" 했던 애들이에요. 여자애들한테 남자애들이 먼저 나눠주고 그렇게 했던 아이들인데. 그중에서도 나중에 생존자들 말 들어보면 키 작은 남자애들한테 먼저 또 이걸 줬다네, 그걸 못 올라갈까 봐, 남자애들 중에서도. 그런 거는 안 나오고 무슨 우리 아이들이 그렇게 해가지고, 저기 개미 보고 인사를 하고[하는 아이였다는], 그런 게 나오면은 여기랑 또 연관이 시켜지잖아요. 그러니까 그런 걸 좀 생각하고 너무 이쁘게만 하려고 하지 말고, 정말 현실을 딱 직시해 줬으면 좋겠다 이거죠. 책이건 영화건 뭐건. 그러니까 엄마의 입장에서, 이젠 엄마만 느끼는 게 아니에요. 시민들도 다 그렇게 느끼세요.

면담자   〈나쁜 나라〉 영화가 사실은 참사 이후 1년의 얘기기 때문에 (준영 엄마 : 그렇죠) 이제 특별법이 제정됐잖아요. 그 후에 이 영화를 보면서 '아, 부모님이 바라는 대로 되고 있구나' 이렇게 오해하시는 분들은 안 계신가요?

준영 엄마   많지요.

면담자   제가 그 영화를 봤을 때는 너무 초창기 내용들이라서… 사실 이후에 훨씬 많은 상황들이 벌어지고 있는데요.

준영 엄마   옛날 얘기라도 팽목항, 간담회 다니는 부모님들, 국회에서 저희가 경찰들과 대립하는 모습, 보기 안 좋더라도 싸우는 모습을 좀 넣었어야 되는데 그런 모습이 없고 저기 1년 [지나서는], 시행령 쪽이잖아요?

면담자   맞아요.

준영 엄마   그러면 거기서 집회했을 때 우리가 물대포 맞고 이런 것도 다 넣었어야죠. 그게 이제 심의가 있으니까 그랬다고 해도, 저는 자막에 그 정도, 어느 정도는… 자막을[장면이] 이렇게 바뀔 때마다 까맣게 나오더라구요? 거기라도 자막을 넣어줬으면, 이제 백남기 농민까지 간다면 그분의 자막도 넣으면서 하는 것처럼. [만약에] 그렇게 이제 화면을 보는 건 규정에, 심의에 걸리잖아요. 그러면 자막이라도 넣는다든지, 거기에 그렇게 나왔으면 좋겠는 거예요. 〈비공개〉 그리고 박영선이가 그 이한구랑 이렇게 [합의]해 가지고 그렇게[유가족의 뜻과 다르게] 했다라는 그건 안 나오고, 가족 편이 조금이라도 있었던 것마냥 그렇게 하니까 그런 게 좀 저기 한 거죠. 근데 시민들은 그 정도까지는 생각을 안 하시고 어디서 좀 많이 화를 내시냐면 이렇게 보다가 정의화[국회의장]가 (면담자 : 찾으라고?) 응. 찾으라고 할 때.

면담자   그거 정말 충격적이었어요, 예.

준영 엄마   그때 유가족 알아보라고 그럴 때 화를 많이 내시고. 그 부모들이 울면서 "무슨 정부가 이래. 우리나라가 응? 이렇게 애들을 다 잃고 있는데 저기서 저렇게 할 수 있어?" 이렇게 얘기할 때 좀 하셨고. 호성이 엄마, 아빠가 살려달라고, 그 시정[국회 시정연설] 그거 할 때, 그때 많이.

면담자   대통령 국회 시정연설 때죠?

준영 엄마   예, 예. 외면하고 갈 때, 그때 좀 많이 그렇게 하셨었고. 어, 그리고 원석이 어머님하고 호성이 어머님하고 이렇게 얘기하는 그것도, 원석이 엄마가 "구할 때까지 구했으면, 그러다가 저기 했으면 내가 이러지도 않는다" 그런 데서 많이 저기를 하서서, 그런 면은 좀 좋았던 것 같아요. 그런 걸 원하세요. 그러니까 자세히 설명해 주는 걸 원하세요. 주먹구구식으로 이랬다, 저랬다, 이랬다가 아니라 그렇게 해주는 걸 많이 원하시거든요. 그리고 [국회] 본청에서의 것도 너무 많이 놓쳤어요. 지네들은 핸드폰 다 보면서, 그 시작하기 전에 국회의원 지네들은 다 보면서 우리들 핸드폰 좀 쓰면 와가지고 애들 지적하듯이 "주세요. 맡기시라고 그랬잖아요, 어쨌잖아요, 저쨌잖아요, 누구 아버님이세요" 막 이런, 이런 것도 [영화에는] 없었어요.

그런 게 되게 크게 우리한텐 다가오거든요. 우리는 인간 취급을 못 받는구나, 우리가 지금 특별법 해달라고 나오니까. 우리가 주체가 돼야 되는데 그게 아니고 뭐 하면 "이리 가라" 그리고 "절로 가라" 그리고, 핸드폰 맡겨놓고, 또 와서 자기는 핸드폰으로 다 하고 히히덕거리고 인사하고 다 하는데 우리보곤 "조용히 하시라"고. 이쪽 아래쪽은 막 그렇게 하고 있는데, 우리는 "그렇게 하지 말라" 그리고. 옆에서 무슨 얘기를 해도 못 하게 하고 막 이러면서… 그런 건 하나도 안 나오고 다 끝난 다음에 그냥 홀딱 부모들이 다 나가는…. 그런 게 아니었었거든요, 나갈 수가 없었어요. 다리에 힘이 빠져서 일어날 수 없는 저기는 안 나오고 나중에 무슨 4·16연대 두 분 남아가지고 망연자실하게 [있는 장면에서] 그분 유가족 아닌 거 사람들 다 아는데. 그런 면이 저는 조금, 너무나도 남들 보기 이쁜 것만 넣으셨어요. 우리들 막 욕하는 게 안 이쁘셨나 봐요. 그게

준영 엄마 임영애

팩트였는데 그런 거는 없었고. 저희 막 물병 던지고 그러는 게 야만으로 보이셨나 봐요. 그런 거 하나도 안 넣으셨어요. 근데 그게 들어가야지, 이게 기록이라면. 오늘 보고 말 거 아니잖아요. 그리고 설명이 많이 필요한 영화까지는 좋은데 너무 안 담은 것도 있잖아요. 그래서 그냥 간단한 활동일지 같은, 그런 느낌이 들 정도였다는 거죠, 부모 입장에서. 그리고 저는 부모이다 보니까 볼 사람들 생각을 하게 되잖아요. '보시는 분들이 이해를 하실까?' '저걸 어떻게 이해를 할까?' '아우, 나라에서 해줄 거 다 해줬네?' 이렇게 생각하실 수도 있겠다라는 생각을 이렇게 하게끔 하는 영화가 됐죠.

제가 김진열 감독한테 그렇게 얘기를 했는데 "심의에 걸린다" 그 얘기를 하셔서 "그럼 자막 처리라도 좀 해주시지" 그렇게 얘기를 했죠. 그리고 "다음에 만약 2탄을 만드신다면 부모랑 많은 상의를 하셨으면 좋겠다", 저희가 아무런 저기가 없지만, 영화에 대한 건 모르지만 그래도 저희는 겪은 중인이잖아요, 예. 그러기 때문에 "뭐든지 좀 부모님들하고 이렇게 하셨으면 좋겠다, 그리고 우리는 사실 영화를 보고 싶다, 그리고 많이 담겨졌으면 좋겠고, 저 영화에서 참사라는 걸 많이 넣어줬으면 좋겠다, 아니 말로 넣으라는 게 아니라 참사를 겪은 부모님들의 모습을 넣어달라", 그런 거죠. 그 초창기에 정말 담을라면 많이 담아….

지금은 그나마 노련해졌어요, 부모님들이. 집회를 가든, 어디를 가든, 그 모습보다 이 모습이 더, 더 많은 팩트를 줄 텐데 그때 그걸 많이 놓치신 거 같애요, 초창기에. 그때 정말 좋은 시기에 찍으셨는데 그걸 다 못 담으신 것 같아요, 부모 입장에서는.

7
세월호 참사 1주기 즈음 배·보상 추진 시기

면담자　　세월호 1주기 때, 그러니까 2015년 4월 즈음 외부자로서 저희가 볼 때도 확실히 '정부가 이제 진압하겠다, 좀 지우겠다'는 게 보이는 상황이었습니다. 1주기 집회를 할 때 부모님들의 분노가 굉장했죠. 특히 배·보상이 같이 나왔기 때문에 그때 아주 큰 분노를 표출하셨던 것 같아요. 그리고 그 세월호특별법시행령 폐기를 요구하면서 부모님들의 전술 자체가 그 전까지는 '부모로서 이렇게까지 해도 될까'라고 하셨다면 그다음부터는 '정말 싸우는 자의 방식으로 바뀐다'는 생각을 했었어요. 그때 준영이 어머께서는 쭉 간담회를 다니고 계셨지만 혹시 어떤 심정의 변화랄까, 아니면 가족대책위가 그런 방식을 취했던 거에 대해서 어떻게 생각을 하셨는지요?

준영 엄마　　아, 저는 그때 특별법 제정됐을 때 '아예 삭발을 하지' 그 생각을 했던 사람이었고, 그때 준영이 아빠한테도 그렇게 얘기를 했어요. '특별법 제정되기 전에 아예 부모들이 그 국회에서 삭발을 했으면 더 좋았겠다' 이렇게 생각했는데 그게 이제 제 말대로 되는 게 아니기 때문에… 또 위원장님들 생각도 있고 다른 분들의

준영 엄마 임영애

생각이 있어서.

그 시행령[폐기 투쟁을] 했을 그때 이제 삭발을 하게 됐는데, 저는 4월 15일, 16일에 간담회를 가 있었어요. 대구로 가 있었고 그랬는데, 그 당시에는 지금 일어나고 있는 일, 모든 일들을 이렇게 다 얘기를 했었고. 근데 그때 배·보상이랑 같이 나오니까 막말로 간담회가 잘 안 먹혔어요.

면담자   아, 그래요?

준영 엄마   예, 예. 안 먹히고 그랬었는데, 그나마 계속 저희 뜻을 이렇게 얘기하면서 했는데, 그때 제 감정은 뭐였냐면…(한숨) 그… 혼동이 많이 왔던 거 같아요, 그 당시에 힘들어서만이 아니라, 뭐.

면담자   배·보상에 대한 여러 말들이 많았었죠.

준영 엄마   예. 막 그런 것들이 오고 그러니까 입장이라는 게, 이 유가족 입장이라는 게 간담회 가서 말하기가 참 난해했어요, 저는 소송을 했지만 배·보상이라는 게 너무 부각이 되다 보니까. 근데 그게 아니라고 얘기를 해도 [시민들에게는] "그래? 그게 아니야?" 이렇게 받아들이는 그 시기였어요, 그 시기가. "니네가 뭘 보여줘, 그래서 뭘 보여주는 건데, 머리 깎는 거? 그거 기르면 되는 거?" 이렇게 받아들여지는 거예요. 부모들은 그게 아니었잖아요. 내 뜻을 크게 보여주는 건데, 그게 안 시기적절? [시기가] 맞지가 않았던 거였나 봐요. 그래서 사람들이 그렇게 크게 받아들이지 않았어요. 목숨 같은 머리라고 하는데 그게 그렇게 받아들여지지 않았고, 간담회에서도 그게 그렇게 먹히지 않았었고.

그래서 저는 [투쟁 방식을] 반대하는 입장에서 머리를 깎지를 않았어요. ○○이의 반대도 있었지만, 그렇다고 해서 제가 '꼭 해야겠다' 하면 하는데 그거는 아니었던 것 같아서. 근데 그걸 갖고, 뭐 머리 삭발한 걸 갖고 나쁘다, 좋다 이게 아니라 좀 더 일찍 하든가, 더 일찍 했든가. 그리고 배·보상 나오니까 돈 문제에 걸려가지고 정말 난감한 그런 저기여서. 그때 감정은 '답이 없다, 노답이 아, 이게, 우리 유가족 입장이 어떻게 해야 되는 거지? 어떻게 해야 시민들이 돌아서지 않지? 계속 말로만 잊지 말아달라고 하면서, 손 잡아 달라고 하면서 우리가 이거 행동하는 게 맞나?' 그게 되게 흔들리는 시기였어요. 그 시기, 1주기가 그래서 지금도 그 생각이 나요. 1주기 그때 되게 힘들었고, 4월 달이라서가 아니라 그 상황이 되게 힘들었어요. 그 머리가, 딱 뭐가 서지가 않고 '노답이다' 이 정도?

그래도 희망이 뭐였냐면, '그래도 해야 되겠고 우리는 할 수 있다'라고 생각한 게 뭐였냐면, 시행령 때도 그랬고 부모님들도 그때 더 똘똘 뭉쳤던 거 같아요. (면담자 : 아) 예, 그 집회, 너무 힘든 그 노답인 상황에서도 더 뭉쳤던 거 같아요. 활동 안 하셨던 분들도 그때 좀 많이 나오셨고, 그래서 저희는 그때 답은 없어도 똘똘 뭉쳤다라는 거, 그리고 시민들도 같이 뭉쳐주셨다라는 거, 우리가 그렇게 혼란스럽고 자리가 안 잡히는데 시민들은 끝까지 그 마음을 잊지 않고 와주셨다라는 거에서. 그때 뭔가가 자리가 잡히지 않, 잔칫상에 뭘 차려놓진 않았는데 사람이 많이 와서 그나마 잘 치른 느낌? 그런 느낌이었던 것 같아요. 그나마, 그냥 어떻게.

그때 얘기를 하면 뭔 정의가 없어요. 사실 저도 이도저도 아닌 상태였었거든요. 그래 가지고 제가 가서 아무리 소송을 해도, 끝까지 갈 거라고 해도 콧방귀 뀌는 분들이 간담회에서 많으셨어요. 그랬기 때문에 되게 힘들었고, 여기 또 올라오면 으쌰으쌰는 하는데 뭔가 되지도 않는 것 같고 막 그런, 정의가 안 내려지는. 그래도 버틸 수 있는 거는 엄마고, 시민들이 있기 때문에, 아들이 있었기 때문인 거 같아요. 그때가 정말 활동 안 하시다가 탁 이렇게 오신 분들도 있고, 그래서 하신 분도 있는데, 의외로 또 안 하신 분들도 있어요. 확 그냥 뒤집어져서 '에이씨, 난 못 하겠다. 이도저도 안 되는 거 괜히 애들 욕 먹이지 말고 여기서 접어야겠다' 하고 1주기 딱 될 때 저기 생계로 가신 분들도 있고, 아니다 싶어서 나오신 분도 있고, 많이 하시는 분들도 흔들리시는 분들도 있었고, 계속하는 분, 더 강해지신 분들도… 준영이 아빠랑 저는 더 강해진 느낌이에요. 내가 이게 뭔가 하면서도 정신을 더 차리게 된 게 그때 그렇게 된 거 같아요.

면담자　　　그 시기를 같이 넘기신 분들은 이제 좀….

준영 엄마　　　더 끈끈해졌어요, 예. 그래서 그분들하고 지금 모임을 갖고 있는, 딱 언제 모임을 딱 한 건 아닌데 "밥 먹으러 가자" 그러면 쫙 모여서 먹고, 그래서 그때 정말 강해진 분들이 지금 형제자매보다도 더 끈끈해졌어요. 이렇게 얘기를 하다 보면 그분들도 항상 저희랑 같은 생각이에요. 그러기 때문에 그분들 때문이라도 더 끝까지 가는 거고, 그리고 그 가족도 있지만 시민분들하고도 유대가 생겨가지고, 그렇게 가는 거예요.

면담자　　배·보상 문제가 나왔을 때도 그거를 '보상 많이 받네' 이런 분도 있지만 오히려 그때 '야, 어떻게 이렇게까지 하냐. 진짜 정부가 구하지도 않더니 딱 1주기에 맞춰서 이렇게 보상 문제를 들고 나오다니, 이 정부와 언론은 정말 더 이상 용납할 수 없다' 그런 생각을 하신 분들도 계시죠.

준영 엄마　　예. 그러신 분들도 있고 또 반대로 하신 분도 있고. 가족에도 그런 분들이 있고 시민들도 그런 분들이 있어요. 배·보상 문제가 나오고, 또 나중에 미수습자 배·보상 문제 나왔을 때 피케팅하는데 시민분들이 반으로 꽉 확연하게 줄어버렸어요. 청운동도 몇 명이 됐었는데 싹 줄고, 배·보상 문제 나오면서. '그래 원래 배·보상이 메인이었었지? 그게 이유였었지?' 그렇게 하고 그냥 돌아선 분도 있고. '정말 정부가 범인이구나. 숨길려고 하는 사람들이 범인이구나. 그래서 지금에 와서 배·보상을 들고 나오는구나'. 정말 '유가족과 함께 하겠다' 하고 오시는 분 반반. 저희 가족도 그렇게 됐었어요. 이게 완전 과도기처럼 그렇게 돼버렸어요. 더 굳건해지신 분이 있고, 시민분들도 더 굳건해지신 분이 있고, 하다가 그냥 가신 분도 있고, 하면서도 반신반의하시는 분들이 더 많아졌고, 부모들도 더 많아졌어요. 〈비공개〉 지금 저희는 계속 줄고 있는 편이에요. 간담회나 활동하시는 분들, 피켓도 지금 해야 되고, 대검찰청에 재수사도 해야 되기 때문에 대검찰청에도 가야 되고, 거긴 새벽 6시에 가야 되기 때문에 거기는 또 두 명, 세 명밖에 안 가는 거예요. 그러면 상대적으로 예, 그 얘기를 하는 거죠. 그리고 특조위도 가야 돼요, 월요일마다 그것도 격주. [특조위] 전원회의도 가서, 내가 의견은 못 내놔도 거기서 오늘 들은 걸 모니터링해서 그 임원한테 "다음 주에는 이런 얘기를 좀 했으면 좋겠다" 이렇게 하는, 우리 가족 참여도 그런 식으로 하는 게 좋거든요. 맨날 "특조위 못 한다, 이석태[특조위 위원장] 못 한다, 위원장 이상하다" 막 이럴 게 아니라 그렇게 해야 되는 거거든요. 그리고 해수부에서 그 조작해, 저기 해가지고 누가 누구를 고발하는 거잖아요, 사주해서 [할 수도 있잖아요]. 그런 거 이제 생기지 않도록 우리가 특조위에 더 저기 해야 하는데 부모님들이 많이 가지를 않으시잖아요. 그리고 교실 존치 문제, 교실은 지금 다 공사 들어가 하나씩 하나씩 빼고 있어요, 단원고. 예. 그러고 있는데 그냥 가서 피켓만 들고 그런다고 해서 될 게 아니거든요. 지금 뭔가를, 그 사람들이 하는 대로 저희가 대응을 해야 되는데 그게 안 되고 있는 상황에서, 공방이 활성화되는 거는 좀 문제라는 거죠. 그러니까는 이런 하나하나, 지금 되게 일이 많아요, 아닌 것 같아도. 대검찰청도 그렇고, 교육청도 무시 못할 것이고, 그리고 지금 홍대에서 피케팅을 계속했던 거, 그리고 금요일 날 피케팅하는 거, 간담회 이 모든 게 돌아가야 되는데 지금 자기가 하고 있는 것만 옳은 건줄 알아요, 그것만. 부모님들이 그러기 때문에 지금 일치는 안 돼요. 근데 그 자리에서라도 '열심히 하자'라는 마음으로 가는 거죠.

면담자 공방에서 힐링이 좀 되셨으면 활동으로 이어지면 좋을 텐데요.

준영 엄마 그게 안 돼요. 오히려 간담회도 정말 사람이 없어서 계속 가는 거예요. 갔던 사람이 또 가고, 제가 지금 한 군데를 네 번 간 데가 있어요. 거기는 그렇게 가도 돼서 가는 건데, 사람이 바뀌기는 해요. 주최자만 똑같고 사람이 바뀌기는 해서. 하지만 그래도 그러는 거는 아니죠. 많이 이렇게 활동을 해야 되는데, 그런 게 없으니까. 전 갔던 데를 막 네 번 가고, 어떤 때는 두 번 가고, 이번에 가면 다섯 번이 되는 데도 있어요. 그런 거가 잘되지 않아요. 모든 게 활성화가 돼야 되는데 그런 게 되지 않는 저거, 저희들 나름의 문제점이 되게 많아요. 그런데 이렇게 돼가고 있는데, 어떤 소설가분들이나 이렇게 와가지고… 그런 쪽으로만 하고. 그리고 거기 계신 분들하고 소설책을 만들, 『금요일엔 돌아오렴』 같은 걸 또 만드신다고 그러고, 팟캐스트 그런 걸 하시는 걸 보면서 다 좋고 중요한데 (탁자를 치면서) 뭔가 체계 잡히지 않는 상태에서 일만 자꾸 벌려버리니까, 하는 사람도 힘들고, 예, 하는 사람도 힘들고. 이제 체계가 좀 잡혀 있는 상태에서 하면 좋은데, 그걸 다 위원장님이 잡아줄 수는 없어요. 그거 다 안 되는데 뭐 '책을 만든다' 그러고, '시집을 쓴다' 그러고, 뭘 한다고 그러니까 '뭐를 담을 건데, 뭔 글을 쓸 건데, 뭐로 시집을 담을 건데', 그런 생각도 들고. 활동은 지금 체계가 하나도 안 잡혀서 안 되고 있는데… 이런 면에서 이제 좀 기본적인 건 잡아놓고 그렇게 뭐를 해도 했으면 좋겠어요. 지금은 저희가 능력 밖이라는 생각이 들어요. 지금은 진실 규명과 인양에 힘을 써야 되는데. 〈비공개〉

8
4·16 진상 규명 활동 중 가장 기억에 남는 것들

면담자　　　이제 약간 개인적이랄까, 정리하기 위한 질문들이 좀 있어요. 4·16 참사 이후에 활동하시면서 제일 기억에 남는 활동 같은 거요.

준영 엄마　　　기억에 제일 남는 게 저희가 도보를 한다든지, 집회를 한다든지, 이렇게 간담회를 간다든지 하면 정말 이루 다 열거할 수 없을 정도로 도움을 주신 분들이 되게 많잖아요. 근데 제일 기억에 남는 게 같이 돕다가 돌아가신 분들, 도보 하셨다가 이번에 젊으신 분인데 일하시다가 공장에서 돌아가신 분, 그리고 연세가 있으셔서 도보 하시다가 돌아가신 분, 그리고 버킷리스트 도와주시다가 돌아가신 '단'이라는 가수, 뭐 이런 분들 있잖아요. 4·16을 다 가슴에 안고 같이 일하셨던 분들인데, 그분들 돌아가셨을 때아, 그때는 되게 마음도 아프고 기억에 또 남고. 죽음이라는 거를… 사실 아들을 그렇게 해놓고 나니까 무섭단 생각은 안 들어요. 죽음에 대한 그런 건 없는데 '볼 수 없다'라는 거에 대한, 그리고 '4·16을 같이 할 수 없다'라는 그런 면에서 기억에도 남고 되게 마음 아픔으로도 남고.

그리고 집회나 이런 간담회에서 알았던 성공회대 학생들이나 한신대 학생들, 중앙대 학생들 이런 학생들이 집회했다가 구속돼 가지고 또 벌금 내고 이런 거를 들었을 때, 그때는 정말 '내가 큰 죄를 짓고 사는구나'라는 생각이 들 정도로 마음에 되게 많이 짐으로 남고 아프고 그랬거든요. 그런 것들이 제일 기억에 남아요. 지금도 생각나는 아이가 제가 성공회대에 가서 간담회를 했는데 그 아이가 준영이를 닮았어요. 자기도 우리 준영이 사진을 봤다고 그러면서 "저, 준영이 닮지 않았어요?" 하면서 울더라구요, 아이가. 그랬던 아이가 구속이 됐었어요. 그래서 저는 가서 괜히 울기만 하고 아이한테 도움이 안 될까 봐 아빠가 가서 면회를 하고 왔는데.

면담자　　　지금은 나왔어요?

준영 엄마　　　석방이 되고, 네. 그리고 그 교수들이 같이 이렇게 하고, 그 주점도 만들어서 돈은 다 된 상태고. 제가 내줄려고 했었거든요. 그런 것들이 기억에 남아요, 그런 것들이. 우리가 뭐 할 때 정말 물 한 잔이라도, 그리고 우리한테 손 한 번이라도 잡아주고.

일하시다가 농촌 분들 일하시다가 우리가 도보하면은 막 그 장갑 낀 채로다가 (떨리는 목소리로) "힘내시라"고 해줬던 그런 것들이 저희한테는 되게 감동으로 와닿고.

도보할 때 어떤 분이 이렇게 너무 많이, 그분은 완주를 하신 시민분인데, 완주를 하신 거예요. 되게 저기를 하신 건데 발톱이 빠져가지고, 이렇게 발레리나 발톱 빠지듯이 빠졌는데, 오히려 제가 다리를 절뚝거렸거든요, 다리가 안 좋아 가지고. 저를 막 신경 써 주시는데, 나중에 발톱 빠진 걸 알았어요. 그때 그 마음들, 예. 그분뿐만이 아니라 그 마음들, 애기가 있는데 시어머니한테 맡기고 왔다는 분들부터 시작해서 그런 모든 마음들, 저는 4·16 딱 생각하면 그분들이 제일 생각이 많이 나요. 그리고 되게 힘들었을 때 같이 힘들어해 주신 분들. 4·16 그… 아까도 말했지만 그 삭발했을 때, 머리 깎은 게 슬픈 게 아니라 그 배경이 슬펐잖아요. 그때 같이 해주시면서 손잡아 주신 분들….

제일 힘들었던 것이 아이 영정 사진을 들고 5월 8일 날 갔을 때 [KBS 항의 방문], 아이 영정을 건드렸다 그랬을 때, 그때 제일 마음이 아프거든요, 여기 와가지고. 그리고 저는 ○○이가 있었어요. 제가 그때 잘 못 움직이고 아파 가지고, 그래도 가야 되겠기에 밤에 저녁 6시에 와서 저걸[영정 사진을] 다 내리는데, 제가 못 드니까 ○○이가 오빠를 받았단 말이에요. 그걸 지울 수가 없어요. 그런데 그 아이의 영정 사진까지 건드리면서 이렇게 했던. 활동할 때, 아팠을 때 사진을 보니까 뒤에 시민들이 우리 가족보다 더 많이 계시더라구요. KBS 앞에서 우리가 노숙하고 그렇게 했을 때, 그때도 사진 찍은 걸 나중에 봤어요, 당시에는 못 봤는데. 근데 거기에 시민들이 다 있는데 표정이 어떤 표정이냐면 '어떡하지? 저 아픈 부모들 또 아프게 해서 어떡하지?' 그런… 경찰과 상반되는 표정을 하고 뒤에 서 계셨거든요.

그런 것들이 기억에 제일 많이 남고, 제일 아프게 자리 잡고 있고. 그리고 엄마들하고 제일 많이 하는 말이 "저 은혜를 다 어떻게 갚을 수 있냐고. 저 지은 저 죄를 다 어떻게 갚고 죽냐고" 그런 말을 많이 하거든요. 저희는 그런 마음이 있는 거 같아요. 그래서 제일 기억에 남고, 제일 마음 아프고, 제일 저기 한 건, 시민들과 함께 했던 것들.

면담자　　그 반대로 제일 화가 났을 때는 언제였나요?

준영 엄마　　제일 화가 나는 거는, 지금 딱 그 말을 듣자마자 생각나는 게 자식은 가슴에 담는 거라고 말씀했던, 말했던 국회의원들, 정말 그 사람들은 우리를… 국회의원은 나랏일을 하는 거잖아요? 막말로 '나랏일을 하시는 분들이 나라의 국민이 죽었는데 저렇게 그냥 말을 할 수 있을까'. 그런 것들과 화가 나는 거는 그거죠, 나 몰라라 하는 거, 그런 것들. 그리고 때만 되면 해외여행 가시는 그것도 사실 저희한테는 화가 나요. '안 들어주겠다'라는 걸 몸으로 표현을 하시는 거잖아요. 그게 아무리 어쩔 수 없는 일정이라고 해도 꼭 그렇게 해야 되나? 그런 것들도 좀 서운하고 화가 나고, 다른

준영 엄마 임영애

거 갖고는 화가 나진 않아요.

이 참사 자체가 너무 커 가지고 웬만한 거에는 화가 안 나는데, 그냥 나 몰라라 하고 내 일이 아니라라고 하는 거. 시민들이 저렇게 일어나고 서명 용지를 그렇게 해갖고 가져갔어도 외면하는, 국민을 외면하는 나라가 어떻게 나라겠어요? 제가 사회를 모르고 정치를 모르고 민주주의에 대해서 알지는 못하지만, 상식적으로 생각을 해도 국민들이 그렇게 죽어서, 국민이 봐달라고 서명 용지를 들고 갔는데 그걸 나 몰라라 하는 그 나라에, 정부에 화가 제일 많이 나지요. 다른 면에서는 사실 뭐, 아까도 말했지만 피켓을 치고, 너무 험한 말을 해도 그런 거는 화는 별로, 억울한 마음은 없어요. 그냥 기분이 나쁠 뿐이에요, 왜냐하면 내 새끼 얘기를 하니까. 나를 이해 못 해서 기분이 나쁠 뿐이지 기억에 남을 정도로 화가 나진 않아요, 사실은.

면담자　　　역시 제일 화나게 하는 대상이 정치인들이네요?

준영 엄마　　정치인들이죠, 예. 왜냐면 그걸 풀어줄 사람들이 그들이잖아요. 국민이, 발로 피켓을 찬 사람들이 우리 일을 해결해 줄 게 아니잖아요. 정말 우리가 싸워야 할 곳은 우리 시민들이, 힘없는 시민들, 약한 시민들, 상처받은 우리 유가족들이 아니고 그들이거든요. 싸우고 싶은 마음도 없었어요. 왜냐면 "왜 죽었냐"고 물어보면 그거 그대로 숨김없이 알려주면 될 것을, 그게 아니었잖아요? "왜 안 구했냐"고 물어보는데, "해경이 직업이 그건데, 너 왜 직업윤리 안 지켰냐"고 물어보는 건데, 그거를 막는 거라는 자체부터가 열이 받는데 계속 나 몰라라 하니까 그거에 대한 화는 나죠. 그 반면에 고마운 건 우리 국민들이고.

면담자   이 질문은 답하지 않으셔도 되는데, 왜 대통령을 직접 거론하지 않으세요? 가령 어떤 부모님 경우에는 박근혜와 김무성 두 명은 절대 용서하지 않고 나중에 자기한테 어떤 힘이 생긴다면 똑같은 고통을 당하게 만들겠다고 얘기하는 분도 계세요. 근데 어머님은 직접 표현을 하지 않으세요.

준영 엄마   아, 대통령에 대한… 제일 나를 화나게 한 사람, 내가 지금까지 싸우게 하는 사람이 박 대통령이잖아요, 정부잖아요. 그런데 왜 거론을 딱 안 하냐면 다 알고 계신 거를 굳이 입으로, 그 사람을 입으로 말하고 싶지 않고. 아까 말씀하신 그분처럼 제가 똑같이 고통을 받게… [하는 건] 너무 추상적인 거 같아요. 저 그건 못할 거 같아요, 솔직히 말해서.

면담자   할 수 있는 것만 말하겠다는 말씀인가요?

준영 엄마   할 수 있는 것만 저는 하고 싶어요. 사실 무슨 말을 못 하겠어요? 저는 그 텔레비전에 나오면 깨버리고 싶을 정도로 이분하고 억울함과 미움이 너무 많은데 제가 그렇게 할 수 없잖아요. 제가 그 사람을 죽일 수 없잖아요. 그렇지만 제가 그분처럼 그 사람들 그렇게 할 수 없을 것 같아요, 그렇게는. 제가 할 수 있으면 "저도 그렇게 똑같이 해주고 싶어요"라고 얘기하겠는데, 그렇게 할 수도 없으면서 그런 얘기는 하고 싶지 않아요. "간담회 가서 그 사람이 지금 잘못하고 있다는 걸 알릴 거예요"라고는 말할 수는 있는데, 제가 그 사람을 당한만큼 해줄 수 있을까요? 못 할 거예요.

9
어머니가 바라는 진상 규명

면담자   그럼 인양이나 진상 규명 등이 달성되면 그다음엔 뭘 하고 싶으세요?

준영 엄마   다 달성이 된다면요? 솔직히 그거에 대해서 생각해 본 적이 없어요. 왜 사람들이 생각을 못 하냐고 그렇게 말을 하는데, 제가 그걸 겪었었잖아요. 그래서 진상 규명이 안 된다는 건 아닌데, 이게 진상 규명이 돼도 어떤 형태로 될지 그다음을 모르겠어요. 제가 원하는 진상 규명이 되고 안전한 나라, 제도 건설이 정말 될지, 지금 하는 행동을 봐서는 그게 어떻게 진상 규명을 만들어낼지 모르겠어요. 그래서 답을 말씀을 못 드리겠는 게 '어떻게 된다, 내가 원하는 대로 된다' 하면 제가 그 말을 하겠는데, 이 우리의 힘도 그렇고, 저들이 하는 행동을 보면 '내가 원하는 진상 규명을 할 수 있을까?' 예, 그 생각이 들더라구요. 제가 원하는 건 그거잖아요? '왜 죽었는지 알고 싶다', 그거 하나거든요, 엄마니까. 그걸 모르고 죽으면 전 정말… 우리 ○○이한테도 되게 미안한 일인 거고,

모든 미래의 아이들한테 되게 미안한 일인 것 같아요. 정말 참사가 자꾸 이렇게 일어나고 있는데, 세월호 참사만은 '그걸 알고 죽었다, 알고 끝났다'라는 걸 알려주고 싶어요, '그 부모들이 그만큼 노력을 했다'라는 거 그런 걸 알려주고 싶고. 그리고 전에 어떤 기자분께서 그 질문을 하셨어요. "소원이 이루어지지 않는다고 해도 가령, 지금 소원을 두 가지를 얘기해 보라"고 하시더라고요. 그래서 이루어질 수, "이루어줄 거냐?"고 했더니 "이루어줄 수는 없지만 이루어지지 않더라도 지금 갖고 있는 소원을 얘기하라" 그래서 일단은 "아이들 네 명, 선생님 두 명, 그리고 일반인 두 명, 얼른 가족 품으로 올라와서 인양 문제 깨끗이 해결됐으면 좋겠다. 어, 그 안의 진실은, 처음에는 진실이 있을 거라고 생각했고, 모든 게 있을 거라고 생각했는데 지금은 너무 시간이 많이 걸렸기 때문에 그분들만이라도 얼른 올라와서 같이 가족 품에 다 안겼으면 좋겠다, 그것이 저의 첫 번째 소원이고, 두 번째 소원은 제가 원하는 진실 규명이 이루어졌으면 좋겠다. 제가 원하는 건 그냥 우리 아이들이 왜 죽어야만 했는지, 그 주체가 누군지 책임자 알고 그렇게 죽는다면 더 바랄 소망이 없다"라고 했거든요. 제가 바라는 진실 규명도 그거예요. 거창할 것 없고 이유만 알고, 그 책임자만 알고….

면담자 아는 것만으로도 괜찮으세요?

준영 엄마 알고, 처벌은 돼야겠지요. 원하는 대로 될지는 모르겠지만 제가 바라는 건 그거예요. 처벌이 저는 뭐, 그 사람이 꼭 어

떻게 우리가 받은 만큼 받아야지만 된다는 거보다도 처벌이 돼야
지만 안전한 나라가 되거든요. 거기서 끝나버리면 우리가 부르짖
었던 안전한 나라는 없는 거잖아요. 그거를 씨를 말려야 된다라는
거잖아요. 전 그것만 되면 좋겠단 생각을 했는데 어, 제가 "어려울
까요?" 이렇게 얘기를 했더니 "인양은 어떻게 되겠지만 어머님이
원하는 진실 규명, 그 씨가 마르는 것까지 될 수 있을지는 자기도
모르겠다" 그러더라구요. 그래서 소망이라 그랬어요.

면담자   그것이 어머니가 생각하시는 진상 규명인 거죠?

준영 엄마   저한테는 그렇죠. 제가 지금에 와서 뭐를 더 바라겠
어요. 내가 처음 시작했던 것도 우리 준영이 왜 죽었는지, 그거였
거든요. 지금도 그거예요. 근데 지금은 좀 바뀐 게 우리 아이들 왜
죽었는지, 저는 처음에는 준영이만 바라고 했던 엄마였기 때문에,
'난 내 새끼 왜 죽었는지는 알아야겠다' 이러고 이렇게 활동을 했던
거였거든요. 근데 지금은 정말 우리 애들 왜 죽었는지, 그런 다음
에 '우리 애들 더 잘 살 나라를 만들었으면 좋겠다', 이게 좀 더 붙
었을 뿐이지 제 진상 규명의 처음과 끝은 그거예요.

10
마무리 인사

면담자   예, 감사합니다. 3차에 걸쳐서 구술을 진행했는데요. 간담회 진행 과정과 내용, 미수습자 가족의 문제 등 얘기를 많이 해주셨어요. 사실 세월호 부모님들이 남들 생각에는 비슷한 경험을 했으니 생각도 비슷할 것이라 짐작하겠지만 그 안을 보면 살아왔던 게 다르고, 같은 경험을 해도 감당하시는 게 다르고, 또 감당할 때 대응해 가는 방식이 다 다르세요. 그런 면들을 모두 기록으로 남김으로써 같은 일이 벌어졌을 때 한국 사회 시민들이 어떻게 그것에 대응해 나갈지에 대한 힘이 될 거라는 생각이 듭니다. 말씀하시는 게 쉽지 않으셨을 텐데, 구술에 동참해 주셔서 정말 감사드립니다.

준영 엄마   저도 감사드리고요, 수고하셨습니다.

4·16구술증언록 단원고 2학년 5반 제5권

그날을 말하다 준영 엄마 임영애

ⓒ 4·16기억저장소, 2019

기획 편집 4·16기억저장소 | **지원 협조** (사)4·16세월호참사가족협의회
펴낸이 김종수 | **펴낸곳** 한울엠플러스(주)
초판 1쇄 인쇄 2019년 4월 1일 | **초판 1쇄 발행** 2019년 4월 16일
주소 10881 경기도 파주시 광인사길 153 한울시소빌딩 3층
전화 031-955-0655 | **팩스** 031-955-0656 | **홈페이지** www.hanulmplus.kr
등록번호 제406-2015-000143호

Printed in Korea.
ISBN 978-89-460-6746-2 04300
        978-89-460-6700-4 (세트)
* 책값은 겉표지에 표시되어 있습니다.